教师教育系列教材

心理学教程
(第3版)

欧晓霞　台　蕾　编著

清华大学出版社
北京

内 容 简 介

心理学是师范院校学生的核心课程，也是培养未来教师基本素质的一门重要课程。学好这门课，不仅有助于学习其他教育理论和教师职业技能课，而且还有助于了解教育对象的心理特点，从而按照其心理规律进行教学，以提高教育、教学的质量。

本书通过系统介绍心理学的基本理论和方法，使学生掌握系统的心理学知识；启发学生应用心理学的原理和方法去分析、理解各种心理现象，解决有关问题，为今后更好地施展自己的职业技能做好准备；介绍各种心理学的应用技术和方法，使学生懂得如何调节自己的心理活动，加强自身心理素质的培养。

本书既可作为高等学校公共课教材，也可作为师范院校的函授生、中小学教师进修的心理学教材。

本书封面贴有清华大学出版社防伪标签，无标签者不得销售。
版权所有，侵权必究。举报：010-62782989，beiqinquan@tup.tsinghua.edu.cn。

图书在版编目(CIP)数据

心理学教程/欧晓霞，台蕾编著. —3 版. —北京：清华大学出版社，2023.10（2025.1重印）
教师教育系列教材
ISBN 978-7-302-64667-9

Ⅰ.①心… Ⅱ.①欧… ②台… Ⅲ.①心理学－师资培训－教材 Ⅳ.①B84

中国国家版本馆 CIP 数据核字(2023)第 176490 号

责任编辑：陈冬梅
封面设计：刘孝琼
责任校对：周剑云
责任印制：杨 艳

出版发行：清华大学出版社
    网　　址：https://www.tup.com.cn，https://www.wqxuetang.com
    地　　址：北京清华大学学研大厦 A 座　　邮　编：100084
    社 总 机：010-83470000　　邮　购：010-62786544
    投稿与读者服务：010-62776969，c-service@tup.tsinghua.edu.cn
    质量反馈：010-62772015，zhiliang@tup.tsinghua.edu.cn
    课件下载：https://www.tup.com.cn，010-62791865

印 装 者：大厂回族自治县彩虹印刷有限公司
经　　销：全国新华书店
开　　本：185mm×260mm　　印　张：15.25　　字　数：371 千字
版　　次：2007 年 8 月第 1 版　2023 年 10 月第 3 版　　印　次：2025 年 1 月第 3 次印刷
定　　价：48.00 元

产品编号：098300-01

前　言

习近平总书记在中国共产党第二十次全国代表大会上的报告中明确指出，要办好人民满意的教育，全面贯彻党的教育方针，落实立德树人根本任务，培养德智体美劳全面发展的社会主义建设者和接班人，加快建设高质量教育体系，发展素质教育，促进教育公平。本教材在编写过程中深刻领会党对高校教育工作的指导意见，认真执行党对高校人才培养的具体要求。

心理学是师范专业学生的必修课，也是培养未来优秀教师良好素质的重要的基础课，其重要性主要表现为：其一，心理学课程的学习，有助于提高学生的心理素质和心理健康水平，为学生适应竞争日益激烈的社会打下良好的基础；其二，心理学课程的学习，有助于学生掌握心理学的基本原理和基本技能，有效地促进学生教师专业水平的提高与教育能力的发展，为未来的教师工作做好必要的准备。

《心理学教程》的第 1 版于 2007 年 8 月由清华大学出版社出版，此后近十年间，该教材多次加印，产生了良好的影响，并于 2017 年 4 月出版了第 2 版，目前出版的第 3 版是在第 2 版的基础上，结合现在信息技术发展特点和大学生的认知特点，为每一章配套知识点讲解的短视频、阅读拓展，并且以二维码的方式呈现，使教材内容更加立体化，符合学生多元认知的兴趣特点。

第 3 版《心理学教程》的教材体系结构与前两版基本保持一致。全书共分为五个部分，说明如下：第一部分为导言篇，包括第一章(绪论)，第二章(科学的心理观)，主要探讨心理学的研究对象、内容、任务、方法及科学的心理观等心理学的一般性问题；第二部分为认知篇，由第三章至第七章组成，主要介绍感觉、知觉、记忆、思维、想象的心理过程以及与之相伴的应注意的基本原理与规律；第三部分为情意篇，由第八章、第九章组成，情意是指情感和意志，情感和意志是心理活动的重要组成部分，主要探讨情感过程和意志过程的基本原理和规律；第四部分为个性心理篇，包括第十章和第十一章，主要探讨个性心理中的需要、动机、能力、气质、性格等方面的知识与理论；第五部分是自我意识和心理健康篇，包括第十二章和第十三章，主要介绍自我意识和心理健康教育的知识与理论。第 3 版的教材依然保留了前两版教材的写作风格，既重视理论知识又强调实际应用，把心理学的系统性与应用性有机结合起来，系统介绍了心理学的基本知识，同时设有大量丰富的图表和实例，使心理学和日常生活紧密联系。突出了教材的可读性与可操作性。

本书在修订过程中参阅和吸收了有关著作和论文中的研究成果，在此向相关作者深表谢意，也向清华大学出版社的编辑以及多年来关心、支持和使用这本教材的广大读者表示由衷的感谢。由于编著者水平有限，本书可能会存在一些缺点和不当之处，敬请广大读者批评指正。

编　者

目 录

第一部分 导 言 篇

第一章 绪论 1

第一节 心理学研究的对象和任务 1
  一、心理学研究的对象 1
  二、心理学的理论意义 4
  三、心理学的实践意义 5
第二节 心理学的发展 6
  一、心理学发展的历史 6
  二、心理学的学派简介 8
第三节 心理学的方法论 10
  一、心理学研究的基本原则 10
  二、心理学研究的方法 11
本章小结 14
案例分析 14

第二章 科学的心理观 16

第一节 心理是脑的机能 16

  一、脑是心理活动的器官 16
  二、人的神经系统及其功能 17
  三、脑的机能 21
第二节 心理是对客观现实的反映 23
  一、心理是一种反映 23
  二、人的心理是对客观现实的反映 ... 24
  三、人的心理是在实践活动中发生
      和发展的 24
第三节 人的心理的基本特征 25
  一、相对主观性 25
  二、能动性 25
  三、预见性 26
  四、社会历史制约性 26
本章小结 26
案例分析 27

第二部分 认 知 篇

第三章 注意 28

第一节 注意概述 28
  一、注意的概念 28
  二、注意的功能 29
  三、注意的外部表现 30
第二节 注意的规律与组织教学 31
  一、注意的分类与规律 31
  二、注意的规律在组织教学中的
      应用 33
第三节 注意的品质与培养 36
  一、注意的品质 36
  二、青少年注意的特点 39
  三、青少年良好注意品质的培养 40

本章小结 41
案例分析 41

第四章 感觉和知觉 43

第一节 感觉和知觉概述 43
  一、感觉和知觉的概论 43
  二、感觉和知觉的种类 45
第二节 感知规律与组织教学 48
  一、感受性及其变化规律 48
  二、知觉的特性与规律 51
  三、感知规律在教学中的应用 55
第三节 感知能力的培养 58
  一、青少年感知的特点 58
  二、青少年感知能力的培养 59

本章小结 61
案例分析 61

第五章　记忆 63

第一节　记忆概述 63
一、记忆的概念及其基本过程 63
二、(记忆)表象 64
三、记忆的分类 65

第二节　记忆过程的规律与组织教学 67
一、识记 67
二、保持和遗忘 71
三、再认和回忆 75
四、记忆规律在教学中的运用 76

第三节　记忆的品质与培养 79
一、记忆的品质 79
二、青少年记忆的特点 80
三、良好记忆力的培养 81

本章小结 85
案例分析 85

第六章　思维 86

第一节　思维概述 86
一、思维的概念 86
二、思维与感知觉的关系 87
三、思维和语言 87
四、思维的过程 89
五、思维的种类 91

第二节　思维的基本形式 92
一、概念 92

二、判断 95
三、推理 95

第三节　解决问题的思维过程 96
一、解决问题的思维过程分析 96
二、影响解决问题的因素 97

第四节　思维的品质及培养 102
一、思维的品质 102
二、青少年思维的特点 103
三、创造性思维及其培养 106

本章小结 109
案例分析 109

第七章　想象 110

第一节　想象概述 110
一、想象的概念 110
二、想象和实践的关系 111
三、想象的功能 111
四、想象的意义 112

第二节　想象的种类与规律 112
一、无意想象 112
二、有意想象 113
三、幻想 116

第三节　想象的品质及培养 116
一、想象的品质 116
二、青少年想象的特点 118
三、学生想象力的培养 118

本章小结 122
案例分析 122

第三部分　情　意　篇

第八章　情绪与情感 123

第一节　情绪、情感的概念与功能 123
一、情绪、情感概述 123
二、情绪、情感及伴随的机体
　　变化 125
三、情绪、情感的功能 126
四、情绪、情感的两极性 128

第二节　情绪、情感的种类 129
一、情绪、情感的基本形式 129
二、情绪的基本状态 130
三、高级的社会情感 132

第三节　情绪、情感的品质及培养 133
一、情感的品质 133
二、青少年情绪、情感的特点 134
三、健康的情绪、情感的培养 137

本章小结 140
案例分析 141

第九章　意志 142

第一节　意志概述 142
一、意志的实质 142
二、意志行动的特征 143
三、意志与认识、情感 145

第二节　意志行动过程的分析 147

一、采取决定阶段 147
二、执行决定阶段 149

第三节　意志品质与培养 150
一、意志品质的基本特征 150
二、青少年意志品质的特点 151
三、良好意志品质的培养 152

本章小结 154
案例分析 154

第四部分　个性心理篇

第十章　个性倾向性——个性的动力系统 156

第一节　个性概述 156
一、个性的概念与结构 156
二、个性的特征 157

第二节　需要与动机 158
一、需要概述 158
二、动机 161

第三节　兴趣 167
一、兴趣的概念 167
二、兴趣的种类 167
三、兴趣的品质 168
四、学习兴趣的发展 169
五、学习兴趣的培养 169

本章小结 170
案例分析 171

第十一章　个性心理特征——个性特征系统 172

第一节　能力 172

一、能力及其分类 172
二、能力与知识/技能的关系 173
三、能力的测量 174
四、能力的个别差异 177
五、能力的形成与发展 180

第二节　气质 182
一、气质的概念 182
二、气质的类型及特征 182
三、气质与实践活动 185

第三节　性格 188
一、性格的概念 188
二、性格的结构及其特征 189
三、性格的类型 191
四、性格与气质、能力的关系 193
五、性格的形成与发展 194

本章小结 197
案例分析 198

第五部分　自我意识和心理健康篇

第十二章　自我意识——个性调节系统 199

第一节　自我意识概述 199
一、自我意识的概念 199

二、自我意识的结构 200
三、自我意识的作用 201

第二节　自我意识发生、发展的规律 203
一、自我意识的发生 203

二、自我意识发展的一般规律 204
第三节　自我意识的特点与培养 206
　　一、青少年自我意识的一般特点 206
　　二、自我意识的培养 207
本章小结 210
案例分析 211

第十三章　心理健康 212

第一节　心理健康概述 212
　　一、心理健康的概念 212
　　二、心理健康的标准 213
　　三、心理健康的特点 216
　　四、心理健康的意义 217

第二节　青少年心理异常的表现
　　　　 及原因 218
　　一、常见的心理异常表现 218
　　二、心理不健康的机理 223
　　三、影响心理健康的因素 226
第三节　青少年心理健康问题的特点
　　　　 与教育 229
　　一、青少年心理健康问题的特点 229
　　二、加强对学生的心理健康教育 230
本章小结 233
案例分析 233

参考文献 235

第一部分 导 言 篇

第一章 绪 论

本章学习目标
- 心理学研究的对象、任务
- 心理学发展的历史
- 心理学研究的方法
- 学习心理学的意义

初次接触心理学的读者，往往会产生某种神秘莫测之感，而且会有不少疑问，例如：人是怎样来认识各种各样的事物的？人又是怎样对外界信息进行加工、存储并在这个基础上解决问题的？人类行为是否都具有意识？它们是否都受人的动机的推动？人为什么会做梦？人与人之间的差异是如何表现的？等等。心理学的研究成果能够对这些问题进行解释，心理学是一门与日常生活和社会各个领域密切相关的学科，具有系统的理论性和广泛的实用性。

本章开宗明义，主要阐述心理学的对象和任务、心理学的历史、心理学的研究方法，以及心理学主要的研究领域、应用前景和重要意义，为深入学习心理学奠定良好的基础。

第一节 心理学研究的对象和任务

一、心理学研究的对象

在我们周围的环境中，有各种各样的现象，例如属于自然现象的日月星辰、山川河流、飞禽走兽等；属于社会现象的风土人情、社会准则等。这些现象分别由不同学科进行研究，构成了人类不同的知识领域。心理学以特有的研究对象使自己与其他学科区别开来。那么，心理学的研究对象是什么呢？

真实的心理学.mp4

心理学是研究心理现象产生、发展及其变化规律的学科。心理学，英文是 Psychology，它源于希腊文，由 Psycho 和 Logy 两部分组成。Psycho 的意思是"精神""心灵"，即人的心理，Logy 的意思是"学问"，连在一起是关于心理、精神的学问。

心理现象是世界上最复杂、最奇妙的一种现象。它没有形体，看不见，摸不着，因而不易被人们所了解。但是心理现象又每时每刻在每个人身上发生着,因而又是人人都非常熟悉的。人们学习、劳动、交往、娱乐、教育、教学、科学发明与艺术创作都与心理现象密不可分。心理现象不仅人有,动物也有,因此,心理学不仅研究人的心理,也研究动物的心理,但以人的心理现象为主要研究对象。

人的心理现象千姿百态,如何具体地认识它呢?这就需要对心理现象进行具体的划分,以便分门别类地、有条不紊地认识它。现代心理学的一种流行的观点是把人的心理现象看作一个复杂的系统。据此,有的人把心理现象划分为心理事实与心理规律,有的人把心理现象划分为无意识现象与有意识现象。我们采取的是多数心理学家的观点,即把心理现象划分为心理过程、个性心理和心理状态三大范畴。

(一)心理过程

心理过程是指人对客观事物不同方面及相互关系的反映过程,也是心理现象的动态反映形式,包括认识过程、情感过程和意志过程。

1. 认识过程

认识过程是人的最基本的心理过程,是人从感性认识到理性认识的发展过程,包括感觉、知觉、记忆、思维和想象等过程。我们看到一种颜色,听到一种声音,尝到一种滋味,闻到一种气味,摸到事物表面的光滑程度,都属于最简单的认识过程——感觉。在感觉的基础上,我们能够辨认出这是盛开的牡丹花,那是歌唱的百灵鸟;这是鲜红的苹果,那是崭新的书桌等,这就是知觉。感觉和知觉往往紧密地联系在一起,不能截然分开,它们统称为感知觉。感知过的事物能够以经验的形式在头脑中留下痕迹,以后在一定条件下还可以再认知或回忆起它的形象和特征。例如,游览了杭州西湖,其美丽的景色会在大脑中留下深刻的印象;读了李白的《望庐山瀑布》后,遇到一定的情境,会自然地吟诵出来,这种人脑对过去经历的事物的反映,叫作记忆。人不仅能直接地感知事物的表面特征,还能间接地、概括地反映事物的内在的、本质的特征。例如,医生根据病人的脉搏、体温、舌苔等的变化来推断其体内的疾患;教师根据学生的表现和言行来了解其内心世界,这些都是思维。人在头脑中不仅能够再现过去事物的形象,而且还能在此基础上创造新事物的形象。例如,文学艺术家塑造的典型人物形象,我们在头脑中对未来生活和工作情景的勾画等,这类心理活动的过程叫作想象。

感觉、知觉、记忆、思维和想象都属于人的认识过程。

2. 情感过程

人对客观事物的认识,并不是呆板的、冷漠的,而总是对它表现出鲜明的态度,渗透着一种感情色彩。例如,我们对祖国名山大川的赞美,对侵略者的愤恨,对本职工作的热爱,为取得的成绩而感到喜悦等,这些在认识基础上产生的喜、怒、哀、乐等态度体验,在心理学中被称为情感过程。

3. 意志过程

人不仅能认识客观事物,并对它产生一定的情感体验,而且还能够自觉地改造客观世界。为了认识和改造世界，人总是主动地确定目标，制订计划，并树立信心，坚持不懈地去战胜困难和挫折，以达到预期的目的，这种心理活动的过程叫作意志过程。人凭借意志的力量，支持、保护自己所喜欢的事物，反对、摒弃自己所厌恶的事物，积极主动地创造人类的物质文明和精神文明。所以，意志是人的意识能动性的集中表现。

认识、情感和意志过程是相互联系、相互统一的整体。一般说来，认识过程是情感、意志过程的基础。没有认识，人的情感既不能产生，也不能发展，"知之深，爱之切"，就是这个道理。同样，只有在认识和情感的基础上，人才能自觉地进行意志行动。反过来，情感、意志过程又能巩固和深化人的认识过程。一个对教育事业有深厚感情，并有坚强意志力的教师，必然会认真了解学生的心理特点，深刻认识教育和教学规律，从而出色地完成教育和教学任务。

(二)个性心理

心理过程是人的心理的共性，但在每个人身上体现时，由于社会生活环境、教育、先天条件等因素的影响，又会表现出特殊性、差异性，并逐步形成人的个性心理。个性心理是一个人在活动中所表现出来的比较稳定的、带有倾向性的各种心理特征的总和，它是人的心理现象的静态形式。个性心理包括三个方面：个性倾向性、个性心理特征和自我意识。

(1) 个性倾向性包括需要、动机、兴趣、信念及世界观等，它是人的个性心理结构中最活跃的因素。在个性倾向性的成分中，需要是基础，对其他成分起调节、支配作用；信念、世界观居最高层次，决定着一个人总的思想倾向。总之，个性倾向性作为个性的潜在力量，使人的个性心理表现出一定的社会倾向性，在阶级社会中还表现出阶级性。

(2) 个性心理特征包括能力、气质和性格，这是人的个性心理的具体表现。个性心理特征体现着人的心理的鲜明的差异性。例如，有的人记得快、记得牢，有的人记得慢、忘得快；有的人擅长绘画，有的人有音乐才能，这些都是能力方面的差异。有的人外向，有的人内向；有的人性情暴躁，有的人安静沉着，这是气质方面的差异。有的人踏实勤恳，有的人敷衍懒惰；有的人自私虚伪，有的人大方诚挚，这是性格方面的差异。"人心不同，各如其面"，就是指人在个性心理特征方面存在的差异。

(3) 自我意识是个体对自己的态度和认识，它是个性心理的调控系统，体现着一个人的成熟度，决定着人的个性心理的发展水平。自我意识包括自我认识、自我体验、自我调节等成分，是一个多维度、多层次的心理系统。

个性心理的三个方面互相依存、互相制约、协调发展。正是在这三个方面的相互作用下，才构成一个以个性倾向性为方向，以个性心理特征为表现，以自我意识为调控的有机的个性心理的整体。

心理过程与个性心理的联系非常紧密。首先，心理过程在每个人身上表现时，总具有个人的特点。也就是说，个性心理是通过心理过程形成的。其次，个性心理要通过人的心理过程表现出来，并制约着心理过程的发展。正是因为心理过程和个性心理相互融会、相互制约，这才形成了一个人完整的心理世界。

需要指出的是，还有一种心理现象叫注意，它不属于某一种独立的心理过程，而是伴随各种心理过程而存在的特殊的心理现象。

(三)心理状态

心理状态是心理活动在一定时间内出现的相对稳定的持续状态。它既有心理过程的暂时性、可变性特点，又具有个性心理的持久性、稳定性特点。所以心理学把心理状态看作介于心理过程和个性心理之间的状态。人的心理活动和行为表现都是在一定的心理状态的基础上出现的。从这个意义上说，心理状态是心理活动和行为表现的心理背景。你要真正理解一个人的心理活动和行为表现，就不能不了解他此时此地的心理状态。学生学习、工人生产、士兵打仗、球员比赛等，其成效如何，都与心理状态有关。因此，心理状态作为心理学研究对象的一个重要部分，已日益引起人们的重视。心理状态的表现是多方面的，它可以表现在认识、情感、意志的任何一个方面，例如好奇、疑惑、沉思，这是认识方面的心理状态；淡泊、焦虑、渴求，这是情感方面的心理状态；克制、犹豫、镇定，这是意志方面的心理状态。研究、考察人的心理状态，不仅要描述其表现形态而且要把握其具体成因，这样才有应用价值。

通过以上的阐述，我们已经知道，心理学的研究对象可以划分为心理过程、心理状态和个性心理三大范畴，而每个范畴又包含一些不同的方面，如图1-1所示。这种划分对于了解和研究人的心理是比较方便的，但必须防止把这种划分绝对化。对于现实的人，不论哪种心理现象都不会孤立地存在。人的心理具有高度的整体性，心理的各组成部分之间存在着相互联系、相互依存、相互影响的辩证体系。在学习以下各章时，我们必须记住心理学的这个基本观点。

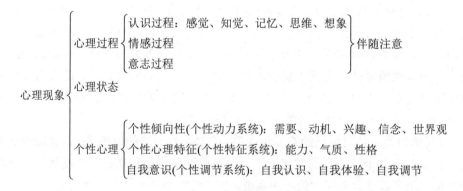

图1-1 心理学的研究对象

二、心理学的理论意义

心理学是一门基础理论学科，它的重要理论意义有以下几个方面。

(一)心理学的研究为马克思主义哲学提供了科学的论据

马克思主义哲学是科学心理学的理论基础。反过来，心理学所揭示的心理现象对物质的依赖关系的具体事实，又是对马克思主义哲学基本命题——物质第一性、意识第二性的有力论证。科学心理学指出：人的心理不是物质，但它永远离不开物质(客观现实和人脑)。人的心理是在物质的基础上产生，又是随着物质的发展而发展的。因此，列宁把心理学列为"构成认识论和辩证法的知识领域"的重要学科之一。

(二)心理学理论有助于克服和批判各种唯心主义思想

由于心理学对人的心理、意识及各种精神现象作出了科学的解释，进一步确立了人们的辩证唯物主义的世界观，因而心理学有助于破除迷信、纠正偏见、清除精神污染和批判形形色色的唯心主义思想。正如列宁所指出的："心理学所提供的一些原理已使人们不得不拒绝主观主义而接受唯物主义。"

(三)心理学研究有助于邻近学科的发展

有些学科例如政治学、教育学、文学、美学、法学、语言学、管理学及社会学等，它们不可避免地需要从不同的侧面去研究人的心理问题，因此，心理学的大量研究成果，对这些邻近学科的研究和发展，具有一定的积极意义。

三、心理学的实践意义

心理学不仅是一门理论学科，而且是一门应用学科。它的理论和研究成果已经被广泛应用于实践活动的各个领域，因而具有多方面的实践意义。

(一)心理学对指导人的实践活动、提高劳动效率具有重要意义

现代心理学所揭示的人的心理活动的许多规律，已经在生产劳动中发挥了巨大的作用。例如，心理学家发现，在一定条件下，红光可以使人在黑暗中的微光视觉能力提高 2~3 倍。根据这一规律，可以采取相应的措施去提高战斗机驾驶员夜间飞行的视觉敏锐度和作战能力，也可以通过改善照明系统去提高某些夜班工人的感受性和劳动效率。

(二)心理学有助于做好管理和思想政治工作

把心理学理论应用于管理过程已经成为当今世界的一种趋势。管理心理学中的需要层次论、期望理论、目标激励理论、公平理论、双因素理论都对调动职工积极性具有很强的指导作用。思想政治工作首先应该在了解人的心理特点的基础上进行。同时，还要遵循一系列的心理学原则，例如立足于感化的原则、坚持正面教育的原则、保护自尊心的原则等。这些都说明学习和研究心理学，有助于做好人的思想政治工作。

(三)心理学有助于人的身心健康和提高医疗效果

人的心理状态、精神因素同人的疾病和健康关系密切。有些心理因素是某些疾病发生的直接或间接原因，良好的心理状态可以达到治病强身的目的。掌握心理学的有关知识，有助于人的身心健康。对于医务人员来讲，积极运用心理学的某些理论对病人进行治疗，可以提高医疗效果。正因为如此，现代医学已经从"生理模式"向"社会—心理—生理模

式"转化。

(四)心理学对提高教育和教学质量具有更重要的意义

教育是在教师的引导下使学生掌握知识技能、发展智力、培养道德品质的过程。而学生要掌握知识技能、发展智力、培养品德，就必须通过感知、记忆、思维、想象、注意、情感及意志等心理过程来实现。心理学研究学生感知、记忆、思维、注意等心理活动的规律；研究情感、意志的特点和培养规律；研究个性、品德形成的规律，这对教师确定教育、教学的原则和内容，选择教育、教学的方法和方式具有重要指导意义。心理学知识是教育理论的科学基础。教师只有掌握学生心理活动的规律，才能富有成效地对学生进行教育和教学，才能提高教育和教学质量，出色地完成培养人的任务。这已被中外教育的历史经验所证明。因此，师范院校的学生和各级、各类学校的教师，都应该学习和掌握心理学。

第二节　心理学的发展

一、心理学发展的历史

(一)心理学的形成和发展

德国心理学家艾宾浩斯(1850—1909)曾经说过，"心理学有一个漫长的过去，但只有一个短暂的历史。"虽然作为科学的心理学诞生较晚，但它的过程却源远流长。早在生产力不发达的古代，人类就把注意力投向了自身，开始描述和研究人的心理现象。古希腊哲学家亚里士多德(公元前384—公元前322)的《灵魂论》一书，是人类文明史上比较早的有关心理现象研究的专著。在这部著作中，他把人的灵魂看作是生活的动力和生命的原理，是身体存在的形式。认为灵魂支配身体活动，有自己的活动规律。他还对感觉进行了研究，并提出类似、对比、接近等记忆的原理。法国二元论哲学家笛卡尔(1596—1650)是哲学心理学思想的创始人。他认为人的身体由物质实体构成，而灵魂由精神实体构成，身体和灵魂这两个实体互相作用、互为因果，这就是所谓的"心身交感论"。他还首先用"反射"的概念来解释人的心理的部分活动，为发展科学心理学作出了巨大贡献。此外，笛卡尔还专门写了《情绪论》一书，对情绪的本质、种类和机制作了研究。贝克莱(1685—1753)和休谟(1711—1776)可以视为18世纪欧洲联想主义心理学思想的主要代表。贝克莱的《视觉新论》和休谟的《人性论》，虽然属于哲学著作，但对以后的心理学的发展具有很大的影响。

心理学大咖.mp4

从亚里士多德起，在长达十几个世纪的时期内，心理现象大多是由哲学家作为哲学问题加以研究的，心理学一直处于哲学的怀抱之中。1825年，德国哲学心理学家赫尔巴特(1776—1841)的《作为科学的心理学》巨作问世，第一次庄严宣布心理学是科学。同时，他还主张将心理学与哲学、生理学区别开来。1876年，英国心理学家培因(1818—1903)创办了世界上第一份心理学杂志《心理》，为发表心理学研究的成果提供了一个专门场所。培因是心理学史上一个承前启后的人物，在他之前的所有心理问题都是以思辨的方式论述的，所以称为"思辨心理学"。

19世纪生理学和物理学的发展,为科学心理学的诞生准备了必要条件。德国感官生理学家韦伯(1795—1878)首先确立了感觉的差别阈限定律。稍后,费希纳(1801—1887)发展了韦伯的研究,运用心理物理法确定了外界物理刺激和心理现象之间的函数关系。他们的研究方法成为科学心理学研究的楷模。心理学从哲学中真正分离出来而成为一门独立的科学,主要是由德国生理心理学家冯特(1832—1920)完成的。1879年,冯特在莱比锡大学创立了世界上第一个心理实验室,用实验的手段来研究心理现象,标志着心理学脱离哲学作为一门独立的学科。冯特反对用哲学思辨的方式探讨心理现象,他坚持用观察、实验、数理统计等自然科学的方法去揭示心理过程的规律,因而取得了丰硕的研究成果,培养了一批来自世界各地的学生。冯特一生的著作很多,其中《生理心理学原理》一书被誉为"心理学独立的宣言书",是心理学史上第一部有系统体系的心理学专著。冯特是科学心理学的奠基人,也是心理学史上第一位专业心理学家。

科学心理学诞生之后,在19世纪末至20世纪初期,由于人们对心理学研究的对象和方法的看法不同,加之各种哲学思潮的影响,心理学领域出现了许多学派,它们研究的重点不同,观点各异,争论不休。直到20世纪30年代以后,各个学派之间才开始形成相互学习、取长补短、兼收并蓄、积极发展的局面。20世纪50年代以来,认知心理学和人本主义心理学迅速发展,成为当代心理科学发展的新趋势。随着科学技术的发展,在社会实践活动需要的推动下,心理学通过不断改进和完善原有的研究方法和技术,其基础理论研究进一步深入,应用性研究蓬勃发展。据统计,现代心理学已经有20多个学术派别,100多个分支,形成了庞大的心理科学体系。今天,心理学的许多研究成果,不仅应用于教育、医疗、工程技术、航空航天等领域,而且渗透到仿生学、人类学、控制论、人工智能及系统工程等许多尖端科学技术部门,越来越显示出科学心理学的价值和其强大的生命力。

(二)心理学在中国的发展

美国心理学家加德纳·墨菲(1895—1929)说过:"世界心理学的第一故乡是中国。"这是一个颇为客观和公正的评价。中国许多心理学思想和观点确实有着悠久的历史。例如,中国春秋末期的孔子(公元前551—公元前479)的教育心理学思想和部分先秦思想家关于人性问题的解释,比亚里士多德(公元前384—公元前322)的"灵魂论"还要早。在中国古代哲学中,很早就有关于身心关系的论述;战国时的荀况(公元前298—公元前238)认为,"形具而神生,好、恶、喜、怒、哀、乐臧焉"。东汉的王充(27—99)也认为"精神依存于形体"。南朝齐梁时的范缜(460—515)则进一步指出,"形存则神存,形谢则神灭"。对于知觉产生的原因,明末清初的王夫之(1619—1692)说:"形也、神也、物也,三相遇而知觉乃发。"总之,他们都认为先有物质的身体而后有心理现象,物质和心理密不可分,心理活动是身体的一种机能。这是一种唯物主义的心理思想。

关于心理与脑的关系,中国古代也有一些正确的认识。在《黄帝内经·素问》中就已经断言:"诸髓者,皆属于脑。"明代医学家李时珍(1518—1593)提出"脑为元神之府"的论断,认为脑是神经活动的中枢,它聚集着人的精神。清代著名医生王清任(1786—1831)

根据对大脑的临床研究和尸体解剖，于1830年完成《医林改错》一书，其中明确指出"灵机、记忆，不在心而在脑"，他的"脑髓说"比俄国谢切诺夫(1829—1905)的"反射说"还要早30多年，这是中国古代对心理科学基础理论的又一重要贡献。

心理学作为一门独立的科学在中国的发展，是从19世纪末20世纪初开始的。鸦片战争以后，西方心理学思想开始传入中国。1889年颜永京(1838—1898)翻译出版了美国海文的《心灵学》。1907年王国维(1887—1927)翻译出版了丹麦霍普夫丁的《心理学概论》。1917年陈大齐(1886—1983)在北京大学建立了中国第一个心理实验室，并于次年编写出版了中国第一本心理学教科书——《心理学大纲》。1920年南京大学设立中国第一个心理学系，1921年中国成立了心理学会。此后，心理学的专业人员、研究机构和出版物都有了很大发展，研究的内容也日益广泛，并在教育心理、医学心理、神经心理和心理测量等方面取得较多的研究成果。

1949年新中国成立后，心理学得到进一步发展。1951年中国科学院设立心理研究室，以后又扩建为心理研究所；在北京大学设立了心理学专业；在全国师范院校开设心理学课程。心理学工作者认真学习马列主义和巴甫洛夫学说，希望借鉴苏联心理学，改造原有的心理学，建立新的理论体系。同时，他们联系实际开展了一些心理学研究，并在教育心理、生理心理、工程心理等方面取得了一定的成绩。但是，由于种种原因，新中国心理学的发展经历了一段艰难曲折的路程。1958年的"批判心理学资产阶级方向"的运动，错误地把心理学打成"伪科学"，严重影响了中国心理科学的发展。到了"文化大革命"时期，心理学又遭受到更大的摧残。这期间中国心理学会被迫停止活动，心理学的教学和科研机构被撤销，心理学刊物和书籍停止出版发行，心理学的课程停止开设，心理学工作者被迫改行或被下放劳动改造，中国的心理科学陷于停滞不前的状态。1976年10月粉碎"四人帮"、结束"文化大革命"之后，特别是1978年12月召开的党的十一届三中全会以后，中国的心理学才迎来了真正的春天。这期间，中国科学院心理研究所重新建立，全国高校的心理学教研室得到恢复，并在北京大学、北京师范大学、华东师范大学和杭州大学(现为浙江大学的一部分)新建了心理学系，《心理学报》《心理科学通信》《外国心理学》《大众心理学》等全国性的杂志相继问世，大量的心理学教材、专著和译著得以出版发行，心理学基本理论和应用研究都获得较为丰硕的成果。各行各业许多干部和群众不仅能够认真学习心理学理论，而且更注意应用心理学的理论进行管理、培养个性、治疗疾病和提高工作效率。学习、研究和运用心理学的热潮已在国内形成，中国的心理科学进入了蓬勃发展的时期。

二、心理学的学派简介

反映心理学发展的另一个重要侧面是各学派的出现和演变。心理学成为一门独立的科学后，围绕着心理学的对象、任务、方法展开了争论，出现学派林立、理论纷纭的局面。其中主要有十大派别(包括内容心理学、意动心理学、构造心理学、机能心理学、格式塔心理学及日内瓦学派等)。从20世纪50年代开始，该局面演变为学派减少、相互吸收、互补并存的势态，这也是心理学趋向成熟的标志之一。迄今在世界上影响较大的学派主要有以下几个。

(一)精神分析心理学派

精神分析心理学是由奥地利精神病学家弗洛伊德(1856—1939)于 19 世纪末在精神疾病的治疗实践中创立的一种独特的心理学理论。这一理论体系主要包括潜意识论、泛性论和人格论等。该理论认为人的心理可分为意识和潜意识两部分，潜意识虽不能被本人所意识，但它包括原始的盲目冲动、本能及被压抑的欲望，是人类精神生活的重要方面，它一旦发生障碍就会导致精神疾患。该理论还认为，人一生的行为都带有性的色彩，受"力比多"性能的支配，并随"力比多"在个体发展过程中集中于身体某一区位的变动而出现口腔期、肛门期、性具期和生殖期，形成四个发展阶段。他把人格分为本我、自我和超我三部分。本我与生俱来，即先天本能和原始欲望；自我处于本我和外部现实之间，对本我作缓冲和调节；超我是"道德化了的自我"，即良心和自我理想两部分，以指导自我去限制本我的冲动。弗洛伊德的精神分析心理学虽遭到不少人的反对，但在全世界有深远影响，尤其是在精神治疗、文学艺术、宗教及法律等领域中。以后发展起来的新精神分析学派修正了弗洛伊德的理论，反对本能说和泛性论，强调社会文化因素对产生精神疾病和人格发展的影响。

(二)行为主义心理学派

行为主义心理学派是由美国心理学家华生(1879—1958)于 20 世纪初创立的一个西方心理学的主要流派。它的发展经历了两个时期：早期行为主义时期(1913—1930)和新行为主义时期(1930 年以后)。早期行为主义完全排斥对人的心理和意识进行内省研究，主张心理学应对环境操纵与人的行为变化之间的关系进行客观研究，并把心理现象过度地简化为"刺激(stimulus，S)—反应(response，R)"模式，即 S-R 模式。由于行为主义强调研究的客观性，使一套行为控制的方法得到发展，促进了心理学研究的精确性和实证性，并在心理学大部分领域得到了广泛应用。但它因无视有机体内部过程而走向了极端，到 20 世纪 30 年代后逐渐被新行为主义所取代。新行为主义者修正了 S-R 模式，在 S-R 之间增加了一个中介变量 O(organism，有机体)——代表反应的内部过程，形成 S-O-R 模式。

(三)人本主义心理学派

人本主义心理学派是由美国心理学家马斯洛(1908—1970)和罗杰斯(1902—1987)于 20 世纪 50 年代所创建的一个心理学流派。它既反对精神分析学派贬低人性、把意识经验还原为基本驱力，又反对行为主义把意识看作行为的副现象，主张研究人的价值和潜能的发展，被称为心理学的第三势力。人本主义心理学强调，人在充分发展自我潜力时，力争实现自我的各种需要，从而建立完善的自我，并追求建立理想的自我，最终达到自我实现。人在获得需要满足的过程中能产生人性的内在幸福感和丰富感，给人以最大的喜悦，这种感受本身就是对人的最高奖赏。从探讨人的最高追求和人的价值的角度看，心理学应当改变对一般人或病态人的研究，而成为研究"健康"人的心理学，揭示发挥人的创造性动机、展现人的潜能的途径。人本主义方法论不排除传统的科学方法，而是扩大科学研究的范围，以解决过去一直排除在心理学研究范围之外的人类信念和价值问题。人本主义心理学是一门尚处在发展中的学说，其理论体系还不完备，但却可能代表着心理学发展的一个新的方向。

(四)认知心理学派

认知心理学派是 20 世纪 60 年代在西方兴起的一个心理学的新流派，并已成为当前心理学研究的主要方向。从广义上说，心理学中凡侧重研究人的认知过程的学派都可称为认知心理学派，例如皮亚杰(1896—1980)的心理学理论也被认为属于认知心理学派。但目前在西方大多数指狭义的认知心理学——用信息加工的观点研究人的认知过程的科学，因而认知心理学也叫认知加工心理学。确切地说，它研究人接受、编码、操作、提取和利用知识的过程，即感知觉、记忆、表象、思维、言语等。它强调人的已有知识结构行为和对当前认知活动的决定作用，并且通过计算机和人脑之间进行类化，像研究计算机程序的作用那样在较为抽象的水平上研究人在信息加工的各个阶段特点，以揭示人脑高级心理活动的规律。因此，把关于人的认知过程的一些设想编制成计算机程序，在计算机上进行实验验证的计算机模拟，也就成为认知心理学的一个重要研究方法。

第三节　心理学的方法论

人的心理现象是世界上最复杂和最难认识的现象之一。因此，如果没有正确的指导思想和科学的方法论，就很难使心理学的研究达到科学的高度，取得较大的成效。恩格斯指出："要精确地描绘宇宙、宇宙的发展和人类的发展，以及这种发展在人们头脑中的反映，就只有用辩证的方法……"心理学只有坚持辩证唯物主义的方法论，才能发现并掌握人的心理发生和发展的规律。

一、心理学研究的基本原则

根据辩证唯物主义的哲学观点，心理学研究必须遵循以下基本原则。

(一)客观性原则

客观性原则要求必须以实事求是的态度对任何心理现象按照它们的本来面目加以考察，必须在人的生活和活动中客观地进行心理研究。诚然，各门科学的研究都必须遵循客观性原则，但是，由于心理学研究的是人的心理现象，是人的主观世界，更应该反对主观臆想和揣测，强调坚持客观性原则。心理现象就其映象来讲是一种主观存在，它由一定的客观现实引起，并总是通过人的实践活动，以语言、表情和行为等方式表现出来。因此，研究人的心理现象，必须根据其产生、发展的客观条件和外部表现，如实测验作用于被试者的刺激强度和反应的客观指标，才能真正揭示心理现象发展的规律。

(二)系统性原则

系统性原则要求在对人的心理现象进行研究时，必须考虑各种内外部因素之间相互联系和制约的作用，注意把某一心理现象放在多层次、多因素的系统中进行分析。人的心理现象是一个极其复杂的动态系统，它与外部刺激、活动内容、客观环境以及其他各种心理现象之间，都有紧密的联系。其中任何一种因素的变化，都可能引起人的心理发生变化。因此，对于人的心理现象，必须进行全面的、系统的分析和考察，而绝不能把它看作孤立的东西进行简单的研究。

(三)发展性原则

发展性原则要求在对人的心理现象进行研究时，应坚持发展的观点。唯物辩证法指出，世界上任何事物都处在运动和发展变化之中。心理现象也是这样，总是在不断地变化发展着。就个体的某一心理来看，其在不同年龄阶段的表现方式和水平就有所不同；一种心理品质形成之后，随着环境和实践活动的改变，也会有一定的发展。遵循发展性原则，既有利于预测人的心理发展的前景和方向，也有利于做好当前的教育工作。因此，把心理现象放在发展过程中研究，防止和反对静止、凝固地看待心理现象，也是心理学研究的一个重要原则。

(四)理论联系实际的原则

理论联系实际的原则要求心理学的研究和设计过程必须有科学的理论指导，提出的研究课题必须对社会实践活动和人类健康有意义。要进行心理学研究，就必须掌握马克思主义哲学和心理学的一般原理，了解与课题有关的研究成果，以把握研究的科学性和避免不必要的重复劳动。同时，各种理论又必须"为我所用"，要结合我国和人们生活的实际去检验它们，并通过自己的研究实践去发展它们，以建立具有中国特色的心理科学体系。

二、心理学研究的方法

在心理学研究的基本原则指导下，心理学的具体研究方法可以有多种。现介绍几种主要方法。

(一)观察法

观察法是在日常生活条件下，通过对被试者的外部表现及发生条件有目的地观察来了解其心理活动特点和规律的方法。观察法是人类认识世界的基本方法，也是心理学研究的主要方法之一。它虽然在日常生活条件下进行，但有科学理论的指导，因此，观察法具有较高的计划性和科学性。

人的各种活动都是在人的心理的支配、调节下进行的，因此，通过对人的言行、表情等外部表现的观察，可以了解人的心理活动特点。

(1) 观察法按照时间划分，可以分为长期观察法和定期观察法。

① 长期观察法是在比较长的时间内有计划、有系统地进行观察的方法。例如，教师可以在一学期或几年之内对某学生的课内课外、校内校外、学习、生活及劳动等各种表现进行系统观察，从而了解其个性心理的特点。

② 定期观察法是按一定时间间隔持续进行观察的方法。例如每周观察两次，过一段时间后对观察积累的材料进行分析整理，以便发现被试者的心理特点和规律。

(2) 如果按照内容划分，观察法可以分为全面观察法和单项观察法。

① 全面观察法是在一定时间内对被试者的多种心理现象进行同时观察的方法。例如对学生进行个性鉴定，就可以采用这种方法。

② 单项观察法是在一定时间内只对被试者的某种心理现象进行观察的方法。例如对学生上课时的注意特点进行观察，就属于此类方法。

观察法可以应用于多种心理现象的研究，尤其适用于教师了解、研究学生的心理特点和规律。观察法是在日常生活条件下使用的，因而简便易行，所得的材料也比较真实。但它不能严格控制条件，不易对观察的材料作出比较精确的量化分析和判断，这也是观察法的局限性。

(二)实验法

实验法是有目的地控制或创设一定条件，以引起被试者产生某种心理现象，从而研究其规律的方法。实验法可以分为实验室实验法和自然实验法两种。

1. 实验室实验法

实验室实验法是在实验室内借助于专门的仪器设备，严格控制实验条件，以研究人的心理现象及其规律的方法。在设备完善的现代化心理实验室中，呈现刺激和记录被试者反应的方式都采用精密的仪器，实行自动控制，这使得实验的效果更好。例如，研究一个人快速反应能力，就可以使用实验室实验法。在实验室中对被试者进行声音或光刺激，并要求被试者在听到声音或看到闪光后立即按电钮，用仪器记录下被试者从刺激出现到作出反应的时间，通过对数据的分析即可达到研究的目的。再如，要研究一个人在太空或海底操作时的感知、记忆、思维、情感、意志和个性的变化规律，就可以在实验室中通过模拟上述自然环境和工作环境进行。

实验室实验法适用于对心理过程及其生理机制的研究，也可以用来研究人的能力、气质等个性心理。实验室实验法可以使心理现象在控制的条件下重复出现，为研究工作提供了很大方便。但是，由于实验室实验法是在人为的特定条件下进行的，因而实验的结果同日常生活条件下的心理现象往往存在一定的差距。对于它的这种局限性，我们在分析研究时，应特别注意。

2. 自然实验法

自然实验法是在日常生活条件下，适当控制或创设一定条件，并结合经常性的业务活动去研究人的心理现象及其规律的方法。自然实验法兼有观察法和实验室实验法的优点，因为它既是在自然的情况下进行的，研究的结果比较真实；又是在创设的一定条件下进行的，研究过程的主动性较强，结果比较精确，结论可以重复验证。自然实验法不仅可以用来研究人的各种心理过程，而且可以用来研究人的个性心理，是教师在教育和教学过程中研究学生心理的常用方法。如果要研究学生集中复习和分散复习的效果，教师可在条件相同的平行班中采用此法进行对比实验。例如，让甲、乙、丙三个班都用6个小时复习同一内容，但要提出不同的要求：甲班学生一次用完6个小时复习时间；乙班学生每天用两个小时进行复习，3天用完；丙班学生每天用1个小时进行复习，6天用完。最后通过测验比较三个班的复习效果，分析复习时间的不同安排对复习效果的影响。结果发现分散复习的效果优于集中复习的效果。

自然实验法已经应用于许多实践活动领域的心理学研究，除了教育心理学外，工程心理学、工业心理学、经济心理学、管理心理学等也都使用这种方法进行研究，并取得了可喜的研究成果。为了确保研究质量，使用自然实验法要有明确的研究课题，对研究的途径、步骤有一定设想。并应逐步分析各种制约条件，作出详细记录，仔细比较不同条件下的不同结果，对得出的结论还必须反复验证。

(三)心理学研究的其他方法

除了观察法和实验法这两种主要方法外，心理学的研究方法还有以下几种。

1. 谈话法

谈话法是研究者根据一定的目的通过与被试者交谈来了解其心理特点的方法。运用谈话法，研究者首先要确定谈话的目的，拟好谈话的提纲；其次，要取得被试者的信任，保证谈话在自然气氛中进行；再次，提出的问题要简单明了，易于回答。谈话法简便易行，但得出的结论有时带有主观片面成分。

2. 问卷法

问卷法是研究者通过被试者对所拟定问题的回答来研究其心理活动特点和规律的方法。问卷法要求研究者提出的问题应该清晰、易懂，不能模棱两可，也不应有暗示；要求被试者回答问题实事求是、严肃认真、表述正确。问卷法不仅可以研究个体心理，也可以研究群体心理；不仅可以当场进行，也可以通过邮寄的方式进行。问卷法能够比较迅速地获得大量资料，便于定量分析。但它不便对被试者的态度进行控制，获得的材料不够详尽。

3. 测验法

测验法也叫心理测验，它是研究者利用一定的测验量表来测定人的智力和心理特征等个性差异的方法，包括智力测验、人格测验、能力倾向测验及气质类型测验等。测验量表是通过大量实验而确定的能够反映人的心理发展水平的题目和作业。对测验结果与常模(参照指标)进行比较，即可测出被试者的心理发展水平。心理测验的量表编制和实施都有明确规定和标准化程序，必须严格遵守，否则，就会影响测验的结果，甚至使心理测验失败。

4. 个案法

个案法是研究者对一个或几个被试者在较长的时间内进行追踪研究，借以发现其心理发展、变化规律的方法。个案法是对人的心理纵向地、连续地进行研究的一种方法。它尤其适用于超常儿童、犯罪青少年等具有特殊情况的个体的心理研究。这种方法易于了解被试者心理发展的趋势，也可以研究人的个性差异。但应用此法时，设计要周密合理，研究要持之以恒。

5. 活动产品分析法

活动产品分析法是研究者通过对人的作业、作品、日记、手工制作、生产成品等的分析，去了解其心理活动特点和规律的方法。活动产品分析法可以了解人的能力水平和认知结构，也可以揭示人对事物的态度和某些个性品质。比如，学生的作文、日记、图画以及手工劳动品等，都在一定程度上反映了每个学生不同的心理特点。但是，人的活动产品和人的心理活动之间的关系并不是简单的一一对应关系，因此，活动产品分析法应该与其他方法结合使用，以便相互印证，得出科学的结论。

6. 教育经验总结法

教育经验总结法是研究者有目的地整理总结教育实践中那些行之有效的经验，并从中提炼出所包含的心理活动规律的方法。这种方法多应用于教育心理、发展心理的研究。研究者可以从教育实践中总结出学生掌握知识、技能、形成道德品质、群体人际交往以及良好集体形成等方面的规律。应用这种方法进行研究，不仅可以丰富和发展心理科学本身，而且可以推动教育和教学改革工作。但是，此法要求研究人员必须具有坚实的心理科学理论基础和比较丰富的教育、教学工作经验，否则，就不能从教育经验中发现心理活动的特点和规律。

总之，心理学研究的方法很多，每种方法都有其优点，也有一定的局限性。因此在研究一个心理学课题时，不应该只使用一种方法，而应该以一种方法为主，其他方法配合使用。这样才能取长补短，相得益彰，真正揭示人的心理活动的规律。

本 章 小 结

心理学是研究心理现象发生、发展及其变化规律的科学，人的心理现象的表现形式有心理过程、心理状态和个性心理。心理学是一门古老而年轻的科学。心理学作为一门基础理论学科，具有重要的理论意义；同时它又是一门应用科学，具有很强的实践意义。心理学研究的具体方法有观察法、实验法、谈话法、问卷法、测验法、活动产品分析法、教育经验总结法等。心理学研究必须遵循客观性原则、系统性原则、发展性原则和理论联系实际的原则。

案 例 分 析

【案例】

斯芬克斯之谜

斯芬克斯之谜(Riddle of Sphinx)是出自古希腊神话。

传说中古希腊的奥林匹斯山是西方诸神所居住的地方，那里有西方主神宙斯，以及由他统率的众神祇。斯芬克斯是众神祇之一,她是传说中的一个奇特的生物——"狮身人面"。斯芬克斯整天蹲伏于路边的悬石上,向来往行人询问智慧女神所授的隐谜,如果行人猜不出谜底,她就将其撕成碎片。

她的隐谜是:什么东西是早晨用四条腿走路,中午用两条腿走路,晚上用三条腿走路?她提示说,在一切生物中只有此物是用不同数目的腿走路,而且腿最多时,正是速度与力量最小的时候。

俄狄浦斯来到了斯芬克斯面前,并猜出了这神秘之谜。他说:"这是人呀!在生命的早晨,他是个孩子,用两条腿和两只手爬行;到了生命的中午,他变成壮年,只用两条腿走路;到了生命的傍晚,他年老体衰,必须借助拐杖走路,所以被称为三只脚。"谜语被猜出后,斯芬克斯就从巍峨的峭崖上跳下去摔死了。

【分析】

"斯芬克斯之谜"正是人生之谜,也是自我之谜。

通过这样一个谜语来提醒人们时刻不要忘记正确地审视自我,唯有正确认识自我,把握自我,才是自己得以生存的最大保障。

斯芬克斯的谜语是富有深刻的哲学内涵,也正因为如此,斯芬克斯与心理学结了缘。《新大英百科全书》里将"心理学"作为一个词条来解释的时候,作者就做了这样的引述:"在古希腊奥林匹斯山上,有一座德尔斐神殿,神殿里有一块石碑上面写着——'人,认识你自己'。"就是这么一句话,经过漫漫几千年的演化,形成了我们今天的心理学"。

"人,认识你自己",成为西方心理学家所公认的心理学的源头,同时也成为历代心理学家为之奋斗的目标。作为西方心理学家形象之一的弗洛伊德为了维护他所创立的精神分析体系,曾定做了7枚"戒指",分别给予他自己和他所器重的6位忠实的追随者,这7枚"戒指"上,都刻有斯芬克斯头像,以表示他对本人所从事心理学的理解与期望。弗洛伊德曾告诉自己的女儿,他死后,在他的墓碑上刻上这样一句话——"他揭开了斯芬克斯的谜语,他是本领高强的人"。

心理学是研究人的心理现象的科学,"人,认识你自己",简单而朴素的语言,这是我们对心理学的一种普遍理解,也是我们为之奋斗的目标。

第二章 科学的心理观

本章学习目标

- 心理是脑的机能
- 心理是客观现实的反映
- 人的心理的基本特征

人们的心理现象是丰富多彩的。究竟什么是心理？心理是如何产生的？不同观点的人有着不同的回答。主观唯心主义者认为心理是一种主观存在；客观唯心主义者认为心理是一种"绝对精神"；机械唯物主义者认为心理是由物质派生的……这些理解都是错误的。只有辩证唯物主义者才科学地揭示了心理的实质：心理是脑的机能，人的心理是人脑对客观现实主观能动的反映。

第一节 心理是脑的机能

一、脑是心理活动的器官

产生心理活动的器官究竟是什么？人们并不是一开始就十分清楚的。历史上，相当长的一个时期，人们曾经认为心脏是产生心理活动的器官。西方有人认为心脏产生心理如同胆囊分泌胆汁；同样，汉语中也保留着这种错误认识的痕迹：与精神活动有关的字大都带有"心"字底或竖心旁；成语"眉头一皱，计上心来"等都反映了这种认识的痕迹；至今我们思考问题时还常说"用心想一想"。

随着时代的进步，经验的积累，尤其是近代科学的发展，人们逐渐认识到产生心理活动的器官是脑，而心脏与心理活动并无特别直接的关系。我国清代医生王清任早在1830年就指出脑与心理的关系。30年后，俄国生理学家谢切诺夫在其著作《脑的反射》一书中，把脑的全部活动解释为对事物的"反射"。此后，著名生理学家巴甫洛夫提出的高级神经活动学说，进一步科学地揭示了心理活动的脑机制。

其实，常识也告诉人们大脑是心理活动的器官。人们在睡眠或酒精中毒状态下，心脏活动与清醒时并无多大差别，但精神状态、心理活动却与清醒时大不一样。临床又发现，精神病人的大脑活动与正常人相比，差别很大，而他们的心脏机能却与正常人相同；一个心脏机能正常的人，如果大脑受到损伤，心理活动就会部分或全部丧失，比如"植物人"就是这样。

物种进化的历史和个体发育的进程也表明心理活动与神经系统，尤其是大脑有着直接的联系。动物的心理发展水平是与其神经系统的发展水平相适应的。从单细胞动物到人类，神经系统的进化从无到有，从简单到复杂，心理发展的水平也从低级到高级。单细胞动物没有神经系统，因而只能对生存具有直接意义的事物产生有限的感应。无脊椎动物开始出现了神经系统，但由于它们没有脑，所以不能对刺激物的属性进行分析，其心理也只能停留在极其原始、简单的感觉阶段。脊椎动物的神经系统进一步发达，原始的脑开始形成，爬行动物又有了大脑皮层，这就具备了心理活动的最高调节机构，因而就有了稳定的知觉。灵长类动物的大脑接近人脑的水平，所以对事物有了原始的概括能力，能进行简单的思维。到了人类，大脑结构更加复杂，其机能高度完善，所以人类成了地球上最聪明的主宰者。就人类个体的发育而言，心理水平的发展也是与脑的发育紧密相连的。婴幼儿的大脑虽然在形态、结构上与成人差不多，但由于重量轻、细胞分支少等原因，其心理活动要比成人简单得多。

以上事实和越来越多的研究表明，脑是心理活动的器官，人类一切心理活动的产生和发展都依存于大脑。正如恩格斯所说："我们的意识和思维不论它看起来是多么超感觉的，总是物质的、肉体的器官即人脑的产物。"列宁也下过同样的结论："心理的东西、意识等等是物质的最高产物，是叫作人脑的这样一块特别复杂的物质的机能。"

二、人的神经系统及其功能

人的神经系统是由无数个神经元构成的，神经系统的最高部位是大脑皮层。

(一)神经元及突触传递

神经元又叫神经细胞，是神经系统的基本结构和功能单位。神经元的大小、形状和类型是复杂多样的，但每个神经元的结构都是共同的，即由胞体和突起两部分构成。由胞体发出的突起有树突和轴突两种。树突一般较短，分枝较多，能接受刺激，并把冲动传向胞体。每个神经元有一个轴突，轴突较长，其外围包有一层髓鞘，以保护轴突并防止冲动的扩散。其末端的分枝叫神经末梢。轴突就是神经纤维，许多神经纤维聚集成束，构成分布于全身的神经，能将冲动从胞体传出，如图 2-1 所示。

每个神经元在结构上是独立的。一个神经元的末梢与另一个神经元的胞体或树突相接触，接触的部位叫突触。突触由突触前膜、突触后膜和突触间隙构成。突触前膜即前一个神经元末梢膨大部分的底端，内有许多含化学递质的小泡。突触后膜即后一个神经元含有分子受体的部位。突触间隙即前后膜之间宽约 200 埃(1 埃 = 0.1 纳米)的部位。神经元之间的突触联系密如蛛网，遍布全身。据研究，人的大脑皮层中的每个

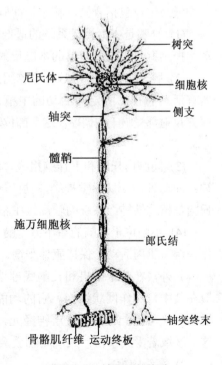

图 2-1　神经元的构造

神经元的突触联系大约有 3 万个，神经网络系统极其复杂。神经元的功能是接受刺激、产生冲动、传导冲动。其传导冲动功能的实现是依靠突触传递来完成的。当神经冲动沿着轴突传到末端时，突触前膜内的小泡便会穿破突触前膜释放一定的化学递质而通过突触间隙，作用于突触后膜的分子受体，当其能量达到一定程度时，后一个神经元便会产生同样的神经冲动，依次传递，直至中枢。

(二)神经系统及其功能

由神经元构成的神经系统可分为周围神经系统和中枢神经系统。

1. 周围神经系统

周围神经系统由 12 对脑神经、31 对脊神经和植物性神经组成。脑神经由脑发出，主要分布于头、面部，与头、面部的感觉和运动有关。脊神经由脊髓两侧发出，分布于躯体和四肢，与躯体感觉和四肢运动有关。植物性神经又分为交感神经和副交感神经，广泛地分布于内脏、心血管和腺体，用于调控内脏、心血管和腺体的活动。

周围神经系统是中枢神经系统联系感受器和效应器的纽带，它使脑和脊髓与全身其他器官联系在一起，起着传入和传出神经冲动的作用。

2. 中枢神经系统

中枢神经系统是人体的最高"司令部"，有低级中枢和高级中枢之分。

1) 低级中枢

低级中枢包括脊髓、脑干、间脑和小脑四个部分。

(1) 脊髓是中枢神经系统的最低部位，呈索状，位于脊椎管内。它的基本功能是传导冲动和控制躯体与内脏简单的本能反射，例如膝跳、排泄等。

(2) 脑干由延脑、桥脑和中脑组成。它既是大脑、小脑联系脊髓的通道，又是许多内脏器官活动和视、听定向活动的中枢部位。呼吸、心跳、吞咽、呕吐、喷嚏以及视、听觉探究反射都受脑干的调控，这一部位若受到损害，生命将受到威胁，故而脑干有"活命中枢"之称。

(3) 间脑由丘脑和下丘脑组成，被大脑所覆盖。它是大脑皮层下的感觉中枢，是除嗅觉神经冲动外，一切感觉神经冲动的转换站，所以是大脑皮层产生兴奋的最直接的来源。下丘脑是植物性神经系统的较高级中枢，也是情绪反应的较高级协调单位。

(4) 小脑位于大脑的后下方，脑干的背侧面，由两半球组成。其主要功能是协调随意动作、调节肌肉活动、保持躯体平衡。

此外，在脑干中央和丘脑底部这一广大区域，神经纤维纵横交织，并有许多神经细胞散在其中，称作网状结构。它的功能十分特殊，既可以下行调节躯体感觉、运动以及内脏活动，又可以上行激活皮层神经元，以使大脑皮层处于觉醒状态，并使之保持警戒水平。这一区域若受到损伤，人或动物就会陷入昏睡状态。

2) 高级中枢

中枢神经系统的高级部位是大脑，其中最高级的部位是大脑皮层。

人的大脑由对称的左右两半球构成，状如合拳，左右半球由胼胝体联结。其深部为大量的神经纤维和脑浆。成人脑重平均约为 1400g，占整个神经系统重量的 98%，是身体重量的 1/50。

覆盖于整个大脑表面的一层叫大脑皮层，是人类心理最直接、最高级的物质基础。大脑皮层的表面积约为 2200cm^2，厚度平均为 2.5mm。大脑皮层是神经元最集中的地方，约有 140 亿个神经元分六层规律地排列着。大脑皮层的表面有许多皱褶，凸起的部分叫回，约有 1/3，凹陷的部分叫沟或裂，约有 2/3。比较重要的沟(裂)有中央沟、大脑外侧裂和顶枕裂，它们把大脑皮层分为额叶、顶叶、枕叶和颞叶四个机能各不相同的区域，如图 2-2 所示。

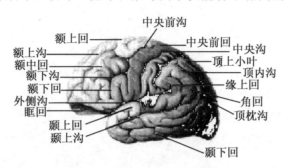

图 2-2　大脑半球的分叶(外侧面)

额叶是在进化过程中形成最晚的部分，然而却是最发达的部分，约占皮层表面积的 29%。额叶的中央前回是躯体运动的中枢，同时参与行为的动机、计划以及个性表现等高级意识活动。顶叶的中央后回是躯体的感觉中枢。枕叶主管视觉。颞叶则主管听觉和嗅觉。此外，在劳动过程中，人类出现了语言，大脑皮层相应地出现了言语运动中枢、言语听觉中枢和言语视觉中枢。大脑皮层特定的神经中枢专司一定的生理和心理活动的现象，叫作机能定位。

但是，大脑皮层的机能定位并不是绝对的，只是相对而言的。各机能定位区只是实现某种功能的核心部分，其他区域在实现某种功能时也起一定作用，彼此并不孤立，它们之间有一定的代偿作用。同时，某一区域的功能受到损伤时，也会影响到其他区域的功能。大脑皮层上有明显机能定位的区域只是一小部分，大部分区域并没有明显的机能定位。苏联生理心理学家鲁利亚(1913—1994)把大脑皮层机能定位区域连同无明显定位的区域划作三个机能联合区。他认为人的心理活动的进行，尤其是较复杂的心理活动产生，总是三个机能联合区协同活动的结果。

尽管整个大脑皮层对心理活动具有整体整合的功能，但左右两个半球在功能上的分工还是比较明显的。美国加利福尼亚理工学院的罗杰·斯佩里经过实验研究指出，左半球支配着理解力，例如说、写、计算等都由左半球调节；右半球支配着想象力，例如音乐、绘画、知觉空间等都由右半球分管。

总之，作为心理活动器官的大脑，结构高度完善，功能十分精细，它的重量虽然仅占体重的 2%，却占有全身供氧量的 20%，供血量的 16%。假如大脑供血中断半分钟，脑细胞的活力就会受到明显的影响，持续到 5 分钟，脑细胞就会死亡。要使心理活动正常进行，首先就必须保持一个健康的大脑。

专栏 2.1　斯佩里对裂脑人的研究

大脑由两个结构和功能不完全对称的大脑半球组成，它们由大量神经纤维组成的胼胝体连成一个整体。在治疗癫痫病人时，神经科大夫猜测癫痫病人发病时的症状，可能是由于病灶引起大脑两个半球一起大量放电所致，所以他们在外科手术中切断癫痫病人的胼胝体联合纤维，手术后发现了意想不到的有趣现象。美国神经心理学家斯佩里(R.Sperry)因其在这方面的卓越研究获得了诺贝尔奖。

他研究第二次世界大战中因脑部受伤而退役的老兵约翰。约翰因脑伤而患癫痫，且非常严重，医生不得不切断他的胼胝体。手术后约翰比以前安静多了，但由于大脑两半球失去了联系，因此似乎有了两个脑，各自处于独立状态，在一个人身上形成了"两个意识中心"，就像两个人一样。例如，有一天早上约翰穿衣服，他一只手把裤子往上提，而另一只手却往下扯，甚至把裤子撕成两半。

在另一个实验中，他让裂脑人坐在椅子上，右手放在桌子下方，左手放在桌子上方。两眼正视前方印有文字或图画的屏幕。实验者在屏幕左侧映出螺帽(nut)一词，只见裂脑人很快地用左手在一堆物件中正确地挑出螺帽来，但问他左手抓住的是什么，他却答不上来。实验者又在屏幕左侧映出书(book)一词，裂脑人的左手能正确地写出这个单词，当问他左手写的是什么时，他竟回答是杯子(cup)。实验者又将帽带(hatband)分成两部分，在左边屏幕上映出(hat)，在右边屏幕上映出带子(band)，结果，裂脑人只能说出他看到了带子(band)。实验证明了人脑的左右两半球具有不同的功能：左半球具有语言、分析、计算等功能，右半球具有音乐、绘画、综合、空间想象等功能。人脑的两半球的相互配合是通过胼胝体来实现的，一旦胼胝体被切断，两半球的信息就无法沟通，因而会出现只能写出左边屏幕映出的词而说不出这个词的自相矛盾的有趣现象。

斯佩里的研究不仅对癫痫病人有明显的疗效，最重要的是他成功地揭示了大脑两半球的秘密，修正了多年来一直以为左半球是优势半球，右半球是从属地处于劣势的观点，更有力地证明了心理是脑的机能的观点。

专栏 2.2　人类的大脑

人类智力的产生是否是由于人类比其他动物拥有更多的脑量？如果只是像观察甜瓜似的用尺寸的大小来衡量大脑，那就有可能产生误导。大脑只有外面的那一层(大脑皮层)明显地与形成的新联想有关，而大脑实体的大部分是绝缘物质，它们将连接大脑各部分的"导线"包裹起来：绝缘越好，信号传递越快。随着动物年龄越来越长，导线越来越长，这就需要更好的绝缘来加速信号的传递，并保持较短的反应时间。

甜橙皮只是甜橙的一部分，而人的大脑皮层甚至比甜橙皮还要薄，大约只有 2 毫米，仅相当于两枚 10 美分硬币的厚度。人的大脑皮层布满了皱褶，但是如果把它剥离下来并将它展平，它的面积大约相当于 4 张 A4 打印纸的面积。黑猩猩的大脑皮层只有一张打印纸那么大；猴子的大脑皮层像明信片那么大；老鼠的大脑皮层只有邮票那么大。

(资料来源：威廉·卡尔文. 大脑如何思维[M]. 杨雄里、梁培基译. 上海：上海科学技术出版社，1996)

三、脑的机能

(一)大脑皮层神经活动的基本过程和规律

1. 大脑皮层神经活动的基本过程

兴奋过程和抑制过程是大脑皮层神经活动的基本过程。

兴奋过程是引起或加强有机体的某些反应的过程,它所带来的是细胞能量的消耗。抑制过程是压抑或减弱有机体的某种活动,它表现为相对静止状态,它所带来的是细胞能量的恢复。兴奋和抑制是对立的,又是统一的,二者相互依存、相互作用。比如,肢体屈伸时,支配肌肉屈伸的神经细胞一部分兴奋,另一部分抑制,这才使得肌肉的屈伸相互颉颃。兴奋和抑制在一定条件下可以相互转化,并按照一定的规律运动变化。

2. 大脑皮层神经活动的规律

(1) 扩散与集中。兴奋和抑制一经产生,就不会停止在原发点上,而是通过突触联系向周围区域传播,使这些区域也出现同样的神经活动,这就是扩散。与之相反的过程是集中。兴奋和抑制过程,总是不断地以扩散或集中的方式相互制约而协同活动。

(2) 相互诱导。一种神经过程的产生导致另一种神经活动的增强叫相互诱导。诱导有两种形式,由兴奋过程引起抑制过程的增强叫负诱导,例如"发愤忘食,乐以忘忧";由抑制过程引起兴奋过程的增强叫正诱导,例如环境越静,思考时注意力就越集中。

扩散和集中与相互诱导在神经活动中是相辅相成、交替进行的,它们相互依存、相互制约,既显示了大脑皮层神经活动的复杂性,又保证了皮层神经活动的和谐与统一。

(二)大脑的机能

脑的机能即心理活动的基本方式,依照谢切诺夫的观点,大脑活动的基本方式是反射。

1. 反射与反射弧

反射是有机体借助神经系统对内外刺激所作的规律性反应。例如食物入口时的唾液分泌,蚊虫叮咬时的举手拍打,伤心悲痛时的痛哭流涕,路见不平时的见义勇为等都是反射。反射是人和动物适应环境的基本方式。

实现反射活动的神经通路叫反射弧,如图2-3所示。反射弧由感受器、传入神经、神经中枢、传出神经和效应器组成。其中的任何一个环节中断,反射活动都不能发生。反射发生的机理是,感受器接受一定的刺激之后产生神经冲动,冲动沿传入神经到达神经中枢,通过神经中枢的分析与综合,再由传出神经传向效应器,从而发生相应的反应。

近期研究表明,反射弧并不是单向的神经通路,其终末环节并不意味着终止。效应器的活动会作为新的刺激产生神经冲动,再传向神经中枢,神经中枢对效应活动的质量予以"评价",这一返回传递过程称为反馈。正是反馈的作用,才使得人们对刺激的反应更完整、更精确。由于反射活动通常不是简单的"刺激→反应",所以不少学者提出了"反射环"或"反射圈"的概念。

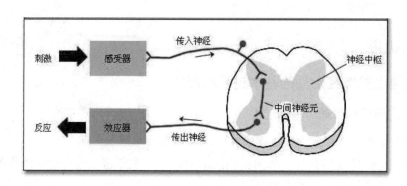

图 2-3 反射弧模式图

2. 反射的种类

反射分为两种：无条件反射和条件反射。

(1) 无条件反射。无条件反射是人和动物通过遗传而来的本能反射。它包括食物反射、定向反射、防御反射和性反射。无条件反射对人和动物具有维持生命、延续种族的重要意义，对于低等动物的意义更大。但是，由于无条件反射的神经通路是固定的，因而凭借无条件反射，有机体仅能对固定的刺激产生固定的反射。这种刻板的、被动的反射难以保证有机体对复杂多变的环境的适应。因而，在长期的适应过程中，有机体就形成了更高一级的反射，即条件反射。

(2) 条件反射。条件反射是人和动物在后天活动中，经过学习获得的反射。例如挨过棒打的狗，看见举棒就逃跑；"一朝被蛇咬，十年怕井绳"等，都是条件反射的表现。

条件反射的形成以无条件反射为基础，依赖于大脑皮层神经活动的基本规律，其形成的标志是大脑皮层暂时神经联系的建立。最早对条件反射进行研究的是巴甫洛夫。他以狗作为实验对象，通常情况下让狗产生分泌反射的是食物，铃声并不具备使狗分泌唾液的条件，所以铃声是无关刺激物。但在实验中，每次让狗进食的同时或提前给以铃声刺激，这样，狗的大脑皮层上就同时出现了两个兴奋点。由于每次重复、扩散的结果，就会使两点之间联系起来，也就是建立了暂时神经联系。暂时神经联系建立之后，铃声即使不伴随食物出现，狗也照样会分泌唾液。这便标志着狗对铃声刺激的条件反射形成，铃声由无关刺激物变成了条件刺激物。

巴甫洛夫认为，条件反射形成的关键在于"强化"，即无条件刺激物与无关刺激物在时间上的重合。强化的次数越多，形成的条件反射就越巩固。由于条件反射的神经通路是暂时的，所以，条件反射形成之后，如果不给以强化，就会逐步消退。

巴甫洛夫称条件反射为对信号的反射。因为在一定条件下，无关刺激物成了无条件刺激物的信号。有机体对这一信号的理解，是心理现象，但其神经机制是暂时神经联系的建立，又是生理现象。

巴甫洛夫提出的条件反射被称为"经典性条件反射"。

继巴甫洛夫之后，美国心理学家斯金纳通过对白鼠的研究，又提出了"操作性条件反射"的概念。他在"斯金纳箱"中放一只白鼠，并不主动投食。箱内有食盘和连着食物容器的杠杆，饥饿的白鼠在箱内盲目地跑跳，偶然的机会，它压住了杠杆，于是就有食物落进食盘。经过这样多次盲目地压杆之后，白鼠终于理解了有食物吃是对它压杠杆的奖赏，于是便学会了主动操作以获取食物。由于白鼠理解了操作杠杆可以获得食物，所以这种条件反射叫作操作性条件反射。

经典性条件反射与操作性条件反射.mp4

操作性条件反射与经典性条件反射的形成机制虽然没有本质区别，都是以强化为基本条件，但在形成的方式上却有所区别。经典性条件反射是"刺激→反应"的过程，操作性条件反射则是"反应→刺激"的过程。另外，经典性条件反射的形成比较被动，而操作性条件反射的形成则是在有机体主动活动的条件下形成的。因而，操作性条件反射在人类的活动中存在更广泛，意义也更大。

3. 两种信号系统

条件反射是一种信号活动，因而条件反射系统又称为信号系统。所谓信号，就是能使人或动物产生条件反射的刺激物及其属性。根据刺激物的性质，巴甫洛夫把纷繁多样的信号分为两种，相应地也有两种信号系统。

现实中，具体事物的形、色、声、味等属性是无条件刺激物直接的信号，称为第一信号。词和语言能够代表具体事物及其属性构成条件刺激物，是信号的信号，称为第二信号。由具体事物作为条件刺激物引起的条件反射系统称为第一信号系统，例如吃过酸梅的人看见酸梅就流口水。由词和语言作为条件刺激物引起的条件反射系统叫第二信号系统，例如吃过酸梅的人听到或看到"酸梅"一词也会流口水。

两种信号系统既有明显的区别，又有内在的联系。第一信号系统是人和动物共有的，第二信号系统是人类特有的。由于第一信号系统的刺激物只限于具体事物，因此动物的条件反射是具体形象的。第二信号系统的刺激物已经脱离了个别的、具体的事物，因而，人类的条件反射与动物有着质的区别，带有很强的概括性和抽象性。第一信号系统以无条件刺激物为基础，第二信号系统以条件刺激物为基础。所以，动物的条件反射只能是单级的，而人的条件反射是多级的。可以这样说，第一信号系统是动物行为的最高调节系统，第二信号系统是人类行为的最高调节系统。

两种信号系统的联系又是十分密切的。第一信号系统是第二信号系统形成的基础，第二信号系统既揭示第一信号系统的意义，又支配调节着第一信号系统，从而保证了人类对第一信号进行反射的选择性、目的性。人类的一切正常活动都是在第二信号系统调节下，两种信号系统协同进行的。

第二节　心理是对客观现实的反映

脑是心理活动的器官，心理是脑的机能。但大脑不能凭空和单独产生心理活动，只有一定的对象作用于人脑时，心理活动才可能产生，这一对象就是客观现实。

一、心理是一种反映

反映是物质的普遍属性。世界上的一切物质都是在运动中相互联系、相互作用的。事物之间相互作用留下痕迹的过程就是反映。

反映的形式和内容因物质的形态不同而各异。无机物的反映是以简单的相互作用来完成的，例如铁受潮而生锈，天下雨地皮湿。在有机物的反映中，植物以枝叶的趋阳、根系的趋水与环境保持平衡；低等生物以感应的形式对环境的作用给以反映，例如变形虫能向可食的物体驱动；动物常常根据气味、声音、鸣叫及动作等觅食、求偶、招呼同类或确定安全还是危险等，这些都是反映。

人的心理从最简单的感知觉到复杂的思维、想象，乃至个性，无论多么离奇，都是人脑或者与具体事物，或者与抽象事物相互作用的结果，是地球上迄今为止最高水平的反映形式。

二、人的心理是对客观现实的反映

人的心理也是一种反映，那么按照列宁的观点，没有被反映者，个体即使具备人脑的解剖特点，心理也无从产生。人类反映的客体就是客观现实。

所谓客观现实，是存在于主体意识以外的一切事物，包括自然现实、社会现实和主体自身的机体状况。人的一切心理活动，都是以客观现实中的事物为源泉的，没有客观现实，人的心理就会成为无源之水、无本之木。比如，自然界中存在着山川河流、花草树木，这些事物只有作用于人的感官时，才能在人的头脑中产生相应的映象。感觉到不舒服，是对不太正常的机体状态的反映。有时，人的头脑中也会出现一些现实中并不存在的事物的映象，例如离奇的梦境和神话，但构成这些映象的素材却存在于现实中，只不过是经过头脑的加工组合而已。就连表面看来在现实中找不到任何对应物的情感、态度等，也都反映着人的某种需要与客观事物之间的关系，实际上它们是人脑对客观现实的一种更复杂、更特殊的反映形式。

马克思主义认为人是一切社会关系的总和。在所有客观现实中，现实是人类心理反应的主要内容，因而，社会现实是影响人类心理的决定性条件。你的家中也许饲养着宠物，它们和你的家人可能同居一室，沐浴自然界的阳光，呼吸同样的空气，但它们终究是猫，或者是狗，但你和你的家人却永远是有着七情六欲的人类。人之所以为人，决定的因素是因为人生活在人类的社会现实中，即生活在一定的社会制度、社会文化、社会风尚以及各种各样的社会关系之中。具备人类生理解剖特点的个体，一旦脱离了人类社会，其心理的发展就无从谈起。人们曾经发现多例与野兽生活在一起的人类的后代，他们的心理活动方式与野兽无异，"狼孩"卡玛拉就是其中的一例。不仅幼年脱离人的社会现实不能形成正常人的心理，而且成年人长期脱离人类社会也会导致已经发展起来的心理水平下降。比如，1945年被日寇掳去日本做苦工的中国农民刘连仁，由于不堪忍受劳役之苦，只身逃往深山老林。1958年人们发现他的时候，他的恐惧感极重，记忆力严重衰退，几乎不会讲话。

三、人的心理是在实践活动中发生和发展的

客观现实是人类心理活动的物质内容，但客观现实不会自发地决定人的反映。人在现实中总是积极地活动着、实践着，只有在客观现实作为人的实践活动的条件和对象时，对

人的心理活动才有意义。人的心理在实践活动中发生和发展，并从不成熟走向成熟，从低级发展到高级。新生儿只有从遗传获得的本能行为，逐渐地在与成人的交往中学会了说话，在游戏活动中学会了交友，在学习活动中学会了书写。成人的实践活动由于领域不同，所以心理发展方向就带有明显的职业特色。比如，画家善于记忆具体形象，其形象思维的能力发展突出；数学家的抽象逻辑思维水平又是常人所不及的；农民谈起种田头头是道，而公子王孙却"五谷不分"。人的心理之所以在实践活动中发生和发展，是因为实践活动是客观事物与主观反映联系的纽带。客观事物的发展总是不断地向个体提出发展的要求，而个体的主观反映要想和客观事物相适应，就必须不断地通过活动来实现。

人的心理不仅在实践活动中发生和发展，而且还要受到实践活动的检验。人的认识是否正确，只有经过实践活动的检验才能站住脚。人的心理总是从实践中来，到实践中去，并引起进一步的反映。正如毛泽东在《实践论》中所说："判定认识或理论之是否真理，不是依主观上觉得如何而定，而是以客观上社会实践的结果如何而定。真理的标准只能是社会实践。"

实践活动促进了人类心理的产生和发展，人的心理发展水平又影响着实践活动的质量，同时又使人们在现实生活中确定着实践的方向。可见，人的心理对实践活动又有明显的反作用。

第三节 人的心理的基本特征

人的心理是以具有复杂结构和特殊功能的大脑为物质本体，是在客观现实尤其是在社会现实中产生的。与动物心理比较，有其自身的本质特征。

一、相对主观性

人脑对客观事物的反映不仅仅依赖刺激物属性，通常还要受主体特点、环境条件以及活动性质等因素的制约。不同的个体，由于出身不同、经历不同、所受的教育不同、结交的朋友及社会生活条件等方面的差异，其价值取向、认识角度的差别总是客观存在的。所以，对同一事物的反映常常表现出"仁者见仁，智者见智"。比如，同一教师上课，全班同学的理解和评价决不会全都一样。即便是同一个人，在不同环境和身心状态下，对同一个事物的反映也有差别。比如，一个人高兴的时候，看见孩子格外顺眼，不顺心的时候，则可能拿孩子出气。由此可见，心理反应的内容尽管是客观的，但反映的性质却带有主观性，心理是脑对客观现实的主观能动的反映。

二、能动性

人和动物不同，动物仅仅是对客观环境的被动适应。而人类反映客观事物，并不是被动的，总是根据自己活动的目的、计划在纷繁的事物中有序地选择反映的对象，以确保心理活动向既定方向发展。人类选择了自己的反映对象之后，总是通过积极的实践改造它，使之更好地为自身服务。比如，当年大庆人创业时所喊的"有条件要上，没有条件创造条件也要上！"，今天三峡工程的上马等都体现了人类不仅能认识自然，更能动地改造自然。动物只能适应自然，却无法改造自然。正如列宁所说："人的意识不仅反映客观世界，并且创造客观世界。""动物仅仅利用外部自然界，单纯地以自己的存在来使自然界改变，而人则是通过自然界来为自己服务，来支配自然界。这就是人同其他动物的最后的本质区别。"

三、预见性

动物的活动是盲目的，人类的活动总是自觉的，是有一定目的的。活动之前，人们就能预见到活动的效果。人们不但在行动之前明确地意识到自己要干什么，为什么要干，而且在头脑中对行动的结果已有反映。马克思在谈到人和动物的这一本质区别时曾说："……蜜蜂建筑蜂房的本领使人间的许多建筑师感到惭愧。但是，最蹩脚的建筑师从一开始就比最灵巧的蜜蜂高明的地方是劳动过程结束时得到的结果，在这个过程开始时就已经在劳动者的表象中存在着。"

四、社会历史制约性

人类的心理是自然界长期发展的产物，但作为"社会关系总和"的人，其心理更是社会的产物，受社会历史条件的制约。在社会历史发展的不同时期，由于生产力水平和科学技术条件的不同，人的实践领域和对象的差别，心理发展水平也随之不同。原始人的头脑中绝没有系统论、信息论、控制论的概念。第二次世界大战以前，人们也不知道什么是原子弹。可见，人类心理总是与一定的社会历史条件相伴而生，人类的心理不能超越社会历史条件而成为超然物。马克思、恩格斯明确地指出："意识一开始是社会的产物，而且只要人们还活着，它就仍然是这种产物。"随着社会历史的发展，生产力水平的不断提高，人类的心理水平也将越来越高，越来越复杂，越来越丰富多彩。

本 章 小 结

辩证唯物主义认为心理是客观现实在人脑中的主观映象。具体表现在：心理是脑的机能，大脑是产生心理的唯一器官；心理是客观现实的反映，客观现实是产生心理的源泉和动力；心理是主观能动性的反映，并且在实践中产生与发展。人的心理本质特点是相对主观性、能动性、预见性、社会历史制约性。

案 例 分 析

【案例】

与世隔绝的王子

1828年5月26日,德国纽隆贝尔克城的街头,市民发现一位穿着古怪,神情疲倦而摇摇晃晃向前移动的青年。这位青年是谁呢?后来才知道他是在1812年德国出生的当时巴登大公国的王子——卡斯巴·豪瑟。他出生时被争夺王位的宫廷阴谋家同普通婴儿进行调换,然后被当作人质扣押了起来。三四岁以后他就被关入了地牢,每天由一个他看不见的人给他送面包和凉水,不能与任何人接触,不准做任何活动,直到17岁,他继承王位已经不可能时,才被放了出来。此时他身高只有144 cm,智齿还未长出来,目光呆滞,表情如同幼儿,膝盖变形,双腿似乎支撑不住身体的重量,因而走起路来摇摇晃晃如同刚学步的孩子,智力如同幼儿。例如,他看到镜子里自己的影像却以为镜子后面还有一个人;不能区别生物和非生物、自然的东西和人造的东西;语言能力很有限,只会讲6个词和几句简单的拉丁语,且只会使用第三人称。他被放出来后过上了正常人的生活并经过学习,才逐渐恢复普通人的智力水平。

然而卡斯巴·豪瑟最后还是没有逃脱阴谋家的魔掌。1833年12月14日,他遭暗杀,死时22岁。死后对他进行尸检,发现他的整个脑袋比一般人的要小,脑的沟回呈萎缩状态,然而大脑皮层的视觉区发展得比较充分。卡斯巴·豪瑟的脑的这种状况同他13年的地牢生活是有直接关系的。而他的这种脑的特殊性又限制了他的心理的正常发展。

【分析】

社会环境、实践对人的心理起着决定性的制约作用。人的实际生活过程不同,心理活动也就有所不同,人的心理具有不同的水平和特长。长期与世隔绝的生活造就了王子与众不同的特殊脑,而他的这种特殊脑反过来又限制了他心理的正常发展。一个人从事社会实践的领域越广,更多地接触现实,他的心理生活才会越丰富,智力发展更好。反之,脱离现实的人(更不用说与世隔绝了)不可能有丰富的心理生活,而且容易形成各种不正常的心理,甚至形成怪癖。我们应大力提倡青少年接触社会实践,在社会实践中,在与人交往中学习和发展,不断丰富和深化心理生活,切记不要把自己"封闭"起来。

第二部分 认 知 篇

第三章 注 意

本章学习目标

- 注意的概念与功能
- 注意的分类
- 无意注意的规律及应用
- 有意注意的激发与保持
- 注意的品质及培养

在教学活动中,学生在进行认知信息加工的同时,也发生着意向活动,并且始终制约着认知信息加工的过程,影响其前进的方向和动力。注意就是其中之一。学生在教学活动中的注意调节着他们认知信息加工的过程,使其朝着加工对象发生作用,直接影响了各种认知信息加工的效果和效率。注意究竟是什么?它有哪些规律?青少年学生的注意特点何在?教师如何在教学中运用注意规律组织教学?学生又如何有意识地来优化自己的注意品质?这便是本章要讨论的主要内容。

第一节 注意概述

一、注意的概念

注意是心理活动对一定对象的指向和集中。指向性和集中性是注意的基本特性。

所谓指向性,是指在某一瞬间,人们的心理活动有选择地朝向一定的对象。在千变万化的世界中,有各种各样的信息作用于人,但人们不可能对所有的信息都作出反应,只能选择一定对象作出反应,这样才能保证知觉的精确性和完整性。

所谓集中性,是指心理活动停留在一定对象上的强度或紧张度。注意力集中时心理活动会离开一切无关的事物,并且抑制多余的活动,这样就保证了注意的清晰、完善和深刻。很多科学家、思想家都具有高超的注意集中能力,苏格拉底就是其中之一。苏格拉底曾经加入了一支部队,在一次行军途中他全神贯注地思考起了一个哲学问题,不知不觉地停了下来,当他清醒过来,才知道自己已在那里站了几个小时,远远地掉队了。

指向和集中是同一注意状态下的两个方面，两者是不可分割的。例如，学生上课听讲，他的心理活动不是指向教室里的一切事物，而是有选择地指向教师的讲课内容，并且比较长久地保持在听课活动上，同时离开一切与听课无关的事物，并对妨碍听课的活动加以抑制，这样才能对教师的讲课有清晰、完整的反映。

注意不是一个独立的心理过程，它是伴随着心理过程而产生的，如果离开了心理过程，注意就失去了内容依托。注意是各种心理过程的共同属性。当我们说"注意某个对象"时，要么是指注意看、注意听，要么是指注意记、注意想。总之，注意是伴随着认识、情感和意志等心理过程发生的，同时一切心理活动的进行也离不开注意。我国古代思想家荀子曾说："心不使焉，则白黑在前而目不见，雷鼓在侧而耳不闻"(《荀子·解蔽》)。任何心理过程离开了注意都将无法进行。

二、注意的功能

注意在人的心理活动和行为中占据很重要的位置，对人类具有十分重要的意义。它能保证人们及时地集中自己的心理活动，正确地反映事物。我国古代教育家荀子曾说过："君子壹教，弟子壹学，亟成。"(《荀子·大略》)意思是说教师专一地教，学生专一地学，很快就能成功。这说明心理活动效率的提高，总是在有注意参加的情况下实现的。俄国教育家乌申斯基指出：注意是心灵的唯一门户，凡是进入心灵的东西都要经过它。教育实践已经证明，只有打开注意这道"门户"，知识的阳光才能照进心灵，智力才能得到发展。注意之所以在人的心理活动中起着这么重大的作用，是由它的本质特征决定的。从注意的指向性和集中性可以看出，注意具有三种功能：选择功能、保持功能、调节和监督功能。

(一)选择功能

注意使心理活动有选择地指向符合自己所需要或与当前的活动相一致的事物，并避开或排除那些无关事物的影响，使心理活动具有一定的方向性。也就是说，注意具有把与心理活动指向事物有关的信息检索出来，并与各种无关的信息加以区别，从而使心理活动按照人的需要和愿望进行集中或者转移的功能。正是由于注意的选择功能，才使人类能够正确地反映客观事物。否则，当千变万化的外界事物，不加选择地进入我们的意识，或者我们头脑中原有的表象全部同时呈现出来时，那么我们的心理活动将是一片混乱，任何活动都不可能顺利地进行。

(二)保持功能

注意能使心理活动稳定在选择的对象上，直至活动达到目的为止。例如，外科大夫为了抢救病人的生命，可连续数小时站在手术台前，集中精力做手术，根本感受不到疲劳与饥饿。但病人得救后，大夫会立刻意识到自己已经疲倦到极点，甚至不能再支撑自己的身体，必须马上卧床休息，这是注意的保持功能在起作用。

(三)调节和监督功能

注意能使人及时觉察事物的变化，并调节自己的心理和行动以适应这种变化。例如，汽车司机随时注意交通情况，根据实际的变化，随时改变行车的速度和方向，以保持行车安全。注意的监督作用表现为人能随时发现自己行动的错误，并对自己的心理、行为及时进行调整，对错误及时纠正。

三、注意的外部表现

人在注意时，常常伴随着一些特有的生理变化和表情动作，这种外部表现往往在不同的心理活动中以不同的形式表现出来。注意发生时，最明显的外部表现主要有以下几种。

(一)适应性运动出现

当注意某一事物时，人们首先会调整感官，适应其需要。例如注意看某一物体时，把视线集中在该物体上，举目凝视；注意听一种声音时，把耳朵转向声音的方向，侧耳倾听；注意思考某一问题时，常常眼睛呆视，紧皱双眉，凝视沉思。这些举目凝视、侧耳倾听、凝神沉思等都是注意的适应性运动。

(二)无关动作停止

无关动作停止是高度集中注意的一种特征。当人高度集中注意时，外部动作常常表现为静止状态，一切多余动作都会停止下来。比如，学生听课听得入神时，会身体微微前倾，一动也不动地望着老师。

(三)呼吸变得轻微而缓慢

人在集中注意时，呼吸会变得格外轻微和缓慢。呼与吸的时间比例也会发生显著的变化，吸短而呼长。当人在十分紧张的状态下注意时，会出现呼吸暂停，即所谓"屏息现象"。

此外，人在注意时，面部表情也会发生变化，特别是口型和眼睛的形态会随着注意对象和心理过程的不同而改变。当人在紧张的状态下注意时，还会出现心跳加快、牙关紧闭、紧握拳头等现象。一般来说，注意的外部表现和注意的真实情况是一致的。但也有注意的外部表现和内心状态不相符合的情况，即貌似注意而实际又不注意，或貌似不注意而实际又注意的现象。因此，在判断一个人的注意时，还必须进行多方面的观察和了解。

教师如果掌握了注意的外部表现情况，就可以帮助自己了解学生在课堂上的注意状态，从而判断他们是否在注意听课。有经验的教师，会从学生的姿态、面部表情，特别是眼神中判断他们是否注意。一般来说，姿势端正、面部表情严肃、目光注视老师是学生集中注意的表现，而懒洋洋的状态、东张西望的眼神、表情凝滞、呆若木鸡，常常是不注意的表现。对注意的外部表现与注意的实际情况不一致的现象，教师只要细心观察，认真分析，就能对学生是否注意及其注意什么，作出正确的判断。

第二节 注意的规律与组织教学

一、注意的分类与规律

根据注意时有无目的性和意志努力程度的不同，可以把注意分为无意注意和有意注意。

(一)无意注意及其产生的原因

无意注意是一种事先没有预定目的，也不需要作出任何意志努力而自然发生的注意。由于它不受人的意识调节和支配，所以无意注意又叫作不随意注意。

无意注意从其发生的方式来说是一种定向反射，它往往是由周围环境发生变化而引起的，表现为在一定刺激物的影响下，人不由自主地把感觉器官朝向刺激物。例如，正在上课时突然有人走进教室，大家就会不由自主地把目光集中在进来的这个人身上。无意注意是一种初级的、被动的注意。这种注意一般都能导致探索行为的出现，有利于人们正确地认识周围环境，但也容易使人分心。

引起无意注意的原因很多，概括起来有两个方面：一是客观刺激物本身的特点；二是人的主观状态。

1. 客观刺激物的特点

客观刺激物本身的特点是产生无意注意的主要原因。具体表现在以下几个方面。

(1) 刺激物的强度。一般来说，强烈的刺激物容易引起无意注意。例如巨响、鲜艳的颜色、奇香、强光都容易引起人的无意注意。不仅刺激物的绝对强度可以引起无意注意，就是其相对强度也可以引起无意注意。在强烈噪声的背景下，即使大声说话也不会引起人的注意，而在万籁俱寂的夜晚，我们可以听到许多白天注意不到的声音，例如钟表的嘀嗒声、窗外的风声及小虫的鸣叫声等。

(2) 刺激物之间的差异。刺激物之间在形状、颜色、大小、强弱方面的差异对比越明显，越易引起无意注意。例如，"万绿丛中一点红""鹤立鸡群"都容易引起人的无意注意。

(3) 刺激物的新异性。刺激物的新异性是指刺激物在内容和形式上具有不同寻常的特性。一般地说，新颖奇特的事物容易引起注意，而司空见惯的事物不易引起人们的注意。例如学校来了一位新教师，或者老师穿了一套新衣服，都会引起学生的注意。如果司空见惯的事物以不同寻常的形式出现时，也会引起别人的无意注意。又如一个平时穿着朴素的女生，一反常态，穿着打扮变得时髦也会引起同学的注意。

(4) 刺激物的运动变化。刺激物突然出现与停止，减弱与增强，空间位置变化和运动等都易引起无意注意。例如，一亮一灭的霓虹灯，一闪一闪的救护车标志灯，就很容易引起人们的无意注意。

2. 人的主观状态

由于人的主观心理状态不同，因而人们面对同样的一些外界刺激物，就可能出现有的人注意到了,而有的人尚未注意到的现象。其主观原因有以下几个方面。

(1) 人的需要、兴趣和态度。凡是能满足人的需要,符合人的兴趣,与个人情感有关的事物,都能引起注意。例如,一杯饮料,容易引起口渴的人的注意;一幅音乐会的广告,容易引起音乐爱好者的注意;一个学生在思想上的微小变化,容易引起关心学生的班主任的注意。

(2) 人已有的知识经验。凡是和已有经验相联系又能增进了解新知识的事物,容易引起注意,十分陌生的事物不容易引起人的注意。例如,一盘有趣的象棋残局,就容易被象棋爱好者所注意,而不会被那些对棋术一窍不通的人所注意。

(3) 人对事物的期待。凡是人们期待的事物,就容易引起注意。例如,我国古典章回小说常用"欲知后事如何,且听下回分解"作为每回的结束语,其作用在于使读者产生一种期待,吸引他们一回接一回地读下去。

(4) 人的精神状态。身体健康与精神饱满与否,在很大程度上影响着一个人的无意注意。一般来说,心情愉快,精神饱满时,容易对事物进行集中而持久的注意;而在心情烦闷,身体不适,精神过度疲劳时,无意注意范围较窄,许多平时感兴趣的事情也不容易引起注意。

(二)有意注意及其产生的原因

有意注意是自觉而有预定目的,必要时还需做一定意志努力的注意。由于它是受人的意识调节和支配的,所以有意注意又叫随意注意。例如,学生听到上课铃响,就立刻走进教室,努力把自己的心理活动从课外游戏转向并集中于教师所讲授的课程内容上,这种注意就是有意注意。

有意注意是一种主动服从于一定活动任务的注意,它受人的意识的自觉调节和支配。它的指向和集中,不是决定于某些刺激物的特点而是服从于人们已经确定的活动目的和任务。它的保持,还需要人作出一定的意志努力,避开环境中各种刺激物的吸引。因而也有人称它为意志的注意。

有意注意是在人的生活实践中发展起来的。人们在日常生活、工作和劳动中,有时需要在不利的环境中坚持学习,阅读某些难懂而又不感兴趣的书籍或从事紧张的劳动,这些都要求我们用一定的意志努力,迫使自己把注意力集中到这些活动上来。这种意志努力是由第二信号系统来控制和调节的,有了第二信号系统的参与,人们便可以通过语言,按照规定的任务组织心理活动,使之更加自觉地指向和集中于一定事物。所以有意注意是人类所特有的一种注意形式。引起和保持有意注意的条件如下。

(1) 明确的活动目的和任务。有意注意是有预定目的的注意。因而对于活动的目的、任务的重大意义认识得越清楚,理解得越深刻,完成任务的愿望就越强烈,与完成任务有关的一切事物也就越能引起人们的注意。

(2) 稳定的间接兴趣。直接兴趣是引起无意注意的主要原因,而间接兴趣是保持有意注意的重要支柱。间接兴趣是对活动的目的与结果所产生的兴趣。这种兴趣几乎存在于自觉进行的每件工作之中。间接兴趣越强烈、越稳定,有意注意就越集中、越持久。例如,有的人开始学外语时记单词、背课文，感到单调乏味，没有兴趣。但由于他逐渐认识到学外语的重大意义，便对外语学习产生了间接兴趣，从而在学习中能保持高度的有意注意。

(3) 合理地组织活动。在明确活动的目的和任务的前提下，对活动还要进行有计划的、全面的组织，使所做的一切服从于当前任务。这样才能保证最清晰地反映那些与任务有关的对象，使有意注意得以顺利进行。为了使注意集中于要完成的任务，首先，要安排好工作环境，把工作中需要的物品准备齐全，尽量减少环境中的干扰因素，以便能在工作时全神贯注。其次，应把工作程序安排妥当，明确规定各阶段应完成的具体任务，避免盲目乱抓，主次不分。再次，要根据任务要求，经常提醒自己集中注意，保持有意注意。

(4) 坚强的意志力。有意注意的产生和保持，有时在没有干扰的情况下进行，有时在有干扰的情况下进行。对注意的干扰，可能是外界的刺激物，也可能是机体的某些状态，或者是一些消极的思想和情绪等，这就需要人们作出一定的意志努力去排除干扰。但当干扰较大，人们又不具备排除干扰的条件时，就需要用意志力把注意保持在要完成的任务上。在某些情况下，排除内部干扰比排除外部干扰更需要意志力。总之，只有用坚强的意志力，才能克服对注意的干扰，变分心为专心，使有意注意持续下去。

(三)无意注意和有意注意的关系

无意注意和有意注意虽然是两种性质的注意，但在实际生活中是很难分开的。在工作和学习中，只有充分利用无意注意和有意注意，才能保证任务的顺利完成。因为无意注意与有意注意在一定条件下可以相互转化或交替，即无意注意可以转化为有意注意，有意注意也可以转化为无意注意。例如，一个最初只凭兴趣学习、弹奏乐器的学生，后来认识到弹奏乐器对促进身心健康发展有重要意义，于是这个学生便认真钻研，克服指法、乐理和简谱不通等困难，从而有目的地保持对这项活动的注意，使无意注意转化为有意注意。后来，随着学习的进步，这个学生对乐器能够熟练地弹奏，并能体验到其中的乐趣，无须意志力就能把注意维持在这项活动上。这时，有意注意又转化为无意注意，成为一种有意后注意。

所谓有意后注意是指自觉的、有目的的，但无须特别的意志力的注意。有意后注意是有意注意转化而来的无意注意，是一种特殊形式的注意，它兼有无意注意与有意注意的特征。一方面，它是一种自觉的、有目的的注意，这点与有意注意相同。另一方面它却是不需要特别的意志力去注意，这点与无意注意相似。有意后注意又是一种高级类型的注意，因为它兼具两种注意的优点，既有目的，又不耗费多大精力，因而，有意后注意常常是进行有效的创造性智力活动的必要条件，也是学生从事学习活动所应有的注意状态。

二、注意的规律在组织教学中的应用

注意是教师顺利进行教学工作的前提条件。在教学过程中，教师应充分运用注意的规律来组织教学，以提高教学质量，无意注意应成为教学巧妙利用的对象。

(一)充分利用无意注意的规律组织教学

无意注意对教学活动既可以产生积极的作用,也可以产生消极的作用。教师正确运用无意注意的规律组织教学,其目的在于充分发挥无意注意的积极作用,排除消极影响,使学生能生动活泼地学习,提高教学效果。

(1) 优化教学环境,以防止干扰,保持学生注意的稳定。要保持学生的注意,必须控制与消除能引起注意分散的因素。优美的教学环境是避免无意注意产生消极影响的重要因素。校园要安静、整洁,避免噪声和有害空气的污染,使之成为环境优美、适宜学习的场所。教室里的空气要新鲜,光线要充足,布置要简朴,不要过多地装饰和张贴。教师的言语要规范,语调要抑扬顿挫,着装要朴素大方。要采取措施,尽量减少上课时的各种干扰,防止分散学生的注意力。

(2) 教学内容要丰富、新颖,以吸引学生的注意。青少年学生求知欲望强烈,渴求获得丰富、新颖的知识。凡是能满足这种需要的教学内容,都会自然地引起他们的注意。因此,教师在组织教材时,首先要考虑它的科学性和知识性,注意它的实践性和趣味性。其次,教学内容的难易程度要适当,要紧密结合学生的知识经验,在他们已有知识的基础上,把教材组织得丰富些、新颖些,使新旧知识有机结合起来,否则学生的注意就容易涣散。

(3) 教学方法要生动、灵活,以保持学生稳定的注意。单调、呆板的教学方法会使学生失去学习兴趣;生动、灵活的教学方法可以使学生集中注意力。运用启发式进行教学既可以使学生动脑,又可以使学生动手,还可以激发他们探求未知的兴趣,对学生的注意起到极好的组织作用。充分利用直观手段,引导学生通过对具体事物或形象的感知来理解所学知识,把抽象的理论变得具体、鲜明,使学生学得愉快,并引起他们的求知欲,因而直观教学也是吸引学生注意的有效方法。教师在讲课时,还要利用对比鲜明的板书,恰当的表情手势等多种多样的教学方法来提高课堂教学艺术,以引起学生无意注意。

(二)在组织教学中要充分重视有意注意规律的运用

教学是一种自觉的、有目的和有组织的活动过程。教师要有效地组织教学,除了充分发挥无意注意的积极作用外,还必须运用有意注意规律,依靠有意注意来维持和保证教学任务的完成,这是教学主要依靠的对象。在组织教学中应从以下几个方面来培养学生的有意注意。

(1) 进行学习目的性教育,激发和培养间接兴趣。学生学习积极性不强,成绩不好往往是由于学习目的不明确造成的。因此,教师应向学生进行学习目的性的教育。教师在讲授某门课程,甚至某一章节时,要阐明其学习目的、任务和意义,激发学生对学习活动的美好结果的向往和追求。特别是对那些难以产生直接兴趣的学科、教材,更应加强引导,培养学生的间接兴趣,使学生明确学习目的,端正学习态度,增强学习的责任感。只有这样,学生在学习中才能发挥自觉性、积极性和主动性,从而保持稳定的注意。

(2) 正确组织课堂教学,防止学生疲劳现象的发生。教师要根据教学过程的规律和教学原则,严密组织课堂教学,使每个教学环节都有充实的活动内容。教学内容和时间安排必须紧凑,能结合教材内容提出富有启发性的问题,引导学生积极思考。教师要把智力活动和实际操作结合起来，使每个学生都能投入到紧张的学习活动中，成为教学过程的积极参加者，有效地制止与减少学生分散注意力的机会，从而保证有意注意长时间地处于稳定的状态。教师要防止学生疲劳现象的发生，教师在教学中除了要注意教学方法多样性外，还要注意不使学生负担过重。

(3) 加强意志力的培养和锻炼。学习是艰苦的脑力劳动，需要有顽强的意志力。培养学生的意志力，要求教师不间断地向学生提出严格而合理的要求。这种要求应该是学生力所能及的。太难，学生会望而生畏，失去信心；太易，学生会不重视，注意力不集中。教师要使学生在相信自己的能力，并经过一定的意志努力，排除各种干扰，克服困难完成学习任务的过程中，加强意志力的锻炼，培养有意注意。

(三)运用两种注意相互转化的规律组织教学

无意注意和有意注意的相互转化规律，对于工作和学习具有十分重要的意义。完成任何一项工作都必须有两种注意参加，并相互转化交替。在教学过程中，单纯依靠无意注意，不仅会造成教学工作杂乱无章，缺乏目的性和计划性，而且不能发挥学生的主动性及培养学生与困难作斗争的精神，一遇到困难与干扰，注意就分散，很难完成艰巨的学习任务。相反，过分强调或单纯依靠有意注意来学习，会因为长时间用意志努力来维持注意而使人产生疲劳，造成注意分散。因此，教学活动中不可偏废两种注意，一方面要使学生在理解目的意义的基础上依靠有意注意来学习，另一方面也要使学生对学习活动产生兴趣，用无意注意来组织学习。并要善于引导学生用两种注意的相互转化规律来妥善安排教学。

在一堂课中，教师应根据学生的注意特点和规律，对两种注意的相互交替做到巧妙安排。一般说来，上课开始时，学生的注意往往还停留在上课前感兴趣的活动对象上，这就需要通过组织教学引起学生的有意注意，通过教师生动活泼、灵活多样的教学方法，使学生对新内容产生兴趣，引起无意注意。讲到重点、难点、关键点时，一方面教师要提醒学生加强有意注意，另一方面教师要运用由浅入深、由具体到抽象的原则和各种教学方法，减少学生学习中的困难，使学生顺利接受新内容，使有意注意进一步发展为有意后注意。例如，一位物理教师讲"阿基米德定律"时，一上课就向学生提出问题："木块放在水里为什么总是浮在水面上，而铁块放在水里为什么总是沉下去？"因为问题有趣而引起了学生的无意注意。学生回答："铁重，所以沉下去。"教师又问："那么一斤重的铁块和一斤重的木块都放在水里，为什么铁块沉下去，木块不沉呢？"这时学生为了探疑，无意注意随之转为有意注意。教师接着说："如果说铁重才下沉，那么钢铁制成的巨轮为什么浮在水面上？"由于教师又提出新的、有趣的问题，学生的注意又被新的无意注意所代替了。为了掌握、理解这一知识，学生专心致志地听老师讲解"阿基米德定律"，这又引起了高度的有意注意。正是两种注意相互交替与巧妙结合，学生的注意才有松有紧，有张有弛，使他们始终精神饱满、轻松愉快地学习。因此，教师机智地运用无意注意和有意注意相互转化或交替的规律组织教学，是保证学生注意稳定而集中的有效措施。

第三节 注意的品质与培养

一、注意的品质

(一)注意的范围

注意的范围也称注意的广度,是指在同一有限时间内所能注意到对象的数量。各种注意的范围可以通过测量来确定。例如,用速视器测定,在0.1秒的时间内,成人一般能注意到4～6个彼此不相联系的外文字母,或者8～9个黑色圆点。注意范围的大小受多种因素制约,这些因素主要包括以下几个方面。

(1) 知觉对象的特点。注意对象越相似、越集中,排列越有规律,就越能构成相互联系的整体,注意的范围也就越大。爱尔兰数学家、物理学家哈密顿曾做过这样的实验:他在地上撒了一把石弹子,发现被试者不容易立刻看到六个以上,但是,如果把石弹子两个、三个或者五个一堆,能掌握的堆数与单个的数目一样多,因为人会把一堆看成一个单位。另外,研究表明,颜色相同的字母要比颜色不同的字母的注意范围大;对排列成一行的字母要比分散在各个角落上的字母的注意数目多;对大小相同的字母,要比对大小不同的字母注意的数量多;对组成词的字母所注意的范围,要比对孤立的字母所能注意的范围大。

专栏3.1 一眼能同时看清几个点

抓一把黑豆撒在一个置于黑色背景上的白色盘子中,当黑豆撒落时,其中只有一部分豆粒落在白色的盘子中,而其余的豆粒则滚落到黑色背景上。待白盘中的豆粒刚一稳定下来,便立即让被试者报告所看到的盘中的豆粒数,重复1000多次,求出平均数。结果是:豆粒在4个以内时,正确率为100%;5粒时的正确率为95%;6粒时,正确率已不足20%了。这个实验结果表明,豆子越多,正确估计的百分率越小。其情况如图3-1所示。

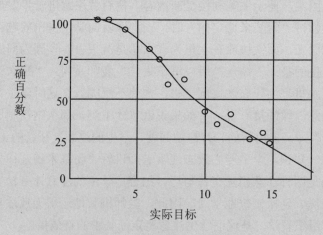

图3-1 注意范围实验示意图

(资料来源: R.S. 伍德沃斯, 施·洛斯贝格. 实验心理学[M]. 曹日昌, 等译. 北京: 科学出版社, 1965)

(2) 知觉者的经验。知觉者的经验越丰富，就越善于把所感知的对象组成一个整体来感知，因而注意的范围就越大。例如文化水平高的人，看书时对文字的注意就比文化水平低的人大得多。

(3) 知觉者的活动任务。知觉任务越简单，注意范围就越大；知觉任务越复杂，注意范围就越小。如果只要求注意外文字母的多少，注意范围就越大；如果还要求看出字母书写的错误，注意范围就小。

(二)注意的稳定性

注意的稳定性又叫注意的持久性，是指人的心理活动持久地保持在一定事物或活动上的特性。注意力集中的持续时间越长，注意稳定性越长。据观察，不同年龄的学生维持集中注意的时间是不同的，小学生可维持20~25分钟，中学生可维持30~40分钟。

注意的稳定性有狭义和广义之分。狭义的注意稳定性是指注意保持在同一对象上的时间。人在感知同一事物时，注意很难长时间地保持固定不变。例如在听觉方面，把一只表放在距耳朵一定距离处，这样就会有时听到表的声音，有时听不到，或者感到表的声音一会儿强，一会儿弱。注意的这种周期性的变化，称为注意的起伏现象。注意的起伏是正常现象，它能防止疲劳，提高稳定性。

专栏3.2　注意的起伏

把一个带黑点的白色圆盘装在混色器上快速转动，就会出现一圈一圈的灰色。由于离圆心近的黑点，在其相应的圆圈中所占的黑色比例要大一些，所以越靠近圆心的圈的灰色越深，越靠近盘边的圈的灰色越浅。盘边上的灰圈有时能看见，有时又看不见，因为靠边上的灰色圈颜色太淡。这样，整个圆盘上的灰圈一会儿看见7个，一会儿看见6个，一会儿又只看见4个……这种所看到的灰色圈的数量不断变化的情况，表明了注意的起伏现象。实验结果表明，注意每稳定8~10秒钟，就维持不住了。这说明对单调刺激的注意稳定性是很难维持很长时间的。

(资料来源：R.S.伍德沃斯，施·洛斯贝格. 实验心理学[M]. 曹日昌，等译. 北京：科学出版社，1965)

广义的注意稳定性是指保持在同一活动上的时间。也就是说，注意并不总是指向同一对象，但注意的对象和行动有所变化时注意的总方向不变。例如学生既要听教师讲课，又要做笔记，还要看实验演示，所有这些都服从于听课这一总方向、总任务，因此，他们的注意是稳定的。

在学校各种活动中，学生注意能否长久保持稳定，与以下因素有关。

(1) 注意对象的特点。内容丰富、复杂多变，且在一定范围内运动着的注意对象，注意就易稳定和持久。反之，内容贫乏、单调而静止的对象，注意就不易稳定。

(2) 对活动的态度。一个人对所从事活动的目的和任务有明确的认识，对意义理解得深刻，又有浓厚的兴趣和高度的责任心，就会对活动持积极的态度，因此注意就能持久稳定。

(3) 个体本身的特点。注意的稳定性是一个人神经过程强度的标志。一个意志坚强、善于控制自己又能同各种干扰作斗争的人，其注意就比较稳定。一个身体健康、精力充沛、心情愉快的人，其注意就能持久。一个处于头痛、失眠或过度疲劳等不正常状态的人，就不易保持长久而集中的注意。

同注意稳定性相反的状态是注意的分散，也叫分心。注意的分散是指注意离开了当前应当完成的任务而被无关的事物所吸引。如果一个人经常发生注意分散的现象，就不能更好地获得客观事物清晰而完整的印象。所以，我们必须和注意的分散现象作斗争。

(三)注意的分配

注意的分配是指人在同一时间内把注意指向两种或两种以上的对象和活动上的特性。实践表明，注意的分配是可能的，而且在实际生活中处处要求人们的注意能很好地分配。例如，教师上课时边讲课、边板书、边观察学生的反应；学生听课时边听、边记、边思考、边注视老师，这都需要很好地分配注意力。

注意的集中与分配有矛盾，但在一定条件下可以统一。使注意顺利地进行分配的条件包括以下几个方面。

(1) 人对活动的熟练程度。在同时进行的两种或两种以上的活动中，必须有一种以上活动是人熟练的，即自动化了的，而其中只有一种是不熟练的。这样人才不会顾此失彼，才有可能把大部分注意力集中在比较生疏的活动上，而把小部分注意力分配到熟练的活动上。

(2) 同时进行的几种活动之间的关系。如果同时进行的几种活动联系紧密，且通过训练已形成了反应动作系统，已不需要特别努力，注意的分配就比较容易。例如汽车驾驶员手脚形成一定的动作系统，已不需要特别努力，就可以把注意分配到其他与驾驶有关的事情上。如果几种活动彼此间毫无联系，那么注意分配就很困难。

(3) 分配注意的技巧。同时进行的几项活动的动作，如果能巧妙地迅速更替进行，那么注意的分配就可顺利进行。例如，弹奏钢琴时，眼睛要在曲谱、音键和手指之间迅速来回地移动，如果经过练习掌握了注意的分配技巧，就可以加快弹奏速度，应对自如。

(四)注意的转移

注意的转移是根据新的需要，及时主动地把注意从一个对象转移到另一个对象上去的特性。注意的转移与注意的分散有本质的区别。注意的转移是一种有目的、自觉的活动，它是一种活动合理地被另一种活动所代替，是一个人注意的灵活性的表现。注意的分散是由于受到无关刺激的干扰，使自己的注意离开了需要稳定注意的对象，而不自觉地转移到对完成工作无关的活动上。

注意的转移有一个过程。人们常说的"万事开头难"指的就是注意还没有完全从别的活动转移到新的活动上来。注意转移的难易程度和速度受以下几个条件的制约。

(1) 原来的活动吸引注意的强度。如果原来的活动是引人入胜的，有极大的吸引力，那么注意就难以转移。反之，注意就容易转移。

(2) 引起注意转移的新事物的特点。如果引起注意转移的新事物的意义更重要，更符合人的需要和兴趣，那么，注意的转移就会迅速。反之，就不能顺利地实现转移。

(3) 人的神经过程的灵活性。神经过程灵活性大的人，就能在必要的情况下顺利地把自己的注意从这一事物转向另一事物。神经过程灵活性较差的人，就不能很好地实现注意的转移。注意的转移对学生来说也是相当重要的。因为学生每天要上几门不同的课程，还有自习和各种活动，这就要求有灵活的转移注意的能力，否则就会影响学生的学习效率。

二、青少年注意的特点

(一)注意逐渐向高级形态发展和深化

注意的发展起始于无意注意，然而，最初无意注意的产生主要靠外部刺激物的作用。随着儿童自身兴趣、爱好的逐渐稳定，无意注意的产生主要会受到兴趣、爱好的影响，这是无意注意发展和深化的具体表现。

在初中二年级以前，无意注意的发展随年龄的增长而递增，至初中二年级达到峰值，之后出现缓慢下降的趋势。

在无意注意逐渐深化的同时，有意注意也得到了发展，并且逐渐取代了无意注意的优势地位。具体表现为学生在学习活动中的目的性、自觉性和计划性得以加强，注意逐渐具有自我组织、自我控制的性质，注意的稳定性和集中性有了长足的发展。随着有意注意的逐渐稳定，还出现了更加高级的注意形态——有意后注意。

(二)注意品质得以全面发展

注意稳定性不佳在年龄较小的学生中是比较普遍的现象，这是由于他们的注意还不够内化，容易受外界刺激和自身兴趣的左右。而随着意志力的发展，青少年控制自己注意的能力显著增强，注意稳定性得到了迅速的提高。虽然注意稳定性随着年龄增长在不断发展，但发展的速度不尽相同，其中小学阶段发展速度较快，幼儿阶段和中学阶段发展速度相对较慢。

注意的广度除了与知觉对象的特点和性质有关外，主要取决于个人的知识经验。青少年时期是知识经验迅速积累的时期，因此，注意的广度也有了不断的提高。陈惠芳等人研究了不同年龄群体的注意广度，结果表明，随着年龄增长，注意广度日益扩大，13岁儿童的注意广度已接近成人水平。

个体的注意分配能力发生较早，但发展较为缓慢。有关研究表明，小学三年级和五年级学生的注意分配能力基本上不存在差异。林镜秋等人的研究也有类似的结果，小学二年级学生的注意分配能力已经达到0.5833，初中二年级为0.6087，而高中二年级也只有0.6201。注意分配能力发展缓慢主要与注意的分配必须具备一定的条件有关。最初，学生只能在那些关系密切、形式相近的动作之间进行注意的分配，稍不留心，还会出现顾此失彼的现象。只有当各种技能逐渐熟练，并加以严格训练之后，他们才可能在比较复杂的动作之间建立反应系统，使注意进行合理的分配，而这种技能熟练化和协调化的发展进程是比较缓慢的。基于对学生注意分配能力的考虑，老师对年龄较小的学生不提记笔记的要求，对高中生只要求记录讲课要点，只有当学生进入大学以后老师才会要求他们记录详细的课堂笔记。

注意转移的能力是随个体大脑神经系统内抑制能力、第二信号系统的发展而得以迅速发展的。研究表明，注意转移发展的趋势在小学二年级至初中二年级是迅速增长时期，在初中二年级至高中二年级是发展的停滞期，在高中二年级到大学二年级是缓慢增长期。

总体来看，高中阶段的学生，由于大脑神经系统功能已基本发育成熟，内抑制能力加强，兴奋—抑制之间的相互转换能主动灵活地调节，因此可以说注意转移能力已基本具备。但实际上，学生在注意转移方面表现出的个体差异较大，有的学生在注意转移方面表现得主动及时，而有的学生在教学活动中则不够自觉，不能及时转移注意力，具体表现为思想开小差或还惦记着前一项活动，从而跟不上教学变化的节奏。

三、青少年良好注意品质的培养

青少年的注意品质虽然有较大的发展，但是还需要进一步提高。注意品质的培养是一项长期的、复杂的工作，它和青少年的个性发展有密切关系，同时又依存于一系列的教学条件。为了促进青少年注意的发展，在教学过程中，加强对学生注意的培养是十分必要的。

(一)培养正确的学习动机和态度，提高学习的自觉性

正确的学习动机和态度是注意力提高的最重要条件。只有当学生逐步形成了自觉的学习态度和对学习强烈的责任感时，学生才能不断提高自己的注意的发展水平。因为一个人有了正确的目的和强烈的责任感，就会形成巨大的推动力，这是人们组织有意注意的心理动因，也是动员人们注意的前提。学生对学习的意义认识越清楚、越深入，就越能将注意从强迫的水平发展到自觉的水平，也就越能长时间集中注意地学习，从而提高学习的效能。

(二)培养广阔而稳定的兴趣

兴趣是引起人们无意注意和有意注意的重要因素。一个人对某种事物有浓厚的兴趣，就会对它集中注意，并且能长期坚持。因此有人说兴趣是一种兴奋剂。在中学阶段，除培养学生的直接兴趣外，更主要的是培养学生对活动目的和结果的间接兴趣与强烈的求知欲望。而一个人只有对学习或工作具有高度自觉性和充分自信心时，才可能对相关的事物产生间接兴趣，从而促进其注意力的形成和培养。教师要善于了解学生已有哪些兴趣，了解不同年龄学生兴趣的特点，乃至个别学生的兴趣特点，并针对这些特点进行教育和培养。在学校中，往往有一些学生由于兴趣发展得不正常，因而导致其精神涣散，注意力不集中。这种学生，有的是因为功课赶不上，对学习缺乏信心，因而对教师所教的功课兴趣降低；也有的是因为虽然在多方面有兴趣，但都不深刻持久，于是东抓一把，西抓一把，缺乏稳定性和集中性。这样，都会影响学习的效果。因此，教师一定要做耐心而细致的工作，帮助学生克服不良习惯，以提高学习的质量。

(三)加强意志锻炼

有意注意与意志有着密切的关系。人们必须经过意志努力，才可能把自己的心理活动指向集中在当时不感兴趣的某种事物上。若要保持对某种事物稳定的注意，培养意志的自制力就尤其重要。只有具有坚强意志的人，才能成为驾驭有意注意的人。而意志薄弱者，

就会成为受无意注意摆布的奴隶。人们常说要集中注意，必须与分心作斗争。一般来说，在安静的环境中，人们易于聚精会神地从事学习和工作。但是，在嘈杂的环境中，就难免产生分心现象，这时就要依靠人们用注意的目的性和自制力抵制各种分心因素的干扰，因此要培养注意力，就要加强意志锻炼。应要求学生遵守课堂纪律，严格遵守作息制度，善始善终地把活动进行到底；应有意识地培养学生闹中求静的本领，主动抵制足以引起分心的干扰。这些都有利于培养注意力。例如有的人有意识地在闹市或声音嘈杂的地方看书学习，其目的就是稳定情绪、锻炼意志、保持注意力。

(四)养成良好的注意习惯

一个学生若自幼形成了做事漫不经心、马马虎虎、草率了事的习惯，那么他是很难专心致志学习的。因此，应注意从小培养学生具有认真、细致、不马虎的良好学习习惯。若养成了这种注意习惯，即使环境不利，学生也能毫不费力地集中注意，专心学习。青少年由于好动不好静，注意品质上易出现粗心大意、分心走神的毛病，因此教育他们养成一丝不苟、严肃认真、精益求精的良好习惯和作风，这对他们集中注意、深入思考、完成学习任务是大有益处的。

本 章 小 结

注意是心理活动对特定事物的指向和集中，它是心理活动有效进行必不可少的心理前提。注意分为无意注意、有意注意及注意的特殊形式——有意后注意，教学时要注意运用注意的规律。注意的品质有注意的广度、注意的稳定性、注意的分配、注意的转移四种。教师要根据青少年注意的特点有针对性地培养学生的注意力。

案 例 分 析

【案例】

科学家牛顿的"入迷"

英国科学家牛顿曾有过这样一件有趣的故事，一次他请朋友来家里吃饭，但因在实验室专心研究，竟把这件事忘了。他的朋友来了，等了很久，还不见牛顿出来，他深知牛顿准是被什么有趣的问题吸引住了，把其他的事情都抛置脑后，朋友就先自己吃饭了。朋友还跟这位专心致志于工作而废寝忘食的牛顿开了个玩笑，他把吃剩的鸡骨头放在牛顿位置的盘子里，然后悄悄离去。又过了好些时候，牛顿才做完实验出来，看到空盘子和骨头自言自语地说："我怎么又饿了，我不是已吃过饭啦？"

还有一次，牛顿要煮鸡蛋，却把自己的挂表放在锅里，煮了半天居然到处找表看鸡蛋熟了没有，真是研究科学到了入迷的程度。

【分析】

　　科学家牛顿对科学如此地"入迷",有力地证明了注意的指向性与集中性的两个特征。注意的指向性,表明人们的认识活动是有选择的。注意的集中性,表现为只是对自己所操作的对象得到鲜明、清晰的反映,并离开一切与自己操作无关的事物,抑制了对与自己的操作无关的事物的注意和记忆,也即对其他一切事物"视而不见""听而不闻"。正如牛顿已把全部注意集中与指向于科学研究,不仅把请人吃饭的事置之脑后,就连自己是否吃过饭也到了搞不清楚的程度。这有力地说明人们不管进行任何活动,都需要集中注意,才能达到预期的效果。学习、创造、研究更是如此,向牛顿学习吧,你会有收获。

第四章　感觉和知觉

本章学习目标

- 感觉的概念、意义与种类
- 感觉的一般规律
- 知觉的概念、意义与种类
- 知觉的特性及影响的因素
- 感知规律在教学中的运用

　　在教学活动中，教师以各种方式呈现的教学材料的信息只有通过学生的感知觉才能被学生所接收，并由此引起随后的一系列的信息加工活动。感知觉可谓学生在教学活动中发生的最基本、最初级的认知过程，其对教学材料信息的感性加工状况，会对随后高级的认知过程的理性加工产生重要影响。为了提高学生对教学材料感性认识的效果，也为了提高学生感性认识的水平，我们有必要认识什么是感知觉，它有哪些规律？青少年学生的感知觉的特点何在？在教学中如何运用这些规律？学生如何提高自己的感知水平？这正是本章涉及的主要内容。感觉和知觉是人们认识世界的开端。因此，要了解人的丰富而复杂的心理现象，应该从感觉、知觉开始。

第一节　感觉和知觉概述

一、感觉和知觉的概论

(一)感觉、知觉及分析器

感觉.mp4

　　感觉是人脑对当前直接作用于感觉器官的客观事物的个别属性的反映。
　　每个人都生活在一个丰富多彩的世界里，当人们认识每种事物时，首先认识的是事物的颜色、声音、湿度、硬度、气味及味道等个别属性。这些个别属性通过感觉器官反映到人脑中，使大脑获得了外部世界的各种信息，人们也就产生了相应的感觉。感觉不仅反映事物的外部属性，还反映肌体的变化和内部器官的状况，例如人体的运动、干渴、饥饿及疼痛等内部信息。
　　任何客观事物，其个别属性都不是孤立存在的，而是由多种属性有机结合起来构成的一个整体。因此，人们对客观事物的认识也不能仅仅处于感觉的水平，还要将事物的多种属性有机结合起来进行全面、深入的认识。例如对人的认识，除了对他的外貌特征进行认识外，还要与其他的特征结合起来，形成一个对外貌的整体认识，这就是知觉。

知觉是人脑对当前直接作用于感觉器官的客观事物的整体的反映。其实质是说明作用于感官的事物"是什么"这个问题的。例如，我们漫步在校园中认识到这是"白杨树"，那是"篮球场"；来到教室，又认识到这是"课桌"，那是"黑板"；坐下来又知道这是"课本"，那是"钢笔"等，这些都属于知觉。

感觉和知觉是紧密联系而又有区别的心理活动过程。感觉和知觉都是人脑对当前直接作用于感觉器官的客观事物的反映，离开了客观事物对人的作用，就不会产生相应的感觉与知觉。事物的整体是事物个别属性的有机结合，对事物的知觉也是反映事物个别属性的感觉在头脑中的有机结合。由此看来，感觉是知觉的基础，没有感觉就没有知觉；感觉越精细、越丰富，知觉就越正确、越完整。由于感觉和知觉关系如此密切，许多人把它们合起来统称为感知觉。但它们又属于两种不同的感性认识阶段。感觉是一种最简单的心理现象，通过感觉只能认识事物的个别属性，还不能把握事物的整体。知觉是一种较复杂的心理现象，通过知觉人可以对事物的各种不同属性、各个不同部分及其相互关系进行反映，能使人们认识事物的整体，揭示事物的真实意义。所以感觉和知觉是两个本质不同而又相互联系的概念。

感觉和知觉是客观事物作用于神经系统引起神经系统的活动而产生的。产生感觉和知觉的神经机构叫分析器。分析器由感受器、传入神经和神经中枢三部分构成。

感受器是指接受某种刺激产生兴奋的神经装置，例如眼、鼻、耳、舌等感觉器官中的感觉细胞和神经末梢。外界事物对感受器的作用叫刺激。每种感受器都有自己的适宜刺激对象，例如光波是视觉感受器的适宜刺激对象，声波是内耳感受器的适宜刺激对象。感受器接受适宜刺激后，把外界刺激的物理能或化学能转化为神经冲动，因而感受器实际上是一种能量转换器，外部刺激只有通过感受器的能量转换，才能进行神经传导。感受器产生的神经冲动，传入神经并传向神经中枢(大脑皮层相应的感觉区)，并激活中枢神经元，信息在这里进行分析、综合，于是便产生了相应的感知觉。

(二)感觉和知觉的产生及其作用

感觉的产生是某一种分析器活动的结果。知觉的产生是多种分析器同时或相继活动的结果。客观事物的多种属性同时或相继作用于不同的感官时，在大脑皮层上多个部位形成的兴奋中心扩散的结果有可能形成暂时神经联系，从而使人对事物的关系产生反映，借助于关系反射，人便形成了对事物的整体认识，即知觉。由此看来，知觉也是关系反射的结果。由于关系反射，只要事物各种属性之间的组成关系不变，那么在以后的知觉中，人们就可以根据事物某个方面的属性对事物的整体进行反映。

第二信号系统对知觉的形成也起着重要的作用，尤其是客观刺激提供的感觉材料不足时，言语的描述或提示往往能激活经验，从而使人脑对客观刺激产生完整的映象。

感觉和知觉虽然都是最基本和简单的心理活动过程，但其作用却是巨大的。首先，它们是各种高级、复杂心理活动的基础，没有感觉和知觉，外部刺激就不可能进入人脑中，因此，人也就不可能产生像记忆、思维、想象及情感等高级的心理活动。其次，感觉和知觉是维持和调节心理活动的重要因素。"感觉剥夺"实验就是最好的证明。在感觉剥夺实验中，人在完全的感觉隔绝的情况下，注意、记忆、思维、言语能力都出现了不同程度的障碍，甚至还产生了幻觉与强迫症状，使正常的心理活动受到了破坏。由此可见，感觉和知觉对于维护人的正常心理、保证人与外界环境的平衡起着极为重要的作用。

专栏 4.1　感觉剥夺实验

感觉不仅是认识的开端、知识的源泉，而且刺激和感觉对于任何人的意识状态的正常维持来说也是必不可少的。加拿大心理学家赫布(D.O.Hebb)、贝克斯顿(W.H.Bexton)等人于1954年进行了第一个感觉剥夺实验(见图4-1)。他们让被试者进入专设的与外界完全隔绝的房间内，躺在一张舒适的小床上，眼睛被蒙上眼罩，耳朵被堵住，手脚也被套上东西(如特制的手套、袜子)。除了进食与排泄外，就无聊地昏睡或者胡思乱想。这些被试者在感觉剥夺期间，都不同程度地出现理智紊乱现象，无法集中思考问题，表现出散漫的无边际的联想，有人甚至说不清自己究竟是睡着了还是醒着。他们情绪波动，并表现出严重的压抑和恐惧。有不少人(80%)还产生了幻觉。所有被试者都表示无法忍受这样的痛苦。即使给予再高的报酬，也很少有人能在这样的环境中生活上一周。被试者被解除隔离之后所经受的心理测试表明，他们仍存在各种心理功能紊乱现象。

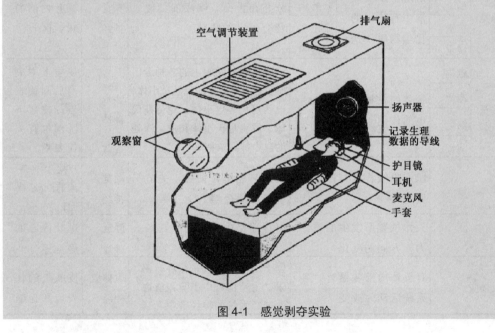

图 4-1　感觉剥夺实验

二、感觉和知觉的种类

(一)感觉的种类

根据分析器和适宜刺激的特点，可以把感觉分为两大类：外部感觉和内部感觉。外部感觉的感受器位于人体的表面或接近表面的地方，主要接受来自体外的适宜刺激，反映体外事物的个别属性，主要有视觉、听觉、嗅觉、味觉及肤觉等。在这些感觉中，视觉对人的认识作用最大,在人接收的外部信息中,80%～90%的信息都是通过视觉获得的,听觉次之。内部感觉的感受器位于肌体的内部,主要接受肌体内部的适宜刺激,反映自身的位置、运动和内脏器官的不同状态,包括运动觉(动觉)、平衡觉(静觉)和机体觉,如表4-1所示。

表4-1 感觉种类一览表

感觉种类		适宜刺激	分析器		
			外周感受器	传入神经	皮层相应区
外部感觉	视觉	波长为390~800nm的光波	视网膜上的棒状与锥状细胞	视觉神经	枕叶区的视区
	听觉	振动频率为16~20000Hz的音波	内耳蜗管内科蒂氏器官	听觉神经	颞叶区的听觉区
	嗅觉	有气味的物质微粒(气体分子)	鼻腔上部嗅膜中的嗅细胞	嗅觉神经	颞叶内部的嗅区
	味觉(甜觉/酸觉/苦觉/咸觉)	溶解于水或唾液中有味道的化学物质(糖/盐酸/奎宁/食盐)	分布在舌面、咽喉部、额及会厌上的味蕾	味觉神经	颞叶内部的味觉区
	肤觉(触觉/冷觉/温觉/痛觉)	物体的机械、温度或电的作用	皮肤上和外黏膜上的各种专门感受器。如迈斯纳氏触觉小体、巴西尼氏环层小体、克劳斯氏球、罗佛尼氏小体和皮层深处的自由神经末梢等	肤觉神经	皮层上中央沟后回代表点,皮层下区部位有关代表点
内部感觉	动觉	肌肉收缩程度与四肢位置变化	肌肉、筋腱、韧带、关节中专门感受器	动觉神经	皮层上中央沟前回(乙状回)
	静觉	人体位置所发生的重力、方向的变化	内耳迷路中的前庭和三半规管	静觉神经	颞叶区内的静觉区
	机体觉	有机体内部各器官、各系统活动的改变	位于消化、呼吸、循环、泌尿、生殖器官中小壁和植物性神经系统的神经节中	机体觉神经	皮肤上的代表点和丘脑

(二)知觉的种类

知觉的分类方法主要有三种。

根据知觉过程中起主导作用的分析器可以把知觉分为视知觉、听知觉、嗅知觉、味知觉和肤知觉等。例如人们看书或参观时主要起作用的是视知觉,人们听录音机时主要起作用的是听知觉等。这些知觉单独起作用时称作单一知觉,当几种知觉同时起作用时就成了复杂知觉。例如听课时的知觉就是视知觉、听知觉等多种知觉的结合。

1. 对物的知觉和对人的知觉

根据知觉对象不同，可以把知觉分为对物的知觉和对人的知觉。

1) 对物的知觉

对物的知觉，主要有以下三种。

(1) 空间知觉。空间知觉是事物的空间特性在人脑中的反映，它包括形状、大小、方位、远近和立体等知觉。通过空间知觉，我们不仅可以认识事物的形状及大小，而且可以认识物体的上下、左右、前后等方位。

(2) 时间知觉。时间知觉是人脑对客观事物发展变化的顺序性和延续性的反映。时间知觉主要是通过自然界的周期现象、有机体内的各种生理过程有节律的周期变化，以及其他计时工具来进行的。同时，它还受人的兴趣、态度、情绪和知识经验的影响。

(3) 运动知觉。运动知觉是人脑对物体的位置移动及其速度的知觉。运动知觉的主要作用是分辨物体的运动与静止以及运动速度的快慢。运动知觉的产生依赖于物体本身运动的速度、物体与观察者之间的距离，以及观察者本身所处的状态及其参照系。

2) 对人的知觉

对人的知觉也有三种：对他人的知觉、自我知觉和人际知觉。

(1) 对他人的知觉是指通过一个人的言语、行动来认识其整体的知觉。人们每时每刻都在和别人打交道，正确地认识和了解别人是交往成功的前提。

(2) 自我知觉是指一个人自己对自己的认识。认识别人容易，正确地认识并恰如其分地评价自己却很困难，人只有全面了解自己，才能克服缺点，使自己更完善。

(3) 人际知觉是指人与人交往时对人与人之间关系的知觉。人与人交往时彼此间的情感与态度在一定程度上影响着这种知觉。

2. 正确的知觉与错觉

根据知觉的内容是否符合客观现实，可把知觉分成正确的知觉与错觉。

(1) 正确的知觉是人的知觉的主要方面，它是人脑对事物本来面貌的反映。

(2) 错觉是指对人或对客观事物不正确的知觉。错觉包括两种：对物的错觉和对人的错觉。

1) 对物的错觉

对物的错觉主要有以下几种：当人心情急切或百般无聊时产生的"一日三秋"的时间错觉；夜晚赏月时产生的"月动云静"的运动错觉；同样重的黑色物体比白色物体感觉重的形重错觉以及视觉错觉等。在这些错觉中，最常见的是视觉错觉，视觉错觉又以图形错觉较为多见，如图 4-2 所示。

2) 对人的错觉

日常生活中对人的错觉不仅直接影响着对人的判断，还影响着人与人之间的交往。如果教师在与学生的交往中出现了错觉，就会直接影响对学生的教育效果。因此，教师了解对人

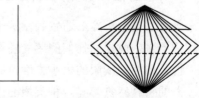

(a) 垂直线错觉　　　　(b) 冯特错觉

图 4-2　错觉图

的错觉尤为重要。产生对人的错觉，主要有以下几种原因。

(1) 首因效应。它是指与人交往时最初得到的信息对印象的形成作用很大。首次对人的印象往往影响对人以后的看法。洛钦斯1957年试验证明了这一点。洛钦斯编造了两段描绘一个名叫吉姆的学生的材料，其中一段把吉姆描绘成一个友好、性格外向的人；另一段正相反，把吉姆描绘成性格内向、冷漠孤僻的人。洛钦斯把这两组材料重新组合后分给四组学生，第一、第二组只读吉姆外向或内向的材料，第三组先呈现吉姆外向材料后再呈现吉姆的内向材料，第四组与第三组刚好相反。结果，第一组、第二组学生95%左右对吉姆形成的印象与材料性质一致，第三组78%的学生认为吉姆是外向的，第四组只有18%的人认为吉姆是外向的。因此，作为教师既要善于在初次与学生交往和上课时给学生留下一个良好的印象，同时也要尽量避免对学生形成不良的第一印象。

(2) 近因效应。它是指最近形成对某个人的印象会改变长期以来对他的认识。如人最近犯了错误，人们可能会对过去全盘否定就是近因效应的作用。了解近因效应，有助于教师发展地看待学生。

(3) 光环效应。它是指人在社会知觉中，将知觉对象的某种印象不加分析地扩大到其他方面去的现象，光环效应又称"晕轮效应"。"情人眼里出西施"就是这种效应的表现之一。凯利1950年的印象形成试验证明了它的存在。在日常生活中，一个衣衫不整的人，容易使人们产生品德不良的印象，而对一个端庄大方的人则易产生聪明、善良的印象。光环效应在教师对"好学生"与"差学生"的评价中尤为明显，教师应该注意消除其不良影响。

(4) 刻板印象。它是指人们根据已有的知识经验对一类人产生的固定看法。例如对过去犯过错误的人，即使他们已经改好了，人们仍难以改变对他的印象。教师在教学中也常遇到这种情况。一个好学生和差生打架了，教师总是先批评差学生，认为是他先动手的。其实这种批评也许是错误的，教师之所以这样做，就是刻板印象的作用。

对人、对物的错觉是客观存在的心理现象。了解错觉，有助于我们找出错觉产生的原因与条件，自觉地纠正错觉，形成正确的认识。错觉对人的认识和实践也产生有利的影响，例如文学艺术、绘画、建筑、军事伪装中的许多方法都是根据错觉的规律设计的。

第二节 感知规律与组织教学

一、感受性及其变化规律

(一)感受性和感觉阈限成反比

感受性是分析器对适宜刺激的感觉能力。同是一种刺激，这个人感觉到了，而另一个人感觉不到，就说明他们的感受性不同。那么用什么来衡量、体现人的感受性的高低呢？感受性是用感觉阈限的大小来度量的。感觉阈限是能引起感觉的、持续了一定时间的刺激量。人的每种感觉都有两种类型的感受性和感觉阈限：绝对感受性和绝对感觉阈限、差别感受性和差别感觉阈限。并不是所有的刺激都能引起人的感觉，只有达到一定量的刺激才能引起人的感觉。刚刚能引起感觉的最小刺激量，称为绝对感觉阈限，凡是达不到最小刺激量的刺激物,它的刺激强度都在阈限以下,不能引起感觉。对这种最小刺激量的感觉能力,称为绝对感受性。绝对感受性和绝对感觉阈限在数量上成反比关系,可用公式表示如下:

$$E = \frac{1}{R}$$

式中:E 代表绝对感受性;R 代表绝对感觉阈限。

刺激物引起感觉之后,如果刺激量发生了变化(增多或减少)也会引起感觉的变化。但是,并不是刺激的所有变化量都能引起感觉。例如,在 100g 的重量上如果只增加 1g 的重量,人感觉不出二者的差异。只有当刺激变化到一定量时,才能使我们感觉到差别。能引起差别感觉的刺激物的最小变化量,称为差别感觉阈限。在 100g 的重量上如果增加 3g,人刚好能觉察出重量的差异,这里的 3g 就是感觉在原重量 100g 时的差别感觉阈限。对同类刺激最小差别量的感觉能力,称为差别感受性。差别感觉阈限和差别感受性之间也成反比关系。

早在 19 世纪前半期,德国心理学家韦伯在研究差别感觉阈限时发现,如果以 I 表示最初刺激的强度,以 ΔI 表示刺激强度的增加量,那么,在一定的范围内便有以下关系式:

$$\frac{\Delta I}{I} = K$$

韦伯公式也叫韦伯定律。韦伯定律表明,当 I 的大小不同时,ΔI 的大小也会不同,但 ΔI 与 I 之比是一个常数(即上式中的 K)。例如,重量加上 3g 即可感到重量的变化,那么,在 200g 重量之上要加上 6g 才能感到重量的变化。不同感觉的韦伯常数是不同的。例如,重量感觉的韦伯常数为 1/30,听觉的韦伯常数为 1/10,而视觉的韦伯常数为 1%。后来,人们进一步研究证明,韦伯定律只在中等刺激强度的范围内才是正确的。

(二)感受性变化的规律

1. 感受性的变化

人的各种分析器的感受性会随条件和机体状态的不同而发生变化。引起感受性变化的主要因素有以下几点。

(1) 感觉的相互作用。各种感觉不是孤立存在的,而是相互联系、相互制约的,不同感觉之间的相互作用,可以使感觉发生变化。

视觉可以在其他感觉的作用下发生某种变化。例如,在噪声对听觉的影响下,黄昏视觉(也称暗视,即在光亮度低的情况下的视觉)的感受性会降低。在飞机发动机的强烈噪声影响下,黄昏视觉的感受性降低到受刺激前的 20%。

听觉也可以在其他感觉的作用下发生某种变化。例如,视觉刺激可以影响听觉的方向定位。每个人都有这样的体验,在装有扩音设备的礼堂里,如果自己坐在礼堂侧面的喇叭下又能清楚地看到报告人,自己就会觉得声音是从前面报告人那里传来的;如果自己不看报告人,低头闭上眼睛,马上就会觉察到声源的方向有变化——声音是从侧面的喇叭里传来的。

其他各种感觉也都会在不同感觉的影响下发生变化。例如,食物的颜色和温度会影响对食物的味觉;摇动的视觉形象会引起平衡感觉的破坏,产生呕吐现象。

(2) 感觉的适应。由于刺激物对感受器的持续作用从而使感受性发生变化的现象,叫感觉的适应。这是在同一感受器中，由于刺激在时间上的持续作用导致对后来的刺激物感受性发生变化的现象。感觉的适应可以引起感受性提高，也可以引起感受性降低。

各种感觉的适应速度和程度是不同的。

视觉的适应可分为明适应和暗适应。例如从亮处走进暗室，开始什么也看不清楚，隔了一段时间之后，通过对弱光的感受性的逐步提高，视觉慢慢恢复，能逐渐分辨出物体的轮廓，这一过程就是暗适应。当从黑暗的电影院走到阳光下时，在最初一瞬间感到耀眼有某种程度的眩晕感，什么都看不清楚，只要稍过几秒钟，对强光的感受性降低后，视觉随即恢复正常，就能清楚地看清周围事物，这种现象叫明适应。

"入鲍鱼之肆，久而不闻其臭；入芝兰之室，久而不闻其香"，这是嗅觉的适应。我们经常看到有些老年人把眼镜移到自己的额头上到处寻找他的眼镜，这是触压觉的适应。我们在热水中洗澡的时候，开始觉得水很热，但经过三四分钟后，就不再觉得澡盆中的水是那样的热了，这是肤觉适应。

听觉的适应不甚明显，痛觉的适应则极难产生。正因为痛觉很难适应，它才成为伤害性刺激的信号而具有生物学的意义。

(3) 感觉对比。感觉对比是同一感受器接受不同的刺激而使感受性发生变化的现象。感觉的对比可以分为两种：同时对比和即时对比。

几个刺激物同时作用于同一感受器时产生同时对比现象。例如，一个肤色较白的人穿一身黑色衣服会显得更白，这是衣服和皮肤颜色对比的结果。不同的刺激物先后作用于同一感受器时产生即时对比现象。例如，吃了糖之后，接着吃广柑，就会觉得广柑很酸；吃了苦药之后，接着喝口白开水也觉得有甜味。

(4) 联觉现象。联觉是指一种感觉兼有另一种感觉的心理现象。颜色感觉容易产生联觉，例如，红色象征革命和吉庆，因此，红色的旗帜会使人感到威武庄严；绿色象征春天，代表着青春和健美，给人以喜悦和宁静的感觉。

红、橙、黄等色，类似于太阳和烈火那样的颜色，往往让人产生温暖的感觉，称为暖色。这些暖色有向前方突出的感觉，能使宽大的房间在感觉上变小，因此，也称为前进色。青、蓝、紫等色，类似于碧空和大海那样的颜色，往往让人产生寒冷的感觉，称为冷色。这些冷色有向后方退入的感觉，能使狭小的房间在感觉上变大，因此，也称为后退色。

在其他感觉中也能产生联觉，例如，我们经常听到人们说，"甜蜜的嗓音"和"沉重的乐曲"，这些都是一种感觉兼有另一种感觉的心理现象。

联觉现象在绘画、建筑、花布设计及环境布置等方面经常得到应用。

2. 感受性的发展

人的感受性，无论是绝对感受性，还是差别感受性，都具有巨大发展的可能性。人的感受性的发展依赖于以下几个条件。

(1) 社会生活条件和实践活动是感受性发展的基本条件。专门从事某种特殊职业者，由于长期使用某种感觉器官，相应的感受性就发展了起来。茶博士喝一口茶，便可如数家珍地说出茶的产地、品种、等级；熟练的炼钢工人，通过墨镜看一眼马丁炉(也称平炉)的火焰，便可准确无误地断定炉温；熟练的汽车司机，侧耳一听，就能听出常人听不出的机器运转的异常音响等。的确，三百六十行，行行出状元，以上这些人的感觉能力之所以有如此惊人的发展，并不是他们先天具有特殊的分析器，而是因为他们在后天生活和劳动实践的过程中长期锻炼发展起来的。

(2) 有计划地练习可以提高感受性。心理学家捷普洛夫曾对不懂音乐的人的听觉进行训练，以提高他们对音高的分辨能力。实验中以一个半音的1%为基本单位，第一次练习后，被试者能区分一个半音的32%；第二次练习后，能区分一个半音的28%；第三次练习后能区分一个半音的22%；第四次练习后能区分一个半音的16%。仅四次练习，感受性就提高了一倍。

感受性因练习而提高的事实说明，只要感觉器官健全，人的各种感觉就有很大的发展可能性。为了发展学生的各种感受性，教师应对学生的各种感觉进行有目的的训练，例如音乐、绘画、雕刻、诗歌及戏剧等艺术活动都能训练学生的感觉，使他们的感觉能力得到发展。

(3) 感官的机能补偿作用。感觉的补偿作用是指某种感觉丧失以后，可以由其他感觉来弥补。例如，有些盲人有高度发达的听觉和触觉，可以通过自己的脚步声或拐杖击地时的回响来辨别附近的建筑物、河流、旷野等地形，可以通过触摸觉"阅读"盲文。有些聋哑人对振动的感觉特别发达，他们甚至能把手放在钢琴盖上，通过感受振动来欣赏钢琴的乐曲。

二、知觉的特性与规律

人对客观事物的知觉受主客观条件的影响，有其特殊的活动规律。知觉过程的心理规律可以归纳为知觉的四个基本特性。

(一)知觉的选择性

客观世界是丰富多彩的，在每一时刻里，作用于人的感觉器官的刺激也是非常多的，但人不可能对同时作用于他的刺激全部都能清楚地感受到，也不可能对所有的刺激都作出相应的反应。人们总是把某些事物作为知觉的对象，其他事物作为知觉的背景，这就是知觉的选择性，即人们总是选择某些事物或事物的某些特性作为人们知觉的对象。知觉的对象能被人清晰地感知，知觉的背景只是被人模糊地感知。例如，上课时，当学生注意看黑板上的字时，黑板上的字成为学生知觉的对象，而黑板、墙壁、老师的讲解、周围同学的翻书声等便成为知觉的背景；当学生注意听教师的讲解时，教师的声音便成为学生知觉的对象，而周围同学的翻书声、进入视野的一切便成为学生知觉的背景。

知觉的对象和背景之间的关系是相对的，这表现在知觉的对象和背景可以互相转换。如图4-3(a)所示，当把图中白色部分作为知觉的对象，黑色部分作为知觉的背景时，人们看到的是一个杯子；当把图中黑色部分作为知觉的对象，白色部分作为知觉的背景时，人们看到的是两个侧面人头。如图4-3(b)所示，如果以白色为背景，就容易知觉为男人；如果以黑色为背景，就容易知觉为一个少女。

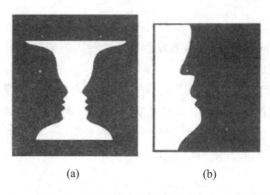

(a)   (b)

图 4-3 知觉的对象和背景的相对关系

在大多数情况下，从知觉的背景中分出对象并不困难，但在某些情况下，要迅速地知觉却不是一件容易的事。把对象从背景中区别出来，从背景中选择知觉对象受以下因素的影响。

(1) 对象和背景的差异。对象与背景之间差别越大，越容易从背景中选出对象。例如，我们很容易看清写在黑板上的白字，而写在白色墙壁上的白字就很难被认出。又如，在一片绿色的田野上，穿红衣服的人，容易被清晰地映入眼帘；在民乐演奏中，清脆的笛声容易被突出地知觉出来。

(2) 对象的活动性。在相对静止的背景上，运动的刺激物容易被知觉为对象。例如黑夜里的流星一下子就尽收眼底，闪光的霓虹灯广告、电影、幻灯等活动教具，都易被人们知觉。而蛇岛上盘在树上不动的蛇，就不容易被发现。

(3) 对象的特征。对象特征明显，容易被感知；特征不明显，就不易被感知。例如公鸡、母鸡外部特征明显容易分辨，而雌兔雄兔就不易分辨了。又如，走到大街上，迎面走过许多人你没有注意，走过一个外国人却能立刻被你发现。

上述是影响知觉选择性的客观因素。此外，从主观因素来看，有无明确的目的，有无积极的态度以及知觉者的兴趣、爱好、情绪状态等都影响知觉对象的选择。例如，在广告的海洋里，音乐家或音乐爱好者首先发现的是音乐晚会的海报；球迷首先看到的是球赛的广告；病人首先注意的是药品广告等，各择所需，各取其好。

知觉的选择性规律与教育实践息息相关。直观教学用具的设计，为了突出重点，常常在有关部位涂上鲜明的色彩，在关键部位安装活动装置，都是为了提高学生知觉的效果。教师在学生作业本上用红笔批改，也是为了突出批改内容，使学生"一目了然"。

(二)知觉的整体性

知觉的对象具有不同的属性，由不同的部分组成，但是人并不把知觉的对象感知为个别的独立部分，而总是把它知觉为一个统一的整体，这种特性称为知觉的整体性。如图 4-4 所示。

在观察此图时，人们一开始就把它们分别看成是三角形和长方形，而不是把它们知觉为三条线段和四条线段。

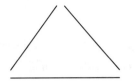

图 4-4　知觉的整体性(1)

　　知觉的整体性还表现在对于知觉过的对象，以后只要对象的个别属性发生作用时，也能产生完整的映象。例如对一块曾经知觉过的大理石，只要看一眼，就知道它是光亮的、坚硬的、冰凉的。在整体性知觉中，物体的各部分所起的作用是不同的。知觉对象关键性的、最具代表性的、强度大的部分往往决定对整体的知觉，其弱小部分常被忽视。观看所熟悉的人的漫画，人们可以从被歪曲画面上立即认出这是张三，那是李四。

　　在整体性知觉中，刺激物之间的关系起着重要作用。有时，刺激物的个别部分改变了，但各部分之间的关系不变，仍能保持整体的知觉。例如，一首乐曲由不同人演唱，用不同乐器演奏，都能被人们知觉为同一首乐曲。各部分之间的关系改变，知觉的整体形象就会发生变化。例如，四条长度相等的直线段，组成垂直的封闭图形，则是正方形，同样四条直线段，组成不垂直的封闭图形，就变成菱形了。可见，物体各部分的关系以及对关系的反映是知觉整体性的基础。

　　如果要感知的对象是自己没有接触过或不熟悉的东西，那么，知觉就更多地依赖于感觉，并根据其接近、相似、闭合、连续等因素感知为整体。图 4-5 中(a)图的四组直线段，由于每两根在距离上接近，所以，被知觉为一个整体；(b)图中的几条直线段和曲线虽然各条之间距离相等，但形状不一，所以，相似的直线和曲线各被知觉为一个整体；(c)图中的直线排列同(a)图一样，两根在距离上接近，但并不被知觉为四组两条并列的直线段，而被知觉为一条直线段和四个长方形。这是因为闭合的因素使人忽视长方形轮廓所缺少部分而仍然将它知觉为一个整体；(d)图中的曲线和点线都有断离之处，但由于它具有连续性，因此，就被知觉成一根完整的曲线。

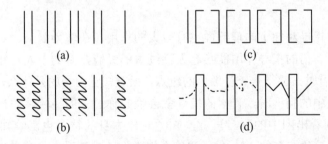

图 4-5　知觉的整体性(2)

　　知觉的整体性有赖于人的知识经验。当知觉对象提供的信息不足时，知觉者常常运用经验对残缺部分进行补充整合，从而获得整体映象。例如，当我们看到"大 12 东去"这几个字时(尤其当 12 为手写体时)，很自然地把它知觉为"大江东去"。

(三)知觉的理解性

在知觉过程中,人们总是根据已有的知识经验来解释当前知觉的对象,并用语言来描述它,使它具有一定的意义,这就是知觉的理解性。如图4-6所示,当人们看到这张图时,不会只把它看成一些斑点的随意组合,而是会努力寻找图中斑斑点点之间的联系,努力作出合理解释,不断地提出假设并检验假设,最后会给出合理的解释:画的是一条狗。

图 4-6 隐匿图形

在对知觉对象理解的过程中,经验最重要。比如一首歌,如果是人们熟悉的,只要听一个片段就知道是哪首歌,还会知道后面的旋律是什么。由于不同的人对歌曲的熟悉程度不同,因而决定了人们在识别歌曲之前所需要听到的那首歌的片段的长短也不同,不是很熟悉那首歌的人比熟悉那首歌的人需要听到的歌曲片段要长一些。有经验的心理学家可以通过一个人的表情、行为方式、言语、作文及绘画作品等,推断这个人的性格特点,知道他心里想的是什么。

其次,言语的指导对知觉的理解性也有较大的作用。在较为复杂、对象的外部标志不很明显的情况下,言语的指导作用能唤起人们过去的经验,有助于人对知觉对象的理解。如图4-6所示,初看时只觉得是一些黑色的斑点,很难知觉出画的是什么,但如果有人告诉你"这是一条行进中的狗"时,言语的指导就会唤起你过去的经验,并补充当前知觉的内容,这时你会立刻看出图中的狗。再者,知觉对象本身的特点也影响知觉的理解性。如图4-7所示,如果遮住左右的12、14,我们会把中间的字符看成是英文字母B;如果遮住上下的A、C,我们会把中间的字符看成是阿拉伯数字13。

为什么对同一个符号有不同的理解呢?那是因为这个符号所处的环境不同,因而人们的理解也就不同。此外,知觉的理解性还受人的情绪、动机、态度以及实践活动的任务等因素的影响。

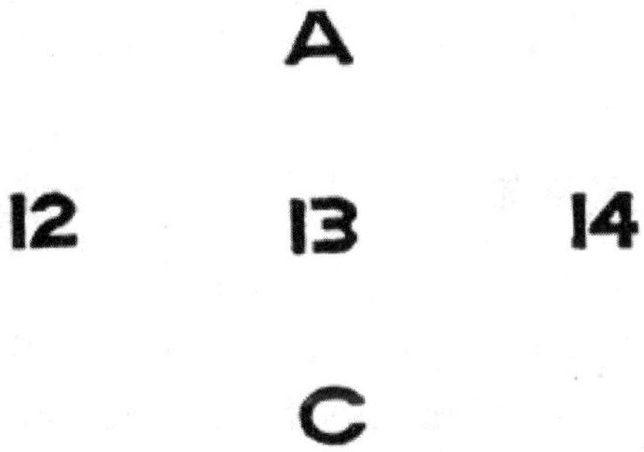

```
         A

   12    13    14

         C
```

图4-7　中间是什么

(四)知觉的恒常性

当知觉的条件在一定范围内改变了的时候，知觉的映象仍然保持相对不变，这种特性被称为知觉的恒常性。

恒常性在视觉中最为明显，构成视知觉恒常性的主要成分有四种，即亮度恒常性、颜色恒常性、形状恒常性、大小恒常性。①亮度恒常性是指在照明条件改变时，物体的相对明度或视亮度保持不变。例如，白衬衣不管是在屋里看还是屋外看，我们总是把它知觉为相同的白色；在强光下煤块反射的光量远远大于暗处粉笔所反射的光量，但我们仍把煤块知觉为黑的，粉笔知觉为白的。②颜色恒常性是指个体对熟悉的物体，当其颜色由于照明等条件的改变而改变时，颜色知觉不因色光改变而趋于保持相对不变的知觉特征。③形状恒常性是指当我们从不同的角度看物体时，物体在我们眼中的成像会发生变化，但我们实际知觉到的物体的形状不会改变。例如，一个圆盘，无论如何倾斜旋转，人所看到的可能是椭圆，甚至线段，但我们都会当它是圆盘；一辆公共汽车，无论从正面看，还是侧面看，我们知觉到的公共汽车的形状不会改变。④大小恒常性是指物体离我们近时在视网膜上的成像要大于物体离我们远时在视网膜上的成像，但我们实际知觉到的物体的大小不会因此而改变。例如，教师讲课时大多站在讲台上，有时也会走到学生的座位旁，教师在教室的不同位置时，其形象在学生眼中的成像大小是不同的，但学生看到的教师的大小却是不变的。

知觉的恒常性依赖于我们的经验。客观事物具有相对稳定的结构和特征，经过我们的感知后，其关键特征会储存在我们的大脑中。当它们再次出现时，虽然外界条件发生了变化，但无数次的经验矫正了来自每个感受器的不完全的甚至歪曲的信息，大脑会将当前事物与大脑中已有的事物形象进行匹配，从而确认为感知过的事物。

知觉的恒常性在我们日常生活、工作和学习中有很重要的意义，它有利于人们正确地认识和精确地适应环境。知觉的恒常性一旦消失，人对事物的认识就会失真。

三、感知规律在教学中的应用

感知规律在教学中的运用，主要体现在直观教学上。"从生动的感知到抽象的思维"是人类认识发展的规律。教学过程也离不开这条规律。正确地运用这条原则，可以激发学生的学习热情和兴趣，引起学生对教学内容的选择性知觉，从而有助于对所学知识的领会、理解和掌握，提高教学的效果。

(一)直观教学形式及其特点

教学过程中，通常采用以下几种直观形式。

(1) 实物直观。实物直观就是通过观察实物与标本、演示性实验、教学性参观等方式，为知识的理解提供感性材料。这种直观形式的优点是生动、形象、逼真。其缺点是本质的属性易被其他非本质属性掩盖，并且容易受时间和空间限制，像植物与动物的生长过程、古代社会的生活方式等很难直接被感知。

(2) 教具直观。教具直观也叫模象直观，指通过模型、仪器、图片、图表及幻灯片等手段模拟实物的形象而提供感性材料。这种直观形式的优点是，可以人为地突出事物的重点与本质，操作方便，不受时间、空间限制。不过，模象直观毕竟与实物不完全相同，低年级学生有时难以将模象与真正的实物对象相联系而产生误解。因而，使用模象直观时要注意保持各种对象大小之间的正确比例，最好和实物直观结合起来进行。

(3) 言语直观。言语直观是通过语言(书面和口头)的生动具体的描述、鲜明形象的比喻、合乎情理的夸张等形式，提供感性认识，加深对知识的理解。这种直观形式的优点是灵活、经济、方便。不过言语直观所反映的事物形象在完整性、鲜明性、正确性方面不如直接感知。

以上三种直观教学形式各具特色，既有优点，也有不足，三者相互配合使用，才能收到良好的效果。研究表明，缺乏语言指导的实物直观和教具直观，往往使学生不能全面观察而只注意他们感兴趣的次要部分，忽略事物的主要部分，难以形成正确、全面的表象。在言语直观中，如果语言描述缺乏有关形象的支持，也难以帮助学生理解知识。所以，在教学中将语言和形象合理地结合起来，往往是教师常采用的一种直观形式。除了这些直观形式外，目前一些现代化的教学手段，例如各种实验设备、电影、电视、录音机及录像机等，在直观教学中的作用也是很大的。

(二)正确进行直观教学

在教学过程中，教师应按照感知活动的特点和规律来正确地组织直观教学，才能提高学生的感知效果。

1. 运用对比的规律进行教学

感知的规律告诉我们，对象与背景差别越小的对象，感知就越模糊。因此，在绘制图表、制作教具或准备实验时，应力求使对象与背景在颜色色调、线条粗细、形状大小、材料性质及内容等方面有明显的差别，使知觉对象重点突出、形象鲜明，这样才容易被人清晰地感知。教学时采用对比法，也会收到较好的效果。例如，对于象形字、形声字的教学采用对比法；还有图形、表格对比分明；教师言语的抑扬顿挫，轻重缓急，就使学生易于感知和记忆。而学生注意进行有比较的学习，对材料进行比较、分析或对重点材料、字词用红笔标出等，都是有效感知的办法。

2. 运用被感知事物的强度律进行教学

被感知的事物或需要接收的信息(包括语言、文字符号等)必须达到一定的强度才能被清晰地感知。所以，被感知的对象必须在其环境、背景中的相对强度要大。因此，直观教学要考虑到直观教具的颜色、大小、声音的强度等，以使学生能够清晰地感知。例如，呈现给学生的图片、挂图要色彩鲜明，篇幅大小适中，线条粗细安排合理。教学中教师讲述口齿要清楚，音量不要太低，否则学生听不见或听不清，但音量也不宜太高，太高太强烈的刺激会引起疲劳，降低教学效果。板书字体要清楚醒目，这样才能使学生注意力集中，感知更有效。此外，教室应尽可能有充足的光线，光线太暗，既影响学生感知的清晰度，也有损学生的视力。

3. 运用知觉的活动律进行教学

一般来说，变动的对象比静止的对象容易引起感知，容易吸引我们去注意观察。教师在直观教学方面应多采用活动教具、活动卡片、活动画报、活动模型及电影、电视、录像、幻灯、录音、唱片、广播等现代化的视听工具。例如，在图形、表格的教学中，使用粗大的红色箭头的移动，能吸引学生的注意，易引起感知。对于一些简图，教师通过边讲边画，将一个复杂的视觉形象重新构成一个简单的图示。在这个过程中，学生不仅看到了已经完成的图示，而且还看到了这个图示是如何组成的，可以起到帮助学生组织他们的知觉的作用。把静止的信息转变为动态的信息，这十分有利于学生的感知。很明显，教一个人如何做馅饼的最有效的方法是在他面前一步一步地做一个馅饼，而不是给他看一个现成的馅饼或口头上描绘一番它是如何做成的。总之，为了让学生更好地感知，提高教学效果，教师应多采用化静为动的方式进行教学。

4. 根据知觉的组合律进行教学

凡是空间上接近、时间上连续的事物，易于构成一个整体而被我们清晰地感知。在教学中，要注意使作为学生感知对象的事物组合得当，使学生易于产生清晰的感知觉。教师的板书应力求从空间距离上进行合理的布局：位置顺序排列适当，大小主次分明，重点突出，使学生一目了然。教师讲课或朗读课文，应顿挫适当。语速太快，没有适当的停顿和间歇，不易听清楚；语速太慢，停顿间歇太长，会割裂讲述内容的完整性。在制作和使用模象与直观教具、绘制挂图时，要线条明晰，行距适中，颜色分明，周围最好不要附加类似的线条或图形，并注意拉开距离或加上不同的色彩。

5. 利用多种感官的协同活动组织教学

感知是多种分析器协同活动的结果，这就要求在直观教学过程中交替使用多种感官感知对象，动员学生调动多种分析器参加活动。比如物理、化学课，如果能在讲授的同时配以良好的演示和实验，学生不仅可以听、说，而且可以看、做、想。由于多种感官的参加，可以从不同的角度去接受来自视觉、听觉、触觉和运动觉的信息，了解事物的更多特点。

第三节 感知能力的培养

一、青少年感知的特点

青少年进入中学阶段的学习，各种教学和各种活动要求青少年具有更高的感知能力，要求他们能更精确而细致地分析和理解外界事物，因而他们的感受性和观察力也就更快地发展起来，感知能力大大提高。其特点有以下几个。

(一)感受性不断提高

青少年的视觉感受性在不断提高，区别各种颜色和色度的精确性在不断发展。研究证明，初中生区别各种色度的精确性比小学一年级学生要高出60%以上；十四五岁的少年，其视觉和听觉的灵敏度甚至可以超过成人。而且，他们区别音高的能力、辨别音阶的能力都有很大的提高。学习音乐对提高这些能力可以起到很大作用，同时也促使青少年能够更好地表现其特殊的音乐才能。青少年的其他感觉，例如关节肌肉感觉已高度发展，这对他们写字、绘画、制图和参加体育活动都有重要的作用。青少年各种感觉的发展，对他们的学习起着很大的促进作用。因此，教师一方面要通过各种教学方式采取有效措施，发展他们的感觉，同时也要注意保护他们的各种感觉器官。

(二)知觉的精确性进一步发展

小学生知觉过程中，分析与综合统一的水平还很低，知觉具有笼统、泛化、不精确的特点，他们易把相似的数字、字母、文字、图形和事物混淆起来。到中学阶段，各科教学和各种活动都要求青少年必须具有更高的感知和观察能力，在实际活动中必须发展和提高感知和观察事物的水平。他们在观察自然或社会现象，或做实验的时候，就能逐步抓住观察对象的主要的、本质的属性和特点，能更加全面而深刻地认识事物。例如，在空间知觉方面，初中生在学习几何、地理、物理、绘画等过程中，逐步学会在抽象水平上理解图形的形状、大小及其相互间的位置关系，能掌握三维空间(长、宽、高)的相互关系、图形的透视关系等，从而逐步形成远距离空间知觉(即宏观的空间观念)。在时间知觉方面，初中生能够比小学生更精确地知觉一些较短的时间单位，如月、周、日、时、分、秒等。对于各种事件和现象的时间顺序的知觉也逐渐完善起来。高中学生，由于他们抽象思维的发展，其观察水平、精确性得到进一步提高，观察事物不仅比较全面而深刻，还能观察出事物的本质属性，并且注意到事物的主要细节。不过，青少年观察事物的精确性还是不够的，他们经常喜欢对事物过早地下结论，所以教师的指导仍然很有必要。

(三)知觉有意性和目的性更加提高

应该说，小学生知觉的有意性和目的性开始有所发展。但是，小学生的这种有意识、有目的的知觉和观察水平还是有限的。与小学生相比，中学生的有意识、有目的知觉水平已逐渐发展到了新的高度。他们能较自觉地、有目的地、有系统地知觉和观察事物,选择性知觉水平和观察的持久性已大大提高。

(四)逻辑性知觉开始出现

青少年知觉的另一个新的特点是开始出现逻辑知觉。这种知觉和逻辑思维相联系,具体表现在:青少年在知觉过程中,能把学习的一般原理、原则与观察到的个别事物联系起来,能把所看到的几何图形和有关定理联系起来。尽管此时青少年的逻辑思维还不尽完善和准确,但与儿童相比已有质的变化。心理学家皮亚杰曾做过这样一个实验:在中学生面前放置五瓶不同颜色的液体,让他们观察化学演示,结果三瓶液体在混合后有颜色反应,有一瓶会使与其混合的液体去掉颜色,还有一瓶是中性的。然后让被试者自己演示,找出不同液体的性能。有的被试者按规律性演示,有的被试者瞎碰乱撞。皮亚杰发现十四五岁以上的中学生能将五瓶溶液按顺序(1)(2)(3)(4)(5)进行匹配:先按(1)+(2)、(1)+(3)、(1)+(4)、(1)+(5),接着按(2)+(3)、(2)+(4)、(2)+(5)……去概括、揭示其中的规律。这一实验表明,逻辑性思维已参与到中学生的知觉活动中,其知觉的概括性水平明显地发展起来。

中学阶段是基础教育阶段。学生处在从半幼稚、半成熟向成熟过渡的时期。在不良的条件影响下他们的知觉品质也会有一些弱点。例如,少年的知觉(观察)过程中的不随意性、片面性、不稳固性、粗心大意等毛病仍可能突出;青年人的观察程序不当、粗糙、不精确、急躁、偏激、过早下结论等毛病仍存在。这都有待于用良好的教育措施来矫正。

二、青少年感知能力的培养

学生获得知识的初级阶段是感知阶段。根据感知规律和青少年感知的特点进行感知能力的培养十分必要。

(一)保持和提高感官的功能

人们能否有效地从外界获得信息,在很大程度上取决于人们的感知功能。各种感官是感知觉功能的物质基础,它的健全与否直接影响着感知觉功能的实现。例如,眼睛失明就完全丧失视觉功能,眼睛屈光不正就会影响正常视力。所以,保护各种感官的健康,使其不受损伤或病害,是维护正常感知功能的最基本条件。这对正处于发育期间的学生特别重要。现在的学生中,由于没有好好保护感官,以致出现许多近视眼。有的学校或班级近视的发生率高达40%～50%。虽然近视眼配以合适的眼镜仍然可以保持程度不同的视力,但视觉已受到很大限制,对学习造成不利影响。保护各种感官的健康很重要,但它仅是维护正常感知功能的基础。要提高和发展感知能力,还必须通过实践活动来训练。感知觉的规律告诉我们,感受性是变化的,可以通过实践和练习得到提高。为了发展各种感受性,需要对青少年的各种感觉进行有目的的训练。对青少年学生来说,这种训练更重要、更有效。例如,通过音乐、绘画、雕刻、诗歌及戏剧等艺术活动使学生的各种感官得到很好的训练,促进学生感知能力的发展和提高。

(二)培养观察能力

除了维护和促进正常的感知功能，提高接收信息的敏锐外，学习者还必须组织良好的观察活动，提高观察能力。观察是知觉的特殊形式，它是有目的、有计划贯穿着积极思维的知觉。思维在观察中起着重要作用，所以有人将观察称为"思维者的知觉"。观察是一切知识的门户，在人类认识和改造世界的一切领域，它起着重要的作用。一切科学实验，一切科学的新发现、新规律，都是建立在周密、精确系统的观察基础上的。巴甫洛夫一直把"观察、观察、再观察"作为座右铭，并告诫学生："不学会观察，你就永远当不了科学家。"英国著名的细菌学者弗莱明也说过："我的唯一功劳是没有忽视观察。"

观察力的最可贵品质是从平常的现象中发现不平常的东西，从表面上貌似无关的东西中发现相似点和因果关系。人们在观察力的发展水平上有很大的差异。凡是在事业上卓有成就的科学家、发明家、教育家、作家和画家等，他们的观察力发展水平都比平常人高。例如，巴甫洛夫在人们司空见惯的、极其平常的唾液分泌现象中，发现了大脑活动的某些奥秘。人们的观察力不仅在发展水平上有差异，而且在类型上也有差异。例如，有的人属于综合型，有的人属于分析型，有的人属于分析-综合型。这种类型的差异，并不影响人们都有可能成为观察力高度发展的人。

观察力不是先天具有的，而是通过培养、训练，通过自己的实践活动逐步形成和发展起来的。青少年学生在学习过程中培养观察力有以下一些途径。

1. 明确观察的目的、任务，激发观察的兴趣

观察的效果取决于观察的目的和任务的明确程度。观察的目的任务越明确，观察者对知觉对象的反映就越完整、越清晰，因而观察的效果就越好。反之，观察的目的任务不明确，东看看，西望望，抓不住要领，就得不到收获。20世纪中叶，40个心理学家云集在西德的格廷根开会，会议主席做了这样一个实验：会议进行中间，突然冲进两人，在会场上搏斗了30分钟，当他俩离开会场后，主席向与会者提议写下目睹记录，结果错误率惊人，只有一个报告的错误率低于20%。这是由于事先没有明确的观察任务，知觉过程是无意的、不完整的、模糊的，所以差错很大。因此，凡进行观察前必须明确究竟要观察什么，为什么要观察，这样才能加强知觉的选择性，便于把注意力集中在观察的对象上，摄取有关的信息。

青少年学生好奇心强、求知欲旺盛、知觉的无意性和情绪性较明显，因此，作为教师必须预先明确地向学生提出观察的目的、任务，并根据学生的年龄特点和知识水平尽量把观察的目的、任务要求得明确、具体。除了明确观察的具体目的、任务外，还必须激发观察兴趣。如果学生时时刻刻只依赖教师的指示，那么观察力是培养不起来的。应该激发观察兴趣。观察兴趣可以通过郊游、参观、访问等各种途径来培养。通过这些活动，接触社会和许多具体的事件并懂得其中的道理，就会激发起求知欲，使学生对大自然和社会现象产生观察的兴趣。

2. 掌握观察的方法

掌握观察的方法，可以提高观察的效果。在这方面应注意做好以下各项工作。

(1) 在观察前做好必要的知识准备。观察前知识准备越充分,观察的效果就越好。反之,观察效果一定不好。知识的准备包括阅读与观察对象有关的教科书、理论性的文章、研究报告、经验介绍和图片及资料等。

(2) 观察要有计划、有步骤地进行。观察前要制订好观察计划,并严格按照计划,有系统、有步骤地进行观察,培养良好的观察习惯。这样可以避免观察过程中受某些强烈刺激或其他感兴趣的现象所吸引而影响观察的目的、任务。

(3) 观察时还要善辩多思。良好的观察品质是善于发现细小的但却是很有价值的事实。观察不等于消极地注视,必须进行积极的思维活动。根据知觉对象的特点开动脑筋,注意搜寻每一个细节,不要放过例外的情况,要不断提出问题并试行给予解答。

(4) 要做好观察的总结。总结时可以检查观察的目的、任务是否完成。总结形式有书面的或口头的。书面总结除文字记载外,也可以附上图表、图样等。通过总结不仅可以提高观察力,而且还可以提高语言表达能力。

3. 加强观察训练

实践活动是观察力发展的基础。要提高观察力,就必须根据自己的知识水平以及各种可能性,提出不同的观察要求,进行观察训练。例如,可以通过郊游,观察自然景色,进行写作;选择自己较熟悉、特点较明显的人和事写观察日记;观察那些特点不外露、需要仔细钻研的人和事物,写出比较复杂的观察日记或分析文章。然而,更重要的是结合学科的学习,在教师的指导下进行观察、实验等。例如,对物理现象、化学现象、生物现象以及对人、对某些社会现象等各方面进行观察训练。

本 章 小 结

感觉是人脑对直接作用于感觉器官的客观事物的个别属性的反映,知觉是对直接作用于感觉器官的客观事物的整体的反映。知觉是在感觉的基础上产生的,但又不是个别感觉成分的简单相加。感知觉是一切认识活动的基础。

感觉的规律体现在感受性的变化上,具体表现为适应、对比、相互作用及联觉现象等。知觉的规律具体表现在知觉的特性上,即选择性、整体性、理解性、恒常性。在教学中要注意结合青少年感知的特点,运用感知的规律进行直观教学,并注意加强学生感知能力和观察力的培养。

案 例 分 析

【案例】

视错觉的妙用

在运动员跳高训练中,有经验的教练员,会将跳高架的两根支撑架尽量摆得开些,以增加横杆的长度感,这样看上去高度就会变低了。或者把沙池里的沙堆得高高的,或者把海绵垫放高,在这样的背景衬托下,横杆的高度都会被错觉成变矮了。这种错觉会减少或消除运动员过杆时的恐惧心理,增加相对平静和轻松的心理,会使运动员的爆发力和技巧得到最好的发挥。

【分析】

人在感知外界事物时,有时会发生所感知到的与客观事物不相符的情况,这就是错觉。在视觉、听觉、嗅觉、味觉、触觉等领域内,错觉可以说人皆有之,其中视错觉是最常见的。错觉既然是普遍存在的现象,聪明的人当然可以"将错就错"地加以利用。上面的实例就是将视错觉现象巧妙地应用于体育训练之中。错觉的原理还可以应用于服装、工艺、布景、建筑等方面的设计,以及军事上的伪装。因此不能认为错觉完全是消极的,有时需要防止错觉产生,而有时又需要制造错觉,并主动地加以利用。

第五章　记　忆

本章学习目标

- ➢ 记忆的概念和过程
- ➢ 记忆的表象
- ➢ 记忆规律的应用
- ➢ 记忆的品质及培养

无论是通过感知觉在感性认识的层面上对教学材料实施信息加工，还是通过思维在理性认识的层面上对教学材料实施信息加工，都存在着一个在头脑中储存或提取信息的问题，这就涉及学生在教学活动中的又一重要的信息加工过程——记忆。那么记忆是什么？它有哪些规律？在教学中如何根据记忆规律来合理安排教学？学生又如何改进自己的记忆策略？这便是本章要阐述的主要内容。

第一节　记　忆　概　述

一、记忆的概念及其基本过程

(一)记忆的概念

记忆.mp4

记忆是过去经历过的事物在人脑中的反映。所谓经历过的事物，主要指过去曾感知过的事物、思考过的问题、做过的事情，以及体验过的情感。这些事物都会在头脑中留下一定的痕迹，随着时间的推移，这些痕迹有些会被强化，有些会趋于减弱、消退。在一定条件的诱发下，那些仍然保持在人的头脑中的痕迹会重新被激活、被再反映。这些经历过的事物的痕迹的形成、保持及激活都属于记忆。

(二)记忆的基本过程

记忆的基本过程是由识记、保持、回忆和再认三个环节组成的。识记是记忆过程的开端，是对事物的识别和保存，并形成一定印象的过程。保持是对识记内容的一种强化过程，使之能更好地成为人的经验。回忆和再认是对过去经验的两种不同的再现形式。记忆过程中的这三个环节是相互联系、相互制约的。识记是保持的前提，没有保持也就没有回忆和再认，而回忆和再认又是检验识记和保持效果好坏的指标。由此看来，记忆的这三个环节缺一不可。记忆的基本过程也可以简单地分成"记"和"忆"的过程，"记"包括识记、保持，"忆"包括回忆和再认。

信息加工理论认为，记忆的过程就是对输入信息的编码、存储和提取过程。只有经过编码的信息才能被记住。编码是对已输入的信息进行加工、改造的过程，编码是整个记忆过程的关键阶段。

(三)记忆的意义

记忆是人的心理活动得以连续的根本保证，是经验积累或心理发展的前提。没有记忆，人的认识能力就无法获得发展，人的心理将始终处于新生儿的水平，将无法体验多姿多彩的人生。记忆是学习的必要条件，所有的学习都包含着记忆。学生学习的目的就是通过记忆积累经验、增长才干。在学习过程中，新知识的获得都是以已有的知识经验为基础的，没有记忆的学习是难以想象的。因此，作为教师，掌握记忆理论，根据记忆规律组织教学，有助于帮助学生克服遗忘的干扰，获得巩固的、系统的知识经验。

二、(记忆)表象

(一)表象的概念

表象是头脑里所保存的过去感知过的事物再现出来的形象。例如上小学时的老师的形象，当回忆时，他的音容笑貌都会呈现在我们面前；看电影时某个感人至深的镜头，在一段时间内会记忆犹新等，这些存在于头脑中的事物形象都是表象。由于表象是记忆的重要内容和形式，因此表象又叫记忆表象。表象一般是在感知的基础上形成的，由于起主要作用的感觉器官不同，因此可以把表象分为视觉表象、听觉表象、触觉表象、运动表象等不同类型。表象虽然是在感知基础上形成的，但它实际上又摆脱了感知的局限，有自己明显的特点。

(二)表象的特点

1. 形象性

形象性指头脑里保持的表象以生动具体的形象的形式出现，并和过去的感知有一定的相似之处的特性。由于表象在头脑里存在着加工过程，因此，表象所具有的形象性与感知形象也有差异。这些差异主要表现在以下几方面。

(1) 表象没有感知形象鲜明、具体、生动，具有暗淡性、模糊性。
(2) 表象不如感知形象完整，具有片断性、零碎性。
(3) 表象不如感知形象稳定，具有动摇性、可变性。

比如人们站在天安门广场上看到的天安门形象是具体的、完整的、稳定的，而当人们回忆天安门的时候，头脑中所出现的表象，其清晰性、完整性等各方面就比较差。

2. 概括性

概括性指表象所反映的事物形象，不是某一具体事物或其个别特点，而是一类事物所共有的特点，是一种类化了的事物形象。这一点也是表象与感知形象的又一区别。例如人们看到的粉笔的形象是具体的，但在回忆粉笔时，它的形象总是具有粉笔所共有的特点，是"粉笔"这一类事物形象的概括。但表象的概括与思维的概括不同，表象是对一类事物的形象概括，而思维的概括则是对事物的本质、规律的概括，一般是抽象的概括。

(三)表象的意义

表象是一种重要的心理现象，其意义主要表现在以下几个方面。

(1) 记忆表象是记忆的重要内容与形式。人们头脑里所储存的知识经验不外乎两种形式：一是表象形式，一是语言形式。据研究推测，这两种形式的比例约为1000∶1。丰富的表象储存，是人们理解抽象事物的基础，也是人们在处理日常事务时重要的心理依据。

(2) 记忆表象是人认识发展链上的中间环节，是从感知觉向思维过渡的桥梁。通过在头脑中对表象进行分析加工，才能获得对事物的理性认识。

(3) 表象是学生学习的基础。学生必须广泛地运用记忆表象才能理解和获得知识，才能在学习中不断前进和提高。反之，则会造成学习落后的后果。据研究，有许多学习成绩差的学生就是由于缺乏观察能力，头脑里存储的表象太少的缘故。作为教师，帮助学生获得丰富的表象储备是一件非常重要的事情。

三、记忆的分类

记忆是一种复杂的心理现象，按照不同的标准可分为不同类型。

(一)根据记忆的内容分类

根据记忆的内容，可以把记忆分成形象记忆、情绪记忆、逻辑记忆和动作记忆共四种类型。

1. 形象记忆

以感知过的事物形象为内容的记忆叫形象记忆。这些具体形象可以是视觉的，也可以是听觉的、嗅觉的、触觉的或味觉的形象，例如人们对看过的一幅画，听过的一首乐曲的记忆就是形象记忆。这类记忆的显著特点是保存事物的感性特征，具有典型的直观性。

2. 情绪记忆

情绪记忆是以过去体验过的情绪或情感为内容的记忆。例如学生对接到大学录取通知书时的愉快心情的记忆等。人们在认识事物或与人交往的过程中，总会带有一定的情绪色彩或情感内容，这些情绪或情感也被作为记忆的内容存储进了大脑，成为人的心理内容的一部分。情绪记忆往往一次形成而经久不忘，对人的行为具有较大的影响。例如教师对某个学生的第一印象会在很大程度上影响对该学生的态度、行为，就是因为这一印象与情绪相连。情绪记忆的印象有时比其他形式的记忆印象更持久，即使人们对引起某种情绪体验的事实早已忘记，但情绪体验仍然保持着。

3. 逻辑记忆

逻辑记忆是以思想、概念或命题等形式为内容的记忆。例如对数学定理、公式、哲学命题等内容的记忆。这类记忆以抽象逻辑思维为基础，具有概括性、理解性和逻辑性等特点。对于学生的学习来说，这类记忆至关重要，它既是学生学习新知识的基础，同时又影响着学生的抽象逻辑思维能力的发展。

4. 动作记忆

动作记忆是以人们过去的操作性行为为内容的记忆。凡是人们头脑里所保持的做过的动作及动作模式，都属于动作记忆。例如上体育课时的体操动作、武术套路、实验课上的操作过程等都会在头脑中留下一定的痕迹。这类记忆对于人们动作的连贯性、精确性等具有重要意义，是动作技能形成的基础。

以上四种记忆形式既有区别，又紧密联系在一起。例如动作记忆中具有鲜明的形象性。逻辑记忆如果没有伴随情绪记忆，其内容很难长久保持。

(二)根据记忆内容保存时间的长短分类

根据记忆内容保存时间的长短，可以把记忆分成瞬时记忆、短时记忆和长时记忆三种类型。由于在不同时间对记忆内容的加工形式不同，这三类记忆又被看作是三种记忆系统。

1. 瞬时记忆

瞬时记忆又叫感觉记忆，这种记忆是指作用于人们的刺激停止后，刺激信息在感觉通道内的短暂保留。信息的保存时间很短，一般在 0.25～2 秒之间。瞬时记忆的内容只有经过注意才能被人意识到，从而进入短时记忆。

2. 短时记忆

短时记忆是保持时间大约在 1 分钟之内的记忆。据 L.R.彼得逊和 M.J.彼得逊的实验研究，在没有复述的情况下，18 秒后回忆的正确率就下降到 10%左右。如果不经复述大约在 1 分钟之内记忆就会衰退或消失。有人认为，短时记忆也是工作记忆，是一种为当前动作服务的记忆，即人在工作状态下所需记忆内容的短暂提取与保留。

短时记忆有三个特点：①记忆容量有限，据米勒的研究为 7±2 个组块。"组块"就是记忆单位，组块的大小因人知识经验等的不同而有所不同。组块可以是一个字、一个词、一个数字，也可以是一个短语、句子、字表等。②短时记忆以听觉编码为主，兼有视觉编码。③短时记忆的内容一般要经过复述才能进入长时记忆。

3. 长时记忆

长时记忆是指信息经过充分的、有一定深度的加工后，在头脑中长时间保留下来的记忆。从时间上看，凡是在头脑中保留时间超过 1 分钟的记忆都是长时记忆。长时记忆的容量很大，所存储的信息也都经过意义编码。我们平时常说的记忆好坏，主要是指长时记忆。

瞬时记忆系统、短时记忆系统和长时记忆系统虽各有自己对信息加工的特点，但从时间衔接上来看是连续的，而且关系也很密切。三种记忆系统发展模式如图 5-1 所示。

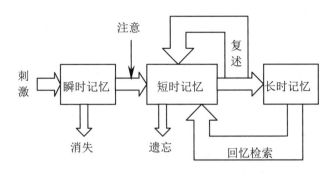

图 5-1 三种信息加工模式图

第二节 记忆过程的规律与组织教学

记忆过程是一个复杂的心理活动过程,有自己的特点和规律,而这些特点和规律体现在记忆过程的不同环节,使每个环节都具有自己的特殊性。

一、识记

识记是指通过对事物的特征进行区分、认识并在头脑中留下一定印象的过程。对事物的识记有些通过一次感知后就能达到,而大部分内容则需要通过反复感知才能使新的信息与人已有的知识结构形成联系。识记作为记忆过程的第一环节,对记忆效果的好坏具有非常重要的影响。因此,了解、掌握识记规律,有助于改善记忆。

(一)识记的分类

1. 根据识记是否有目的分类

根据识记是否有目的,可以把识记分为无意识记和有意识记两种类型。

(1) 无意识记。无意识记是指没有预定目的,在识记过程中也不需要做一定的意志努力、自然而然发生的识记。例如看过的电影、戏剧,听别人讲过的故事以及自己经历过的某些事,感知它们时并没有识记的意图,但这些内容以后能重新出现在脑海里,对这些内容的识记就是无意识记。

无意识记的内容是构成我们经验的重要部分,对心理活动及行为也有明显的影响。无意中所经历的事情,在我们有意识地面临某些情境、处理某些问题时,能作为已有经验起帮助作用。在日常生活中,人们所处的环境,所接触的人,所做的工作,会使人受到潜移默化的影响——在心理、行为上发生变化。例如一个民族的文化传统,会在无形中影响整个民族的心理,使其带有本民族文化的特点。

无意识记带有极大的选择性。一般来讲,进入无意识记的内容有两个特点。一是作用于人们感觉器官的刺激具有重大意义或引人注意。例如人们对新异的事物会过目不忘。二是符合人的需要、兴趣以及能产生较深刻情绪体验的内容。例如参加高考时的情境,到大学报到第一天的情境等。无意识记对人们知识经验的获得有积极作用,作为教师应该尽量使学生通过这种方式愉快地学习。但是，无意识记不能保证学生获得系统的文化科学知识。因此，在教学过程中，大量的识记内容应通过有意识记来获得。

(2) 有意识记。有意识记是指有预定目的，在识记过程中要做一定的意志努力的识记。有意识记过程是在识记目的支配下进行的。识记的目的性决定了识记过程是对识记内容进行积极主动的编码过程。这种编码包括"识记什么"和"怎样识记"。"识记什么"确定识记的方向和内容，"怎样识记"是采取什么方法才能更好地让学生记住所要识记的内容。学生在听课过程中的识记就是由这两部分组成的。每节课都有一定的教学目的、任务。教师一般会先作交代，使学生产生识记意图，以一种积极的心态识记新知识。为了更好地记住教师所讲的内容，有些同学采取专心致志地听，即用心记的方法，有的同学采取心记与笔记相结合的方法等。

人们的全部知识经验就是通过有意识记和无意识记的方式获得的。不过，就识记效果而言，有意识记优于无意识记。作为教师，了解识记的这一规律，有助于在教学过程中加强对学生学习目的性教育，更合理地给学生布置任务，以达到良好的教与学的效果。

2. 根据识记时对材料是否理解分类

根据识记时对材料是否理解，可以把识记分为机械识记和意义识记两种类型。

(1) 机械识记。机械识记是指在材料本身无内在联系或不理解其意义的情况下，按照材料的顺序，通过机械重复方式进行的识记。例如对无意义音节、地名、人名、历史年代等的识记。这种识记具有被动性，但它能够防止对记忆材料的歪曲。对于学生而言，这种识记也是必要的，因为有一部分学习内容的确是需要精确记忆的，例如山脉的高度、河流的长度等。也有些内容，限于学生的知识经验，不可能真正理解其意义，但这些知识对以后的学习又很重要，因此也应该进行机械识记。例如小学一二年级的学生背诵乘法口诀。实际上，纯粹的机械识记是很少的，人们在识记过程中，总是尽可能地把材料加以意义化。按照信息加工理论的观点，个人对任何输入的信息都要尽可能地按自己的经验体系或心理格局来进行最好的编码。例如记电话号码，并不是单纯地重复记忆，而会利用谐音或找规律等方式使之意义化。

(2) 意义识记（理解识记）。意义识记是在对材料内容理解的基础上，通过材料的内在联系进行的识记。在意义识记中，理解是关键。理解是对材料的一种加工，它根据人已有的知识经验，通过分析、比较、综合来反映材料的内涵以及材料各部分之间的关系。由于意义识记需要消耗较多的心理能量，与机械识记相比，它是一种更复杂的心理过程。意义识记应该是学生识记的主要形式。

(二) 影响识记的因素

识记是记忆的第一环节，如何做到识记材料既清晰又快捷，是提高记忆效果、防止遗忘的重要步骤。为此，我们应了解影响识记的诸因素，寻求优化识记的途径。

影响记忆的因素.mp4

1. 识记的目的性

有无明确的识记目的，直接影响识记的效果。明确识记任务及其相应的目的有利于调动一个人的识记积极性和针对性。L.R.彼得逊等曾做过这样一个对比实验,他让两组被试者共同识记 16 个单词,其中一组有明确的目的,而另一组没有,结果有明确的目的的一组识记成绩明显高于无明确目的组,如表 5-1 所示。在另一项实验中要求被试者"丝毫不差"地识记完整的故事,结果被试者平均能逐句回忆出该故事的 35%,而另一对照组的被试,实验者只要求他们用"自己的话"来识记同一个故事,结果在识记同样长时间后,他们只能回忆出该故事的 24%。因此,这里所讲到的识记的目的性不只是涉及有意识记和无意识记的问题,即便在有意识记中也存在目的性明确不明确的问题,它们对识记效果都有明显影响。

表 5-1 有意识记优于无意识记

单位:个

	当时回忆记住的单词数	两天后回忆记住的单词数
有意识记	14	9
无意识记	10	6

2. 识记材料的意义性

识记材料的意义,是指识记材料所蕴含的事物内在联系,以及与识记者知识经验的联系。这种联系越多,表明识记材料的意义性越强,识记效果越好。肯斯雷对此做过专门的实验研究。他组织了 348 名被试者,向他们每次呈现 1 个单词或音节,呈现时间是 2 秒钟,练习一遍后,要求被试者默写识记内容。结果效果与材料的意义性呈正相关,如表 5-2 所示。

表 5-2 识记材料的意义性对识记效果的影响

识记材料	默写出的平均数
15 个无意义音节	4.47
15 个由三个字母组成的孤立英文单词	9.95
15 个彼此意义相关联的英文单词	13.55

3. 识记材料的数量

一次识记的材料数量也是影响识记的因素之一。虽然说人的大脑的记忆储存量极大,能容纳的记忆材料的数量几乎是无限的,但是一次识记的材料数量则会明显地影响识记的效率。索柯洛夫的实验表明,一次识记的材料数量与识记的效率呈负相关,数量越大,效率越低:识记 12 个无意义音节达到背诵,平均 1 个音节需要 14 秒;识记 24 个无意义音节达到背诵,平均一个音节需要 29 秒;而识记 36 个无意义音节达到背诵,平均 1 个音节需要 42 秒。对无意义材料进行机械识记是这样,对有意义材料进行意义识记也是如此。莱昂在实验中让被试者背诵不同字数但难度相同的课文,结果平均每 100 个字的识记时间随课文字数的增加而增多,如表 5-3 所示,同样呈现识记数量与效率负相关的趋势。

表 5-3 识记材料的数量与识记时间

课文字数/个	识记总时间/分钟	识记 100 个字的平均时间/分钟
100	9	9
200	24	12
500	65	13
1000	165	16.5
2000	350	17.5
5000	1625	32.5
10000	4200	42

4. 识记材料的位置

在多个项目连续呈现的情况下，各项目在序列中的位置也会影响识记的效果。一般来说，最先呈现的项目，也就是排在序列首部的项目最易被记住，称为"首因效应"，最后呈现的项目，也就是排在序列尾部的项目也容易被记住，称为"近因效应"，而排在序列中部的项目相对难记。金斯利在一项实验中让大学生识记三种材料：无意义音节、不相关的英文单词和相关联的英文单词，然后测试识记的结果。结果如表 5-4 所示，对序列材料两端的识记优于中间部分材料，并且这种差异在无意义材料中最为明显。

表 5-4 材料序列位置对识记效果的影响

识记材料	1	2	3	4	5	6	7	8	9	10	11	12	13	14	15
15 个无意义音节	56	35	24	22	24	8	12	9	6	3	7	3	18	26	51
15 个彼此不相关的英文单词	65	68	45	37	58	18	44	32	36	15	46	31	49	41	68
15 个意义相关联的英文单词	66	68	67	54	67	58	59	58	58	56	52	52	62	52	62

注：数字为识记个数。

5. 识记时的态度

识记时如果有高度的独立性和积极性，识记效果就好。对识记内容采取积极的态度，识记时注意力集中并积极地进行思维活动，识记往往进行得迅速，保持也牢固。实验证明：高度集中注意地阅读两遍课文，比漫不经心地浏览十遍的识记效果好得多。识记时积极思维的成分越多，识记效果也越好。让识记材料成为直接活动的对象是发挥识记者积极性和独立性的一个有效手段。国外心理学家做过这样一个实验：教师先给学生出示拟好的 8 个句子，让他们回忆每个句子使用的是什么语法规则，然后要求学生按照这些语法规则自己编出 8 个句子，最后在下课前要求学生把教师出示的和自己编写的各 8 个句子默写出来。结果学生对自己编写的回忆成绩比教师出示的高出 3 倍多。教学实践也证明了这一点。例如学习地理时让学生自己绘制地图，学习语文时让学生自己拟出提纲，皆会提高记忆效果。究其原因，就在于它可以调动主体的积极性、主动性。

因此在识记时，不能只满足于提出识记的目的和任务，而应有效地组织识记的活动，把识记的内容变成活动操作的对象，调动起主体的积极性和独立性，使其真正地深入到对材料的思维中去。

6. 识记时的情绪状态

识记时的情绪状态对一个人识记的效果也会产生影响。一般，当心情好的时候，识记效率高，心情不好时，识记效率低。有人曾做过实验，让被试者在不同的心境下识记 6 个句子，结果发现，识记效率随心境水平上升而提高，如表 5-5 所示。

表 5-5　被试者在 6 种心境水平上的识记成绩

心境水平等级	人数	识记意义单词得分		能回想出的句子的总数（人数×6）	全忘掉的句子数	全忘的百分数
		平均分	标准差			
8	13	32.8	9.9	78	4	5.1
7	19	30.6	9.1	114	12	10.5
6	37	30.8	8.2	222	23	10.4
5	17	25.7	9.3	102	16	15.7
4	11	32.5	8.8	66	8	12.1
3	8	24.3	10.5	48	11	22.9

7. 识记时的理解

识记需要借助事物之间的联系来进行。实验和经验都证明，意义识记优于机械识记。艾宾浩斯最早进行这方面的实验。他用学习无意义音节和有意义材料的结果作了对比，发现识记 80 个无意义音节，需要重复 80 次，而识记拜伦的《唐·璜》一诗中的一个有 80 个音节的阶段，只需 9 次就能记住。他得出结论，学习无意义材料比学习有意义材料在难度上相差 9 倍。意义识记的这种优越性主要表现在识记速度、保持的牢固性以及检索的准确与速度上。据此，识记时要进行积极的思维，通过对识记材料的分析综合，弄清它们的内在联系，以及新旧材料之间的关系，把识记建立在理解的基础上。鉴于机械识记实际要比意义识记的效果差，对于一些无意义的材料，也要尽量用联想的方式，或人为地给它赋予一定的内在联系，使其变成意义识记的内容。如公元 280 年，晋灭吴，从而结束了三国鼎立局面，吴灭了就等于吴被拆散了。吴字可以折成"二、八、口"三个字，正如与 280 相合。

8. 识记时的感觉通道

识记时运用单一感觉通道和运用多种感觉通道，识记效果有很大差别。研究表明，单凭听觉可记住材料的 15%，单凭视觉可记住 25%，而视听结合可记住 65%。正如《学记》中说的那样："学无当于五官，五官不得不治"说明学习不通过五官，是学不好的。

二、保持和遗忘

(一)保持

1. 保持的概念

保持是在头脑中对识记过的事物进行巩固的过程，保持是一个动态过程。识记的内容被存储后,并不是一成不变地保持原样,已有的认识结构会对这些内容进行加工、编码、再存储,使识记的内容随着时间的推移,不断地发生变化。例如给小学生讲故事,过一段时间后,让他们复述,不同的学生的复述内容是有差异的。根据墨瑞斯的研究,复述中故事的变化主要有以下四种情况:

① 故事的长度逐渐缩短;
② 故事中的人名、地名、职务等最易改变;
③ 故事中的细节最先改变,而改变往往是"合情合理"的;
④ 故事中的语言常常根据复述者的言语能力而改变。

保持内容的变化有质变和量变两种形式。

2. 保持的质变

保持内容质的变化主要是指由于主体的、已有的知识经验,以及对材料的认识、加工能力的影响而发生的改变。对不同的人而言,改变形式是不一样的,大致有以下几种:

① 内容简略、概括,不重要的细节逐渐趋于消失;
② 内容变得更加完整、合理和有意义;
③ 内容变得更加具体,或者更为夸张和突出。

例如学生在复述《狼和小羊》的故事时,有的学生给故事添了一个结尾,有的学生在描述狼和小羊的形象时绘声绘色,也有的三言两语就把故事讲完了。

专栏 5.1　保持内容质的变化

保持在质的方面的变化,可以通过下面的实验说明。巴特利特(Bartlett)在实验中让第一个人看一张图,如图 5-2 左边的图 0 所示,然后要他默画出来给第二个人看,如图 5-2 中的图 1 所示,再让第二个人默画出来给第三个人看,如图 5-2 中的图 2 所示……依次进行下去直至第 18 个人画出第 18 幅图,如图 5-2 中的图 18 为止,结果图形从一只枭鸟变成了一只猫。可见记忆图形在质的方面起了显著的变化。

图 5-2　学习程度与保持量的关系

语言材料的保持也常常发生变化，主要是简化或概括了原材料；扩大了原材料的范围；颠倒了顺序；曲解了原材料的意义；使原材料更完整、详细具体、夸张突出等。例如，让许多人读一篇关于印第安人和鬼打仗的故事，过一段时间让他们回忆故事。结果，经常阅读鬼怪故事的人对鬼的内容增加了许多细节，而无鬼论者和逻辑性强的人则删去了很多鬼的内容，把故事编得更合乎逻辑。

3. 保持的量变

保持的量变有两个方面：记忆恢复和保持内容减少。一般来说，随着时间的延长，保持的内容会越来越少。但也有例外的情形，这是英国心理学家巴拉德(P. B. Ballard)在儿童身上发现的。巴拉德在伦敦小学以 12 岁学生为研究对象，让他们用 15 分钟记一首诗，学习后经过几天测得的保持量比学习后立即测得的保持量要高，这就是记忆的恢复现象。他从实验中测得，儿童在识记后的 2～3 天的保持量比识记后即时的保持量要高 6%～9%。这种现象在儿童中比成人中普遍；学习较难的材料比学习容易的材料更易出现；学习得不够熟练比学习得纯熟更易发生。

出现这种现象的原因是什么呢？目前还没有一致的看法。一般认为，在识记时有累积抑制，影响了识记后的回忆成绩，经过一段时间后，这种抑制作用解除，引起回忆量的上升；也可能是材料的相互干扰，识记后的即时测验由于受到前后材料的相互干扰，各部分之间不易建立联系，材料的保持还是零散的；过一段时间后，随着干扰的消失以及材料间联系的增多，整体性加强，识记的材料变成了一个有机的整体，引起回忆量的上升。

(二)遗忘

1. 遗忘的概念

遗忘是指识记过的材料不能回忆和再认，或者回忆和再认有错误的现象。按照信息加工理论的观点，遗忘过程在记忆的不同阶段都存在。

遗忘基本上是一种正常、合理的心理现象。因为感知过的事物没有全部记忆的必要；识记材料的重要性具有时效性；遗忘是人心理健康和正常生活所必需的。在学生的学习过程中也不是一切都需要记忆的，记忆的内容应具有选择性，正像清代郑板桥说的"当忘者不容不忘，不当忘者不容忘耳"。

2. 遗忘的分类

(1) 根据遗忘时间，把遗忘分成暂时性遗忘和永久性遗忘。暂时性遗忘是指遗忘的发生是暂时的，以后还能重新回忆起来的遗忘现象。永久性遗忘是指不经过重新学习，记忆的内容就不能恢复的遗忘。

(2) 根据遗忘内容，可分为部分遗忘与整体遗忘。部分遗忘是指对识记的材料部分内容的遗忘。例如对材料细节的遗忘。整体遗忘是指将识记材料全部遗忘。

3. 遗忘的原因

产生遗忘的原因，既有生理方面的，例如因疾病、疲劳等因素造成的遗忘；也有心理方面的。关于这方面的原因,主要有以下四种学说。

(1) 记忆痕迹消退说。这种理论认为,记忆痕迹如果得不到强化,就会逐渐消退。遗忘就是记忆痕迹消退到不能再激活的状态下发生的。这种学说一般用以解释永久性遗忘的原因。

(2) 干扰说。这种理论认为,遗忘是由于所识记的先后材料之间的相互干扰造成的。前摄抑制和倒摄抑制是支持干扰说的有力例证。

前摄抑制是指先学习的材料对后学习的材料所起的干扰作用。倒摄抑制是指后学习的材料对先学习的材料所起的干扰作用。由于这两种抑制是引起遗忘的重要原因,因此得到许多心理学家的注意。大量的研究不仅证明了这两种抑制的存在,而且对造成这两种抑制的产生原因进行了探讨,认为主要有三个方面。①材料的相似性。即先后学习的两种材料在意义上、组成上或排列的顺序上有某些相似或相同的成分时,会产生较大的抑制效果。当原来的材料与插入材料的相似性,由完全相同向完全不同变化时,倒摄抑制首先逐渐增加。当相似性达到一定程度时,抑制作用最大,随后逐渐减少。②学习的巩固程度。先后两种学习材料的巩固程度也是影响抑制的重要因素。如果其他条件相等,插入材料所产生的倒摄抑制作用,将随着原材料学习的巩固程度的提高而减少。③先后两种学习的时间安排。实验证明,先后两种学习之间的时间间隔越大,倒摄抑制的作用就越小。实验还证明了前摄抑制和倒摄抑制不仅产生在学习两种材料之间,而且也存在于学习一种材料的过程中。一篇材料的开头和结尾的保持效果好于中间部分,就是因为中间部分受两种抑制的影响,而开头只受倒摄抑制的影响,结尾只受前摄抑制的影响。

(3) 压抑说。这种理论认为,遗忘是由于情绪或动机的压抑作用造成的,如果压抑被解除,记忆就能恢复。这种理论用以解释与情绪有关内容的暂时性遗忘是有效的。这一理论是弗洛伊德在临床实践中发现的。他认为,那些给人带来不愉快、痛苦、忧愁的体验常常会发生动机性遗忘。

(4) 同化说。这种理论认为,遗忘是知识的组织和认知结构的简化过程。这是奥苏伯尔根据他的有意义言语学习理论对遗忘提出的一种独特的解释。他认为,当人们学到了更高级的概念与规律之后,高级的观念可以代替低级的观念,使低级观念遗忘,从而简化认识并减轻了记忆。在真正的有意义学习中,前后相继的学习不是相互干扰而是相互促进的,因为有意义学习总是以原有的学习为基础,后面的学习则是对前面的学习的加深和补充。

4. 遗忘曲线

遗忘虽是一种复杂的心理现象,但其发生发展也是有一定规律的。德国心理学家艾宾浩斯最早进行了这方面的研究。他用无意义音节作为实验材料,以自己作为实验对象,在识记材料后,每隔一段时间重新学习,以重学时所节省时间和次数为指标,实验结果如表5-6所示。

艾宾浩斯根据表5-6绘制出了遗忘曲线,如图5-3所示。遗忘曲线所反映的是遗忘变量和时间变量之间的关系。该曲线表明了遗忘的规律;遗忘的进程是不均衡的,在识记之后最初一段时间里遗忘量比较大,之后逐渐减小。即遗忘的速度是先快后慢。继艾宾浩斯之后,许多人对遗忘进程的研究也都证实了艾宾浩斯遗忘曲线基本上是正确的。

表 5-6　不同时间间隔后的记忆成绩

时间间隔	重学时节省时间的百分数
20 分钟	58.2
1 小时	44.2
8～9 小时	35.2
1 日	33.7
2 日	27.8
6 日	25.4
31 日	21.1

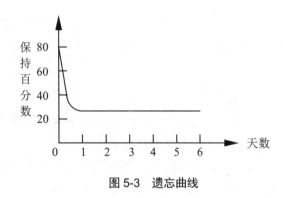

图 5-3　遗忘曲线

三、再认和回忆

(一)再认

1. 再认的概念

再认是过去经历的事物重新出现时，能够被识别和确认的心理活动过程。

2. 影响再认的因素

在再认过程中，不同的人对不同的材料的再认速度是不一样的，这和影响再认的因素有关。这些因素包括以下几个方面。

(1) 原有经验的巩固程度。如果过去经验被很清晰、准确地保持，那么当它再次出现时，一般都能被人迅速、准确地予以确认。如果过去经验已经发生了泛化现象，就容易发生认知错误。

(2) 原有事物与重新出现时的相似程度。相似程度越高，再认就越迅速、准确；相似性越差，再认就越困难、缓慢，出现再认错误的可能性也越大。

(3) 个性特征。个性特征不同，人的心理活动速度和行为反应的快慢也不同。心理学家曾通过实验证实，独立性强的人和依附性强的人的再认有明显的差异。当再认出现困难时，人们常常要寻找再认的线索，通过线索达到对事物的再认。线索是再认的支点，例如对久别重逢的朋友的再认一般要以身体的某些特征作为再认的线索。

(二)回忆

1. 回忆的概念

回忆是在一定诱因的作用下,过去经历的事物在头脑中的再现过程。例如在回答教师的提问时,学生要把头脑中所保持的与该问题有关的知识提取出来,这种提取过程就是回忆。

2. 回忆的分类

根据有无目的性可以把回忆分为有意回忆和无意回忆。有意回忆是在预定目的的作用下对过去经验的回忆,例如对考试内容的回忆。无意回忆是没有预定目的,自然而然发生的回忆,例如触景生情等。

根据有无中介因素参与回忆过程可把回忆分为直接回忆和间接回忆。直接回忆是由当前事物直接唤起的对旧经验的回忆。间接回忆是借助中介因素而进行的回忆。从难度上看,间接回忆比直接回忆难度要大。

3. 追忆

追忆是间接回忆的特殊形式,它是通过积极的思维活动和较大的意志努力而进行的回忆。学生在解难题时对有关知识的回忆往往就是追忆。

回忆过程特别是追忆,常常以联想为基础。联想是事物之间的联系或关系的反映,是头脑中暂时神经联系的复活。联想在整个记忆过程中都有重要的作用。联想的规律主要有以下几个方面的内容。

(1) 接近律。它是指在时间或空间上接近的事物形成的联想。例如春—夏—秋—冬的联想为时间上的接近;东—南—西—北为空间上的接近。

(2) 相似律。它是以事物之间某些相似或共同特征为基础形成的联想。例如鸟—飞机;鱼—潜艇等联想。

(3) 对比律。它是指事物之间相辅相成的关系形成的联想。例如真理—谬误;难—易等联想。

(4) 因果律。它是指因事物之间因果关系形成的联想。如骄兵必败,勤能补拙等联想。

四、记忆规律在教学中的运用

(一)运用记忆规律提高课堂教学效果

记忆规律可直接运用于教学过程中。只要教师能注意并能灵活运用记忆规律,就可提高课堂记忆效果,使学生获得巩固的知识。

根据记忆规律,课堂教学应注意以下几点。

1. 注意教学安排的合理化

(1) 要注意合理安排课程。教师应尽可能避免性质相近的课程经常靠在一起。例如,不要把文科类课程或理科类课程都集中在一起上,最好做到文科类与理科类课程交叉安排,其间若再插入音、体、美、劳等课程则更好，因为这样能减少由于材料相似性引起的前后摄抑制对记忆的影响。

(2) 要保证课间休息。教师不应延长课堂教学，占用学生的休息时间。因为课间休息几分钟，有利于学生巩固上一节课中记忆活动所留下的"痕迹"，提高保持效果。同时，也有助于减少由于前后上课的记忆材料的间隔时间过短而引起的前后摄抑制对记忆活动的影响。

(3) 要适当调节教学进度。教师应控制每堂课的信息投入量，注意克服教学中比较普遍的"信息量越大越好"的错误倾向，这不仅有利于学生课上的消化、吸收，也会因识记材料数量的适当控制而提高识记的效率。

2. 创设良好的教学心理背景

(1) 让学生处于良好的情绪状态。情绪对记忆活动有明显影响。尤其是识记和回忆两个环节，最易受到过分紧张、焦虑等负性情绪干扰，因此教师要善于调节课堂情绪气氛，尽可能消除不利于记忆活动的负性情绪干扰。

(2) 使学生具有明确的识记目的。有意识记是教学活动中最主要的识记种类。教师应根据不同的教学内容，提出明确的记忆任务。例如，哪些需要完整背诵，哪些需要部分记忆，哪些需要记忆大意，这样有助于提高学生记忆的针对性。

(3) 提高学生对记忆意义的认识。如果记忆的意义仅在于检查和考试这样的近期目标，就不利于所学知识的巩固。只要提高对与长远目标相联系的识记意义的认识，即使同样的精力投入也会大大延长保持时间，改善记忆效果。因此，教师在向学生提出明确的识记任务时，应向学生提出该识记内容的意义和重要性，使之成为学生长久的识记任务，而非短暂的识记任务。

(二)运用记忆规律组织学生复习

人们常说，"熟能生巧"和"温故知新"，这两句俗语中包含了很重要的道理：要掌握某种知识或技能，一定数量的重复练习是必要的。学生要获得巩固的知识，不能没有复习或练习。可是，复习或练习必须讲求方式和方法，要适度。要充分利用记忆规律进行有效的复习和练习。在组织复习与练习时应注意以下几点。

1. 复习要及时

及时复习可以有效地防止识记后急速发生的遗忘。由于遗忘的发展一般是先快后慢，所谓及时复习就是在初期大量遗忘开始之前就进行复习。通常是在识记后两三天遗忘最多，所以复习要及时。乌申斯基曾正确地指出，我们应当"巩固建筑物"，而不要等待去"修补已经崩溃了的建筑物"。预防遗忘，只要粗略地复习，就可收效，而要恢复已经遗忘的东西，就要花更大的力气。可见，及时复习可收到事半功倍之效。

2. 复习要适量

及时复习的内容的数量也应注意。不能片面地、不考虑学生的年龄特点，过多地布置家庭作业或进行大量的课堂练习。盲目地增多复习量，致使课业负担过重，甚至影响学生的健康。有的教师甚至因学生写错字或做错题，学生被罚重复抄写几十遍，这种做法都是错误的。知识的巩固不能只靠单纯的复习和练习。教师教学中更应注意使学生在学习新课中复习旧课，有更多的机会去应用知识，使学生在短期内获得较多的知识。让学生在掌握更多知识的基础上，把握、了解事物间的联系，更深地理解知识、巩固知识。

3. 复习计划要科学

每次复习的内容应适当，不要过于紧张和疲倦。对复习材料的数量、时间要合理安排，实验证明，在识记数量多的材料时，分散复习比集中复习效果好。例如苏联沙尔达科夫的实验：五年级甲班和乙班成绩大体相同，学习自然课程时，一学期内甲班在讲完大纲后集中复习5节课，乙班则进行4次单元复习，也用5节课。在其他条件相同的情况下，两班学习评分结果如表5-7所示。

表5-7 集中复习和分散复习的效果对比

复习方式	成绩			
	劣	及格	良	优
集中复习(五年级甲班)	6.4%	47.4%	36.6%	9.6%
分散复习(五年级乙班)	/	31.6%	36.8%	31.6%

注：表中数据为占全班人数的百分比。

在组织复习时，对分量少、难度小的材料可集中复习，分量重、难度大的内容可分散复习。心理学的研究还指出，间隔时间不太长的分散复习可以收到最好的效果。但是，间隔的时间太短也是不利的。间隔时间的长短应根据材料的性质、数量、识记已经达到的水平等因素而定。例如，刚开始识记时，间隔时间要短些，以后可以稍长些。

4. 适当的学习程度

一般认为，对材料的识记没有一次达到无误背诵的标准，称为低度学习。如果达到恰能背诵之后还继续学习一段时间，称为过度学习。实验表明，低度学习的材料容易遗忘，而过度学习的材料比恰能背诵的材料记忆效果要好一些。当然过度学习有一定限度，花费在过度学习的时间太多，会造成精力以及时间上的浪费。在我国心理学工作者的一个实验中，被试者对不同的无意义音节进行不同程度的学习，以恰能背诵所需要读的次数为100%，4小时后检查回忆百分率。实验结果表明：学习程度以150%时，记忆效果最好，但超过150%，效果并不会随之再有显著的增长。因此，进行适当的过度学习对记忆的保持是有利的。

5. 复习要做到经常性和多样化

复习要注意经常性，做到"学而时习之"，以平时分散复习为主，再配合阶段总复习，切忌"三天打鱼，两天晒网"。

复习还必须多样化。心理学家伍德罗进行过以下的比较研究。他把一班学生分为三组来学习诗歌、散文、报告文学、事件的日期、土耳其语-英语词汇等6种材料。第一组为机械练习组，学习后在4周内分8次练习3小时。第二组为变化练习组，学习后也同样练习3小时，但指示他们注意其中的含义，利用联想或分组的方法，运用主动的自我测验等有效的记忆方法。也就是说，让第二组进行一种有指导性的复习。第三组为控制组，即无练习组，学习后没有练习。最后对各组进行测验，结果发现，机械练习组和无练习的控制组的成绩相差不多，而接受指导的、复习方式变化的训练组在每种材料的测验上的成绩都大大超过其他两组。

可见，进行多样化的复习不仅使学生感到新颖，利于调动学生的兴趣和积极性，也利于思维的练习和智力的提高。为了促使学生巩固地掌握知识，有时候可全面地复习，按部就班地复习，这种复习可普遍地恢复过去形成的联系，也有利于发现那些识记不牢固的部分。而更重要的是灵活采用多样化的复习方式，教师可采用提问、做练习、调查、讨论、实验操作或课外小组科技活动等种种形式，使学生对学习的有关知识进行复习、巩固。在学习与日常生活中，人们通常使用的复习方法有理解法、背诵法、循环记忆法、练习和实验操作法等。还有编写复习提纲、绘制图表、制作索引书目、卡片和剪报等，都可以使脑内储存与外部储存结合起来，都有助于记忆内容的系统性。

第三节 记忆的品质与培养

一、记忆的品质

要培养记忆力，应是在保证记忆高度精确的前提下，既要识记敏捷，又要保持长久，更要善于根据当前要求准确及时地把所需记忆提出来解决问题，满足要求。为使记忆高度发展，培养记忆力应以记忆的基本品质为目标。教师在教学中应有意识地培养学生良好的记忆品质，提高他们的记忆能力。记忆的良好品质表现在以下几个方面。

(一)识记的敏捷性

识记的敏捷性是指记忆在速度上的品质。对于同一种材料，有些人能很快记住，有些人则需要很长时间。记忆的这种品质具有非常明显的个体差异。例如《三国演义》中的张松只把曹操写的《孟德新书》看一遍后就能一字不漏地背出来，而有的人虽然长久刻苦地学习，识记效果却不理想。识记的敏捷性必须与其他品质结合起来，才有意义。

(二)记忆的精确性

记忆的精确性是指所记住的事物精确无误的品质。这是记忆品质中最核心、最关键的品质。没有记忆的精确性，甚至精确性不高，记忆的其余品质都将失去应有的意义和实际价值。人与人之间在这方面表现出的差异也非常突出。有的人记忆十分精确，而有的人记忆总是似是而非、错漏严重。

(三)保持的持久性

保持的持久性是指记忆在时间持续上具有的品质。人与人之间在保持的持久性上具有显著的差异。例如有的人识记过的事物能在脑中保存很久，甚至终生不忘，而有的人"记性好，忘性大"，对识记的事物保持不了多久。

(四)记忆的准备性

记忆的准备性是指善于根据当前的要求把需要的事物从记忆中准确、迅速地提取出来。这方面的个别差异也是显著的。例如有的人记住的东西不少，就是在需要时不能准确、迅速地提取出来，而有的人则能把当前需要的事物准确、迅速地提取出来，表现得"对答如流""出口成章"。马克思在这方面的品质最为突出。拉法格在《回忆马克思》中提到，"无论何时，无论任何问题，都可以向马克思提出来，都能够得到你所期望的最详尽的回答……他的头脑就像停在军港里生火待发的一艘军舰，准备一接到通知，就开向思想的海洋"。记忆的准备性，是将知识运用于实际的重要品质。记忆的准备性主要取决于记忆的组织是否到了系统熟记的程度，以及是否善于运用追忆的方法去寻找线索。

记忆的各种品质在不同学生身上有不同的结合。教师应该帮助学生认识自己在记忆上的特点，有目的地培养良好的记忆品质。

二、青少年记忆的特点

(一)青少年时期是记忆的黄金时代

人的记忆能力不是天生的，是后天逐渐发展起来的。根据心理实验，可将机械记忆和理解记忆综合起来衡量。正常人在18～35岁时的记忆力最好，假定此时成绩为100分的话，那么在35～60岁时的记忆平均成绩为95分，在80～85岁时的记忆平均成绩降为80～85分。可见青少年时期是记忆力的全盛时期，是学习的黄金时代。他们记得快，尤其在理解的记忆上，发展特别迅速，保持得又比较牢固，回忆又准确。在这一时期中，如果重视对记忆力的锻炼和记忆品质的培养，不仅有利于他们获得丰富的科学知识，而且对他们的智力发展也有重要的影响。因此，要及时地、充分地利用青少年时期这个记忆的黄金时代的优势，掌握丰富的文化科学知识，提高智力水平。

(二)识记的有意性随目的性增加而发展

小学生识记的任务更多情况下是教师提出来的。刚升入初中的学生识记任务很大程度上还是要依靠教师提出，学生总希望教师布置任务时具体、明确，例如哪些段落只要记住大意，哪些定理、公式须牢记等。他们对直接感兴趣的材料记得好，对不感兴趣的材料记得较差，以后才逐步学会使自己的记忆服从识记目的任务的要求，有意识记日益占据主导地位。初中阶段，学生识记的目的性还比较被动，到高中阶段，学生才逐渐自觉地确定目的来支配自己的识记活动。

(三)意义识记的方法逐渐占主导地位

从识记方法来看，初中生与小学生相比，识记虽仍带有机械成分，但机械方法已不起主导作用，意义识记的成分越来越大。高中阶段意义识记已经占据主导地位了。高中阶段的学生，不仅在学科内容上不再单单依靠机械识记，而且在主观上也不愿意用机械的方法去进行识记，更不乐意用高声朗诵的方法去识记各种材料。他们倾向于开动脑筋，去寻求事物或材料之间的规律与联系，以便运用意义识记去掌握材料。因此，中学生的记忆与小学生的记忆相比较，其显著特点是意义识记效果好。心理学家的研究就发现，对于逐字逐句的机械识记，小学一年级学生能记住 72%；初中二年级学生能记住 55%；高中二年级学生能记住 17%。而对于意义识记，高中二年级学生能记住 83%；初中二年级学生能记住 45%；小学一年级学生能记住 28%。

根据这一特点，教师既要提醒青少年学生不要完全忽视机械识记的作用，又要利用青少年意义识记的有利条件加强指导和培养运用，提高意义识记的能力。

(四)抽象识记能力有较大发展

从识记内容来看，青少年学生抽象识记能力有较大的发展。从小学到中学阶段，发展的趋势是，识记具体形象内容的能力发展很慢，识记抽象内容的能力发展很快。我国心理学工作者曾用信号检测方法进行再认能力最佳年龄的研究，发现对具体实物图形的再认，随年龄增长而迅速发展，到小学高年级就能达到高峰；对抽象图形的再认，自小学阶段开始迅速发展，至初中阶段，就达到高峰；对词的再认，也是初中阶段达到最高峰。可见，青少年阶段是抽象识记能力发展的重要阶段。

(五)记忆广度增大

与儿童相比，青少年的记忆广度有了较大发展，青年比少年、儿童在单位时间内记忆的内容多。有的学者采用诗歌作为记忆材料进行研究。研究表明，在相同的时间内，高中一二年级的学生对学习内容的记忆比初中一二年级的学生多一倍，比小学二年级的学生多四倍。

三、良好记忆力的培养

良好记忆力的培养和提高是在正确的教育、教学条件影响下，在不断进行的训练和实践中逐渐形成的。如何进行训练和培养良好的记忆力呢？一般说来，应做好以下几点。

(一)掌握良好的识记方法

良好记忆力的训练和培养，首先要掌握良好的识记方法。科学的记忆方法，能增强记忆，防止遗忘，收到"事半功倍"的效果。就识记方法而言，指导也应考虑年龄、个性差异以及学习科目和记忆材料的不同。良好的记忆方法有以下几个方面的内容。

1. 意义识记和理解记忆

进行记忆时，应尽量少用机械重复的方法而多采用意义识记和理解记忆的方法。理解的内容才能记得快、记得牢，而且记住的东西有较大的实用价值。相反，对于我们不理解的东西，即使记住了，也没有太大的用处，又很容易遗忘。因此，对于智力发育已经基本成熟的大学生来说，概念、公式、定理的记忆，一般不应像小学生那样靠死记硬背，而应主要靠理解识记。对于中学生而言，接受知识的关键，不在于记住了具体的公式、定理中的数据和字母，而在于理解公式、定理之间的联系；消化知识的关键，不在于理解那些已知条件直接代入公式即可得出结果的一般题目，而在于熟练地运用知识，反应灵敏地去理解那些比较抽象、发挥性大的难题。可见，要培养自己的记忆力，应当同锻炼自己的理解问题、分析问题、解决问题的能力结合起来，这样，不但可以提高记忆效率，而且一生都会受益无穷。

2. 多通道协同记忆

识记时，应避免仅用单一分析器识记，应采用"多通道协同记忆法"。这种方法是指各种感官相配合的记忆方法。即耳听、眼看、手写、口念并举，加强输入信息的强度，在头脑中形成广泛的、多方面的联系。具有广泛联系的材料，记忆就比较牢固。有人曾经做过这样的实验，用三种方法让三组学生记住10张画的内容，对第一组的学生只给他们说画上的内容，不让他们看画；对第二组学生只让他们看画，不给他们讲画的内容；对第三组学生既给他们看画，又给他们讲画的内容。过了一段时间，检查这三组学生对10张画的记忆情况，结果表明，第一组记忆得最少，只有60%；第二组稍多，有70%；第三组记忆得最多，达到86%。这个实验说明，学习时调动的感官越多，记忆的效果就越好。我国宋朝著名教育家朱熹也说过，读书有"三到"，谓心到，眼到，口到。朱熹在这里讲的"三到"，也就是利用各种"联系通道"来增强记忆效果的意思。

3. 阅读与试图回忆相结合

这是一种再认与回忆相结合的方法，它可以大大提高记忆效果。简单地重复阅读，效果不好。应该在材料还没有完全记住前就要积极地试图回忆，回忆不起来再阅读，这样容易记住，保持时间也长。许多实验证明此法有效。例如盖兹的实验：要求被试者识记无意义音节和传记文章，各用9分钟，其中一部分时间用于试图回忆，诵读和回忆的时间分配不同，记忆的成绩就有显著的差异。结果如表5-8所示。

表5-8 读时试图回忆的效果

时间分配	16个无意义音节回忆百分数/%		5段传记文回忆百分数/%	
	即时	4小时后	即时	4小时后
全部时间诵读	35	15	35	16
1/5用于试图回忆	50	26	37	19
2/5用于试图回忆	54	28	41	25
4/5用于试图回忆	74	48	42	26

盖兹认为阅读与试图回忆的最好比例是20%的时间用于阅读，80%的时间用于背诵。阅读与试图回忆相结合能够调动记忆者的主动性，能够提高记忆信心，能够合理分配时间与精力，能够保持大脑皮层长时间的兴奋性。

(二)掌握有效的记忆术

记忆术是记忆的窍门和方法,是改进人们记忆材料的程序,主要有以下五种方法。

1. 定位法

定位法即所谓传统记忆术,是将记忆项目与熟悉的地点位置相匹配,使地点位置作为恢复各个项目的线索。这种记忆术来自古希腊。在古代,主要是在演讲中采用这种方法。演讲者事先记住要讲几个主要论点,例如走到这个门时说这个论点,走到那个窗子时说那个论点,走到另一个门时再说另一个论点等。这样,所要讲的几个论点就不至于漏掉。这个方法的产生据说是一个古希腊的诗人在宴会上朗诵了一首诗,随后,他就出去了。他刚一出去,屋顶塌了,厅里的人全部遇难,无法辨认尸首,这个诗人根据宴会中各个座位坐的是谁而辨认出了尸首。以后他就认为,把东西一定位就能记住了。因此,这种记忆的定位法传了下来。定位法能产生效用,主要符合这样两种原理:一是把没有组织的材料加以组织,二是把一个东西放在一个位置上,使其定位。这就是建立了联系,进行了更深一步的加工。

2. 联想记忆法

联想记忆法是通过当前的事物回忆另一种事物,建立事物间的联系而进行记忆的方法。可以采取接近联想、对比联想等各种联想进行记忆。例如学习古代汉语,靠死读、死记,固然可以弄懂一些词语、句式和古汉语语法,但如果我们运用接近联想来帮助记忆,就可以把它同现代汉语联系起来,比较古今词义、句式、语法的异同,这样就可以理解得更深,记得更牢固。学习散文,可以比较一下杨朔、秦牧、刘白羽等名家的散文在立意、选材、结构、语言、风格上各有什么特色,留下的印象往往是强烈而深刻的。又如学习数理化知识时,如果将对立的公式、规律、定理、逆定理收集在一起,进行对比联想,既可加深理解,又能巩固记忆;解释某个词语时,可以联系它的反义词进行思索,印象就会深刻得多。经验证明,记忆以联想为基础,联想又是记忆的重要途径之一。

3. 形象记忆法

形象记忆法是对抽象的材料赋予一定形象而进行记忆的方法。运用形象记忆法,主要是对那些抽象难记的材料,尽可能地赋予一定的形象,通过联想使它们变成看得见、听得到、摸得着,能强烈刺激视觉、听觉、嗅觉及触觉等器官的具体生动的东西。例如在中学地理课教学中,有的教师采用图像形象记忆法,把某一国家或地区画成简单的几何图形以提高学生的记忆效果——欧洲像个平行四边形,亚洲像个不规则的菱形,非洲像个三角形加上一个半圆形,澳洲像一个五边形,南北美洲像一对直角三角形等。

4. 谐音记忆法

谐音记忆法是根据记忆内容的读音,编成另一句读音相同的话,利用二者音调相谐产生的联想来帮助记忆。例如,有人利用谐音来记忆圆周率 3.141 592 653 5,编成谐音是:山巅一寺一壶酒,尔乐苦煞吾,这样很容易就记住圆周率小数点后的10位数字了。又如马克思生于1818年，卒于1883年，编成谐音是"一爬一爬，一爬爬(上)山"这就容易记住，并且不易忘记。谐音记忆法可以把"死"变"活"，把枯燥乏味的记忆材料变得兴趣盎然，记起来诙谐滑稽、轻松有趣。它还能化"难"为"易"，把晦涩难记的东西变得流畅易记。在记忆数学、物理、化学、历史、地理等科和外语单词方面，谐音记忆法有着广阔的用武之地。

5. PQ4R法

目前最流行而又取得公认的记忆技术是PQ4R法。PQ4R法的取名是下面所述学习材料时应该遵循的六个步骤的英文缩写。

(1) 预习(Prepare)：涉猎全章学习材料，确定要探讨的一些总课题。确定作为单元来阅读的各分段，把以下步骤(2)~(6)应用在各分段上。

(2) 提问(Question)：提出有关分段的问题。把各分段的标题改为适当的问句。例如一个分段标题是"信息在头脑中的储存"，可改为"何谓信息在头脑中的储存"或"头脑中的信息是如何进行储存的"等。

(3) 阅读(Read)：仔细阅读各分段的内容，尝试回答自己对于分段所拟定的问题。

(4) 思考(Reflection)：在阅读时思考内容，力图予以理解，想出一些例子，把材料和自己原有的知识联系起来。

(5) 复述(Repeat)：学完一个分段后，尝试回忆其中所包含的知识，力图回答自己对本分段提出的问题。如果不能充分回忆，就重新阅读记忆困难的部分。

(6) 复习(Review)：学完全部材料后，默默回忆其中的要点，再次尝试去回答自己所提出过的各个问题。这种记忆技术是由于学习者能够对学习材料进行良好的"主观上的组织"，从而可以产生良好的记忆效果。

(三)掌握有效追忆的方法

追忆是要费一番思索才能回忆起来的，故需要讲求方法才能达到追忆的目的。

首先，在追忆时可以自觉地利用中介性的联想，也就是利用事物的多方面联系去寻找线索。有时可以利用事物间的外在联系，例如相似、对立、接近等联系进行追忆；有时则要运用事物之间的本质联系，通过推理来进行。

其次，可以利用再认来追忆。例如，忘记了某个外文单词时，就可以把自己所熟悉的某些单词一个一个地读出，当读到有熟悉感时，就能立刻把它识别出来。同样忘记了某个同学的名字，可以把学生名册拿出来，一个个顺着看下去，当看到某个姓名时，就能把这位同学的名字回忆出来了。

最后，在追忆时，常常会出现长时间努力追忆仍无结果，因而焦躁不安，甚至无名火起的情形。这种困扰情况显然不利于追忆，应当暂时中断追忆，稍微放松和冷静一下，然后再去追忆，这样往往可以得到很好的效果。

本 章 小 结

记忆是对过去经历的事物的反映。它包括识记、保持、再现三个基本过程。记忆的规律均由影响识记、保持、再现的一系列主观因素所制约。评判一个人的记忆力的好坏应从敏捷性、持久性、准确性、准备性四个方面来考察。教师要根据青少年记忆力的特点有针对性地加强学生记忆力的培养。

案 例 分 析

【案例】

协同记忆诀窍

1981年心理学家巴纳特等以大学生为测试对象，研究了三种听课方法的效果。他们把大学生分成为三组，同时听一段含有1800个词的美国公路史的录音。录音的朗读速度是每分钟120个词，但三个组被测试者听录音的方法不同。A组是一边听，一边做笔记，摘出要点；B组是在听时能看到已列好的要点，但自己不动手写；C组单纯听讲。听完后进行回忆测验，结果是A组成绩最好，B组次之，C组成绩最差。

【分析】

以上研究说明，记忆时，若采用多通道协同记忆法，记忆效果就好。这种方法是指各种互相配合的记忆方法，即耳听、眼看、手写、口念等并举。这样可加强输入信息的强度，使头脑中所形成的联系是广泛的，多方面的。学习时调动的感官越多，记忆的效果就越好。A组不仅听，还动手并动脑摘出要点，经过用心想、动手写，效果自然会好。B组除了听外，还能看一看，故比C组单纯听效果又好些。可见，学习和记忆需要讲究好的方法。

第六章 思　　维

本章学习目标

- 思维的概念、特点及分类
- 思维的过程
- 概念的掌握
- 思维的品质及培养

学生对教师呈现的教学材料的信息加工，自然不会停留在感知觉水平上。由前几章可知，感知觉只能反映客观事物的外部特征及其外在的相互联系，而要深入到客观事物内部，认识客观事物的本质属性及其内在的规律性联系，则要调动学生高级的认知过程——思维，只有通过思维，学生才能实现对教学材料由感性向理性的转化的信息加工。而且思维又是什么？它有哪些规律？青少年学生的思维特点何在？学生如何才能改进自己的思维方法？这便是本章要讨论的主要内容。

第一节　思　维　概　述

一、思维的概念

思维是人脑对客观事物的本质属性和内部规律性间接和概括的反映。人们平常说的考虑、设想、预计、深思熟虑等都是思维活动的表现形式。

思维是在感知的基础上实现的高级的认识形式，具有间接性和概括性两个特征。

思维的间接性，是指思维总是以一定事物为媒介来反映那些不能直接作用于感官的事物。思维的间接性主要体现在三个方面。①思维可通过事物认识事物。例如人们不能直接感知猿人的生活情景，但是考古学家通过化石可以思考古老的过去，复现出猿人的形象和当时的生活情景。②思维可通过事物的外部特征认识其内部变化及内在联系。例如医生根据体温、血压、脉搏的变化与病人自诉等，就能诊断直接观察不到的病人内部器官的状态。③思维可通过语言和词反映有关事实，预测事物发展变化的进程等。正是由于思维的间接性，人们才可能超越时空的限制，认识那些没有感知或不可能直接感知的事物属性，揭示事物的本质、规律，从而了解过去，认识现在，预见未来。

思维的概括性，是指思维能够把同类事物共同的、本质的属性抽取出来加以概括，反映事物间的规律性联系。思维的概括性包括两层含义。①思维所反映的对象总是一类事物的共同的本质特征和它们之间的规律性联系。例如我们认识到水分子由两个氢原子和一个氧原子构成，它不仅指自来水或缸里的水，也指江河湖海里的水。这就是说，思维把握的是一类事物的共同特征，而不限于个别事物的个别特征。②人通过思维能从部分事物相互联系的事实中找到普遍的或必然的联系，并将其推广到同类现象中去。例如借助思维，人可以认识温度的升降与金属胀缩的关系。这种概括，促使人加深对客观事物的内在联系与规律的认识，有助于人对现实环境的控制与改造。

思维的间接性和概括性是相互联系、相互促进的，人们通过抽象、概括，反映事物的本质属性及内在的规律性联系，然后再依靠思维活动获得的概念、法则、理论，通过推理判断，进行间接反映，从而使人的认识更加深刻。

二、思维与感知觉的关系

思维与感知觉虽然都是人脑对客观事物的反映，但它们分别属于对客观事物不同角度和不同水平的认识，无论从其反映的内容或形式来说都是如此。从反映的内容来看，感知觉反映的是事物的个别属性、表面现象及事物之间的外部联系；思维反映的是客观事物共同的、本质的属性和事物的内部规律性及其必然联系。例如对笔的认识，感知觉只能反映各式各样的具体的铅笔、钢笔、毛笔及蜡笔等；思维则能舍弃笔的具体形状、颜色、大小等非本质属性，把"笔是书写的工具"这一本质属性反映出来。又如从反映的形式来看，感知觉属于感性认识，是对客观事物外部特征的直接反映；思维属于理性认识，是对客观事物内在的必然联系的反映。例如，我们看见炉子上烧着一壶水，因冒气蒸发而减少；湿衣服在日照下或通风处很快能晒干、晾干，这些都是通过感知觉对事物表面现象的认识。而思维可联系各种类似的情况，最后得出"液体在增温或通风的条件下会加速蒸发"的结论，实现对事物间的必然联系及规律性的认识。正如列宁所说："表象不能把握整个运动，例如它不能把握秒速为 30 万公里的运动，而思维则能把握，而且应当把握。"

总之，感知是认识的低级阶段，是思维的源泉和基础，而思维则是认识的高级阶段，是感知的进一步深化，在人的认识过程中处于核心地位。正因为如此，我们通过思维，才可能对由感知得来的各种感性材料进行去粗取精、去伪存真、由此及彼、由表及里的加工，实现从感性认识到理性认识的飞跃，达到对事物更深刻、更准确、更全面地把握。

三、思维和语言

(一)思维和语言的联系

人的思维活动以感性材料为基础，凭借语言而实现。语言是一种社会上约定俗成的符号系统，而个体掌握和使用语言的活动过程被称为言语。从思维和语言发生的角度来说，思维先于语言。但对已经掌握语言的人来说，思维和语言紧密交织在一起，不可分割。

1. 语言是思维的工具

语言之所以能成为思维的工具，是因为语言有以下几个方面的特征。

(1) 语言具有概括性。语词作为一种符号系统，其主要特点就是它的概括性。每一个词都有它特定的意义，标志着一类事物。词作为特殊的刺激物，就成为现实中一类事物的信号。掌握了大量具有高度概括性词语的人，可以凭借这种信号，摆脱具体事物形象的束缚进行相应的抽象思维。

(2) 语言具有物质性。语言具有声、形的物质形态，是具有一定物质外壳的刺激物，人的任何形式的思维都是借助于语言的物质形式来实现的。例如我们看书依靠语言的视觉刺激，听讲依靠语言的听觉刺激，独立思考问题依靠默默无声的内部语言的动觉刺激来进行。

人利用语言进行思维，是建立在对语词意义理解的基础上的。因为语词反映事物时，仅仅有语言的物质外衣，还不可能成为思维的工具。例如外语说出来有声，写出来有形，但对于没有学习过外语的人来说，这些声音和形状没有同一定的事物或思想相联系，因此，就不能凭借它进行思维，这些声、形就失去了语言的意义。

2. 语言是交流思想、传授知识的工具

人不仅以语言作为工具进行思维，而且人的思维成果又必须借助语言才能被记载、巩固下来。语言是工具、武器，人们可以利用它来交流思想，达到相互了解。语言是直接与思维联系的，它把人的思维活动结果，用词和由词组成的句子记载下来，加以巩固，这样就使人类中的思想交流成为可能了。

总之，思维和语言是密切相关，不可分割的。思维是语言的思维，没有语言，人类的思维就会仅仅停留在感性形象的水平上。语言又是思维的语言，没有思维，语言就像鹦鹉学舌一样，成为毫无意义的声音和符号。同时思维和语言又相辅相成、互相促进。思维的发展可进一步丰富语言的内涵；语言的发展又会促进思维水平的提高。

(二)思维和语言的区别

思维和语言虽然有着统一而又不可分割的关系，但它们绝非等同，二者的区别主要存在于以下几个方面。

(1) 它们的本质属性不同。思维是一种心理现象，是人脑揭示客观事物的本质及其规律的心理活动过程，以意识的形式存在。语言是一种符号系统，由一定的物质形式和一定的概括内容所构成，它是人们进行思维和思想交流的工具，以声、形的物质形式存在。

(2) 它们与客观事物的关系不同。思维与客观事物之间是反映与被反映的关系，二者存在着必然的联系。例如红薯，通过思维被概括为"以块根为主要收获的一年或多年生草本植物"，这个概念揭示了红薯这类农作物的本质属性。而词语与客观事物之间却是标志与被标志的关系，二者没有必然的内在联系。它是约定俗成的，不同地域的人们对同一事物可以赋予不同的词语标志。例如红薯又称甘薯、白薯、番薯、山芋、地瓜、红苕等。

(3) 思维中的概念与语言中的词相关但非一一对应。概念是用词表达的，但一个概念可以用不同的词来表述，例如目、眼睛、视觉器官等代表的都是同一概念。同一个词可以表示不同的概念，例如"杜鹃"一词，既可表达一种鸟，又可以表达一种植物。

(4) 思维规律与语法结构虽有联系，但又有区别。思维具有全人类性，只要是大脑发育正常的人，不分国籍、种族、性别、职业，都遵循着共同的思维规律，都通过从感性到理性，从具体到抽象的过程认识事物；而语言具有民族性，不同国度，不同民族，有着不同的语法结构。

四、思维的过程

思维是一个非常复杂的心理活动过程。它表现为对作用于人脑的客观事物进行分析、综合、比较、分类、抽象、概括、具体化及系统化的过程。其中，分析与综合是思维的基本过程，它贯穿于人的整个思维活动之中，其他过程都是通过分析综合来实现的，或者说分析、综合是思维过程的主要环节。

(一)分析与综合

分析是在头脑中把事物的整体分解为部分、方面或个别特征的思维过程。例如我们把植物分解为根、茎、叶、花、果实、种子；把动物分解为头、尾、足、躯体；把花的色、香、味分出来等，均属于分析。

综合是在头脑中把事物的各个部分、方面、各种特征结合起来进行考虑的思维过程。例如把若干个体操动作结合为一整套广播体操来研究其价值；把机器的各种零配件结合成一个整体来考虑其性能；把一个学生的思想品德、智力水平、学业成绩、健康状况等方面联系起来，加以评价，得出结论等，就是综合。

思维过程一般从对问题的分析开始，思维分析可分为过滤式分析和综合式分析。过滤式分析是通过尝试的方法对问题进行初步的分析，以淘汰无效方法，寻找有效方法。综合式分析是把问题的条件和要求综合起来实现目标的分析方法，这种分析带有指向性，是抽象思维分析的主要方法。例如，对"用6根火柴摆出4个等边三角形"问题的分析，多数被试者是在平面上进行过滤式分析，问题根本无法解决。如果将所给条件和要求联系起来，进行综合分析，分析4个三角形需12条边，而只有6根火柴，那么每根火柴必须充当两个三角形的公共边，这就只有在立体空间寻找答案，才能使问题得到解决。可见，分析与综合是彼此相反而又紧密联系的过程，是同一思维过程中不可分割的两个方面。分析为了综合，分析才有意义；分析基础上的综合，综合才更加完备。只有二者有机结合，才能使问题的解决更加迅速准确。

分析与综合有不同的水平，较简单的是动作思维中的分析、综合。这是结合具体的操作，在分析具体物体时，把物体的零部件取下来，或者再把它们安装成整体，以考察其功能的思维过程。其次是形象思维中的分析、综合。这种分析、综合是在头脑中对事物的表象进行分析或联合的思维过程。较复杂的是抽象思维中的分析、综合，它是对词语所标志的事物的分析、综合，是利用公式定理和原则，在头脑中把某种抽象的知识划分出来或加以联合的思维过程。

(二)比较与分类

比较是在头脑中把各种事物或现象加以对比，确定它们异同的思维过程。比较的基础是客观事物间的差异性和同一性。正因为事物或现象之间存在着性质上的异同、数量上的多少、形式上的美丑、质量上的好坏等，人们才有可能在思维活动中进行比较。比较可以在同一事物或现象之间进行，也可以在不同类但具有某种关系或联系的事物或现象之间进行。

比较是以分析为前提的,只有在思想上把不同对象的部分特征区别开来,才能进行比较。同时,比较又要确定它们之间的关系,所以比较又是一个综合过程。例如,人选购计算机,要了解其型号的特点、使用性能、外形、结构、信誉以及价格等,这就是分析。除了把不同型号的计算机一一进行对比,还要把各种特性结合在一起进行比较以作出正确的选择,这就是综合的比较。

比较是思维的重要过程,也是重要的思维方法,在人们的认识活动中有着极其重要的作用。有比较才有鉴别,只有通过比较才能找到事物间的共同点和差异点。教学活动中,教师应尽量运用变式教学,使学生能更多地利用比较的方法,正确理解知识,辨析概念,合理归类,突破教学上的难点。

分类是在头脑中根据事物或现象的共同点和差异点,把它归入适当的类别中去的思维过程。分类是在比较的基础上,将有共同点的事物划为一类,再根据更小的差异将它们划分为同一类中不同的属,以揭示事物的一定从属关系和等级系统。例如学生掌握数概念时,把数分为实数和虚数,又把实数分为有理数和无理数,有理数又可分为整数、小数和分数等。

(三)抽象与概括

抽象是在头脑中把同类事物或现象的共同的、本质的特征抽取出来,并舍弃其个别的、非本质特征的思维过程。例如人们从手表、怀表、电子钟、石英钟、闹钟、座钟及挂钟等对象中,在头脑中抽出它们"能计时"的共同本质特征,舍弃它们不同大小、形状、构造、颜色等方面的非本质特征,就是思维的抽象过程。

概括是在头脑中把抽象出来的事物共同的、本质的特征综合起来并推广到同类事物中去的思维过程。例如通过抽象得出结论:"有生命的物质叫生物",并把这个结论推广到植物、动物和微生物等一类事物中去的思维过程就是概括。

抽象、概括同分析、综合及比较紧密联系。抽象主要在分析、比较的基础上进行。概括主要在抽象、综合的基础上进行,没有抽象和综合就不可能进行概括。

概括有两个层次:初级经验的概括与高级科学的概括。前者是在感知觉、表象水平上对事物的外部特征的概括,例如幼儿把穿白大褂的人都当作医生。后者是对事物内部的、本质特征进行的概括,例如一切定理、定义、概念等都是高级概括的产物。概括是一种特殊形式的综合,是概念形成的重要基础。

(四)具体化与系统化

具体化是人脑把经过抽象、概括而获得的概念、原理、理论应用到某一具体对象上去的思维过程,也就是用一般原理去解决实际问题,用理论指导实际活动的过程。具体化在人的思维过程中有着重要的作用。它能把抽象的理性认识同具体的感性认识结合起来,是启发思考与发展认识的重要环节。通过具体化的思维过程,可以更好地理解一般的原理和规律,也可以使已经总结出来的原理得到检验,并不断扩大、深化和发展。

系统化是在头脑中根据事物的一般特征和本质特征,按不同的顺序与层次组成一定系统的思维过程，例如生物学家按界、门、纲、目、科、属、种的顺序，为世界上千千万万的生物分类，同时揭示出了各类生物之间的关系和联系，这就是人在头脑中对生物系统化的过程。

系统化是在比较和分类的基础上实现的，也是思维过程中不可缺少的环节。系统化的知识便于在大脑皮层上形成广泛的神经联系，因此系统化在学习过程中有着非常重要的意义。

五、思维的种类

根据思维的凭借物和解决问题的方式可把思维分为三类。

(一)直观动作思维

直观动作思维又称实践思维，是凭借直接感知，以实际动作为支柱去解决问题的思维。从发展的角度看，3岁以前的儿童，其思维属于这种形式，他们的思维活动往往是在实际操作中，借助触摸、摆弄物体而产生和进行的。例如，幼儿在学习简单计数和加减法时，常常借助于数手指。实际活动一旦停止，他们的思维便立即停下来。成人也有动作思维，例如技术工人在动手拆卸和安装机器过程中，边操作边进行思维。不过成人的动作思维，是在经验的基础上，在第二信号系统的调节下实现的，这与尚未完全掌握语言的儿童的动作思维相比有着本质的区别。

(二)具体形象思维

具体形象思维是指运用头脑中的具体形象(表象)来解决问题的思维。这种思维往往通过对表象的联想来进行，在幼儿期和小学低年级儿童身上表现得非常突出。例如儿童在计算2+6=8时，不是对抽象数字的分析综合，而是在头脑中用两个手指加六个手指，或两个苹果加六个苹果等实物表象相加而计算出来的。成人的思维虽然主要是抽象思维，但仍不能完全脱离形象思维，往往是凭借具体形象，并按照逻辑规律来进行。特别是在解决复杂问题时，鲜明生动的形象有助于思维的顺利进行。如艺术家、作家、导演及设计师等，均需要高水平的形象思维。

(三)抽象逻辑思维

抽象逻辑思维是以词语为基础，利用概念、判断和推理的形式来进行的思维。抽象逻辑思维有时虽然也需要具体形象的参与，但它主要以概念作为思维的支柱，揭示的是事物的本质特征及其规律性联系。小学高年级学生的抽象思维得到了迅速发展，初中生这种思维已开始占主导地位。初中各门学科中的公式、定理、法则的推导、证明与判断等，都离不开抽象逻辑思维。儿童思维的发展，一般都经历直观动作思维、具体形象思维和抽象逻辑思维三个阶段。成人在解决实际问题时，这三种思维往往是相互联系，相互补充，共同参与思维活动。例如进行科学实验时，既需要高度的科学概括，又需要展开丰富的联想和想象，同时还需要在动手操作中探索问题症结所在。

此外，从其他不同的角度还可以把思维分为各种不同的类型。例如根据探索问题答案的方向，可将思维分为发散思维和集中思维；根据解决问题的创造性，可将思维分为习惯性思维和创造性思维；根据解决问题时是否有明确的步骤和清晰的意识，可将思维分为直觉思维和分析思维；根据解决问题的指导思想，可将思维分为经验思维和理论思维等。

第二节　思维的基本形式

一、概念

(一)概念的一般问题

1. 概念的定义

概念是人脑对客观事物共同的本质特性的反映。在抽象与概括的基础上，人脑中便形成各种不同的科学概念。概念组成判断，用判断进行推理，形成科学原理法则，因而人能正确认识和改造现实。概念是思维最基本的单位。

概念是用词语来标志的。概念和词语是紧密联系而又相互区别的。二者的联系表现在词语是概念的物质外壳，概念给词语一定的意义和内容。但是，概念是精神、心理现象，词语是概念的物质标志，二者不能混淆。

2. 概念的内涵与外延

概念包括内涵和外延两部分。内涵是指概念的本质，指概念所反映事物全部的共同本质的属性。外延是指概念的范围，指具有这些共同本质特性的全体对象。概念的内涵和外延是反比关系，内涵越大，外延越小；内涵越小，外延越大。例如，"生物"这个概念的内涵是有生命的物体，它的外延包括鸟兽鱼虫、花草树木、微生物等一切生命物种；"脊椎动物"这个概念的内涵是有生命和脊椎的物体，它的外延只包括鱼、蛇、兔、狼、虎及豹等一切有脊椎的动物。

3. 概念的分类

概念可以从不同的角度进行分类。

(1) 具体概念和抽象概念。根据概念所包含属性的抽象与概括程度，概念可分为具体概念和抽象概念。

按事物的指认属性形成的概念称为具体概念。按事物的内在、本质属性形成的概念称为抽象概念。例如，给幼儿呈现香蕉、苹果、球、口琴等物品，要求他们进行分类。如果他们将苹果、球归为一类，这说明他们是根据事物的形状(圆形和长形)分类的，由此形成的概念是具体概念。如果他们将香蕉与苹果归为一类，说明他们是根据事物的内在特征进行分类的，由此形成的概念是抽象概念。

(2) 合取概念、析取概念和关系概念。根据概念反映事物属性的数量及其相互关系，可将概念分为合取概念、析取概念和关系概念。

合取概念是根据一类事物中单个或多个相同属性形成的概念。这些属性在概念中必须同时存在，缺一不可，例如"毛笔"这个概念必须具有两个属性，即"用毛制作的"和"写字的工具"。如果只有前一种属性，那么它可以是牙刷；如果只有后一种属性，那么它可以是钢笔和圆珠笔。合取概念是最为普遍的一种概念，例如鸟类、水果、动物等都属于这种概念。

析取概念是根据不同的标准，结合单个或多个属性所形成的概念。例如，"好学生"这个概念可以结合的属性有学习努力、成绩好、热爱集体、关心他人、有礼貌等。一个学生同时具有这些属性固然是好学生，只有其中的两三种属性也是好学生，所以"好学生"是一个析取概念。

关系概念是指根据事物之间的相互关系形成的概念，例如高低、上下、左右、大小等。

(3) 自然概念和人工概念。根据概念形成的自然性，概念可分为自然概念和人工概念。

自然概念是指在人类历史发展过程中自然形成的概念。自然概念的内涵和外延由事物自身的特征所决定，例如在自然科学中，声、光、电等概念；在社会科学中，国家、民主、文化等概念都属于自然概念。自然概念的形成，经历了漫长的过程，它是随着人类社会的发展，一代一代积累经验、逐渐发展起来的。因而其形成过程非常漫长、复杂，无法用实验进行研究，为了克服这一困难，心理学工作者设计了人工概念，试图用实验的方法通过模拟概念的形成过程来探讨概念形成的条件和影响概念变化的因素。人工概念是在实验室的条件下，为模拟自然概念的形成过程而人为地制造出的一种概念。人工概念虽然带有很大的人为性质，但实验条件可以严格控制，其研究成果对分析自然概念的形成过程具有重要的参考价值。所以，在20世纪50年代之后，在概念形成的研究中，人工概念占了主导地位。

(二)概念的掌握

概念的掌握是在个体发展过程中，借助词语来实现的，是对人类已有概念的一个有组织的学习过程。概念掌握虽不像概念形成那样曲折漫长，但也是分阶段的复杂的学习过程。拿儿童对数的概念的掌握来说，就经历了不同阶段：数的实际意义认识阶段；数的顺序、大小的理解阶段；数的分解组合能力阶段；数概念展开阶段等。其他概念的掌握也是如此，都要经历从具体到抽象、从模糊到精确、从感性到理性、从简单到系统的发展趋势。

在个体发展过程中，掌握概念主要有以下两条途径。

一是人们在日常生活中形成的概念，这被称为日常概念或前科学概念。例如，在日常生活中，儿童看到麻雀、燕子、喜鹊、老鹰有某些共同性，而它们与闹钟、桌子有所不同，通过分析综合形成了"鸟"的概念，尽管他们对"鸟"不会下科学定义。成人也有这种情况，人们经常运用动物、道德、桌子等概念，却不一定知道其科学定义，它有时是正确的，有时则不够全面，甚至是错误的，例如把会飞当作鸟的本质属性。

二是通过课堂教学(也包括个人自学)，即在课堂教学过程中形成的概念。例如定义、定理等，这类概念一般属于科学概念。

科学概念是在专门的教学形式下，通过揭示概念的内涵和外延而形成的。根据概念形成的规律在教学中应注意做到以下几点。

（1）充分利用日常概念的积极影响，限制其消极作用。日常概念是在日常交往和个人积累经验的过程中形成的。这类概念一般都没有经过严密的思维加工，并且受个人经验的限制，往往不能准确地反映事物的本质属性，常有错误和曲解。当日常概念与科学概念的内涵基本一致时，将对概念的掌握起积极影响；不一致时，则起消极作用。例如日常的"邻居"概念有助于对"邻角"概念的理解；日常经验的"垂"则干扰对几何"垂直"的理解。

（2）充分利用感性材料帮助对抽象概念的理解。教学不能仅限于对概念内涵作抽象的讲解，还应当向学生提供足够的与概念本质属性有关的知识经验。提供感性经验的方式很多：①如果估计学生还没有有关的知识经验，就应让学生观察实物、标本、模型进行实验、参观等；②如果学生已经具备了这些材料，就应通过生动的语言唤起学生头脑中相应的表象；③对比较抽象的概念，就用间接的方式进行演示等。需要指出的是，不论采用何种方式，所提供的材料都必须具有鲜明的代表性、典型性，以充分体现事物的本质特征。

（3）注意"变式"在理解概念中的作用。所谓变式是指在组织学习感性材料时，从不同角度、方面和方式变换事物非本质的属性，以便揭示其本质属性的过程。运用变式对帮助学生消除日常概念的消极影响，突出事物的本质特征，防止扩大或缩小概念的内涵或外延有重要意义。变式不充分或不正确，往往会产生内涵混淆、外延扩大或缩小的概念错误。例如大多数鸟都会飞，但会飞不是鸟的本质属性，鸟的本质属性是有羽毛。一些学生把会飞的蝙蝠、蜻蜓、蝴蝶等动物都当作鸟类，把鸡、鸭、鹅排斥在鸟类之外，就属这类错误。教学中要注意"变式"教学。例如讲"惯性"时，不能只举固体的惯性现象，还要举液体的惯性现象。否则，就会影响学生正确的感知，以为只有固体才有惯性。当然，变式不应是无休止的，而应选择适当的、典型的方式进行。例如讲"角"概念时，只需列举直角、锐角、钝角、平角、周角即可。

（4）及时给概念下定义。事物的本质属性被揭示出来以后，就要用下定义的方法，用简明、精确的语言把它固定下来，它起着组织、整理和巩固思维成果的作用。及时并正确下定义有助于概念的掌握，概念的内涵往往是通过下定义的方式来固定的。正确地下定义是掌握概念的重要标志。定义一要语言简练、准确，不能是循环、否定、比喻性的；二要从学生的实际水平出发下定义。

（5）在实践中运用概念使概念具体化。概念的运用既是学习概念的目的，也是检验概念掌握的标志。教学实践也证明，概念用于实际后，学生对概念更加熟悉，并加深理解，大大提高了掌握概念的自觉性和积极性。因此，教师要重视学生概念的实际运用。学生实际运用概念的方式有：用概念解释事物；作概念从属关系的表解；用概念解决实际问题等。

（6）通过概念的同化与异化，形成正确的概念体系，有助于科学概念的掌握与完善。概念同化是一种接受方式的学习，是把新概念纳入原有知识体系的过程。这种方式有利于对新概念的理解，也有利于旧知识的巩固和充实，并牢固地记住。概念的异化有助于对原有概念的修正，从而形成正确的概念体系。形成概念体系有多种形式，通常使用的有以下四种：即相邻的概念体系，例如根、茎、叶、花等；相反的概念体系，例如光明与黑暗、前后、左右等；并列的概念体系，例如从原始社会到共产主义社会五种社会形态的概念；从属概念体系，例如生物、动物、脊椎动物、哺乳动物等。

应当明确，学生掌握概念并非有固定模式，它既可由感性开始，从具体到抽象，也可由理性开始，从抽象到具体。但是，无论是从感性开始，还是从理性开始；无论是从抽象开始，还是从具体开始，都必须遵循感性和理性、具体和抽象相结合的原则。

二、判断

判断是概念和概念之间的联系，它是事物之间联系和关系在人头脑中的反映，是思维的基本形式之一。例如"人是能制造工具的动物"，就是判断的思维形式。一切判断都是借助于语言、词汇并用句子形式来实现的。它包括主词、宾词和关系词三部分。判断种类根据划分标准不同，可分为以下两种。

(1) 肯定判断与否定判断。例如"花生是果实"(肯定判断)，"土豆不是果实"(否定判断)。

(2) 直接判断与间接判断。直接判断多以感知形式出现，可用言语，也可用动作表达。例如判断强弱两种不同的音响，可让被试者说出，也可用动作按电键表达。直接判断往往要以比较为基础。根据比较标准不同，又有相对判断与绝对判断之分。如果是对当前同时出现的两个刺激(一个为标准刺激，一个为比较刺激)进行比较，判断其强弱，就是相对判断。如果将当前的某个刺激和记忆(经验)中的标准进行比较，作出的判断，就叫绝对判断。间接判断是借助推理来实现的思维判断形式，是事物之间的条件、空间、时间及因果等关系的反映。

三、推理

推理是一种间接判断。它反映判断和判断之间的联系，是由一个或几个相互联系的已知判断推出合乎逻辑的新判断的思维形式。推理的种类可分归纳推理和演绎推理两种。归纳推理是从特殊到一般的推理过程。例如，由"水加热变成气体""煤油加适度热变成气体""酒加热变成气体"……，故推理"液体加热变成气体"。演绎推理是从一般到特殊的推理过程。例如，"所有金属能传热"是大前提(一般)；"铁是金属"是小前提(特殊具体)，那么结论就为"铁能传热"。

概念、判断、推理是思维的基本形式，这三者之间有密切的联系，在抽象概括的基础上，形成各种不同的科学概念，然后才能对事物作出判断和推理。判断由概念组成，推理又由判断组成，它反映着判断与判断之间的关系。从这个意义上看，概念是判断与推理的基础，是思维的起点和细胞。另一方面，人们通过判断、推理，形成科学的原理与法则，获得新的认识，形成新的、更深刻的概念。从这个意义上看，概念又是判断推理的结晶，是人们认识客观世界的总结。

第三节 解决问题的思维过程

解决问题是由一定的情境引起，按照一定的目标，通过各种认识活动和技能、技巧，使问题得以解决的过程。解决问题是非常复杂的智力活动过程，包括对问题的要求、条件的分析，发现它们之间的联系和关系以及寻找解决问题的方法。其中，思维活动是解决问题活动中的关键和核心成分。研究问题的解决，就要从解决问题的思维过程以及影响其进行的诸因素两方面加以探讨。

一、解决问题的思维过程分析

解决问题的思维过程一般分为四个阶段。

(一)发现问题

问题就是矛盾。在人的实践活动中矛盾是普遍存在的。发现问题就是认识到矛盾的存在，并产生解决矛盾的需要和动机，这是把社会的需要转化为个人思维活动的过程。发现问题是解决问题的开端，也是解决问题的动力。只有发现问题，才能激励和推动人们投入解决问题的思维活动之中。没有矛盾，就发现不了问题，就谈不上解决问题的思维过程。因此，爱因斯坦认为："提出一个问题比解决一个问题更重要，因为后者仅仅是方法和实践的过程，而提出问题，则要找到问题的关键要害。"

能否发现具有重大社会价值的问题，取决于多种因素。①依赖于个体的活动积极性。思想懒汉和因循守旧者都很难发现问题。古人云："学贵多疑"，只有勤于思考、善于钻研的人，才能从细微平凡的事件中发现关键性问题。牛顿之所以能从人们司空见惯的"苹果落地"这一现象发现地心引力，揭示物体间相互吸引的客观规律，就是因为他勤于思考。②依赖于个体的态度。人的活动态度越认真负责，越易在人们所熟视无睹的事物中发现问题。③依赖于个体的兴趣、爱好和求知欲。兴趣广泛、求知欲强烈的人，不满足于对事物一般的、表面的解释，而是力求探究事物的内部原因，能够见人所未见，想人所未想，发现事物发展的客观规律。④依赖于主体的知识经验。一般说来，只有知识渊博、经验丰富的人，才能够提出深刻而有价值的问题；知识贫乏的人提出的问题大多肤浅幼稚，没有科学价值。

(二)明确问题

明确问题就是要从生活中遇到的笼统、混乱、不确定的问题中，根据问题的要求与条件，理清它们的联系，找出主要矛盾和次要矛盾，把握问题的实质，使问题的症结具体化、明朗化，从而确定解决问题的方向和方法。

迅速而准确地明确问题依赖于两个条件。①全面系统地掌握感性材料。问题总是在具体事实上表现出来的，只有当具体事实的感性材料十分丰富且符合实际时，才能通过分析、综合和抽象、概括，充分暴露并抓住隐蔽在其中的问题。②已经具有的知识经验。知识经验越丰富，越容易从一系列的问题中区分出主要的问题。

(三)提出假设

问题明确之后，解决问题的关键就是根据问题的性质，运用已有知识经验，找到解决问题的方案、策略，推测出解决问题的途径、原则和方法，这就是提出假设。假设是科学的侦察兵，是解决问题的必由之路。科学理论正是在假设的基础上，通过不断地实践发展和完善的。离开了合理的假设，人就无法去正确地解决问题。正如恩格斯所说："只要自然科学在思维着，它的发展形式就是假设。"

假设的提出依赖于已有的知识经验。假设不是随心所欲的主观臆测，它建立在大量的事实和高度概括的知识的基础之上，并通过对丰富的感性材料进行深入细致的研究而形成。此外，提出切实可行的科学假设并非轻而易举的事，常常需要经过多次尝试性的实际操作和创造性构想的积极参与才能完成。

(四)检验假设

假设是对解决问题方案的探索和设想，假设是否科学、正确，需要借助一定的手段来检验。检验的方法有两种。一种是直接检验，即通过实验和实践活动来检验。实践是检验真理的唯一标准，这是检验最根本、最可靠的手段。另一种是间接检验，即在头脑中，根据已掌握的科学原理、原则，利用思维对假设进行论证。对于那些不能立即通过实践直接检验的复杂的假设常采用间接检验。例如医生设计的治疗方案；军事指挥员提出的各种作战方案等，都总是在头脑中先加以推敲、论证而后才付诸实际。当然任何假设的真伪，最终都要接受实践标准的根本检验。

二、影响解决问题的因素

解决问题受很多因素的影响，既有社会因素和自然因素，也有物质因素和心理因素；其影响既有积极的作用，也有消极的效应。了解其作用的规律，有利于发挥其积极性，控制其消极性，推动思维活动的进行，使问题得以顺利解决。

解决问题的影响因素.mp4

(一)迁移作用

迁移是指已有的知识经验对解决新课题的影响，或者说是一种学习对另一种学习的影响。这种影响可能是积极的，即已有知识经验能促进新课题的解决，称为正迁移。例如汉语拼音学得好，发音准确，就有利于国际音标的学习。这种影响也可能是消极的，即已有知识经验阻碍着新课题的解决，称为负迁移。例如一个方言很重的人，学习汉语拼音和国际音标就比较困难。在教学过程中，教师应充分发挥正迁移的作用，防止负迁移的发生。为此，教师首先应发展学生的概括能力。概括能力越强，迁移的范围就越广泛，容易举一反三，触类旁通。其次教师应利用比较的方法，帮助学生找到知识间的共同因素，几种知识间的共同因素越多，迁移的作用就越大；其三，教师应帮助学生深刻理解和牢固地掌握知识。一个人掌握的知识越牢固，就越能顺利地实现迁移。

(二)原型启发

在解决问题的过程中，因受到某种事物的启发而找到解决问题的途径和方法的现象叫作原型启发。其中具有启发作用的事物叫原型。例如某橡胶厂，因受面包放入发酵剂而多孔、松软的启发，制成了泡沫橡胶；鲁班因茅草划破手，受茅草叶齿的启发而发明锯子等，都是这方面的具体例证。

原型对解决问题能否起到启发作用，一是看原型与要解决的问题之间有无特征上的联系或相似性。相似性越强，启发作用越大。二是看主体是否处于积极的思维状态。若主体不能积极主动地联想、想象和类比推理，即使事物间相似性很大，主体也难以受到启发。

(三)定势的影响

定势又称心向，是人的心理活动的一种准备状态。它使人按照某种比较固定的方式去解决问题。从生理机制上讲，定势是多次以某种方式解决问题所形成的动力定型，它影响着解决后继问题的态势。一般表现为，当解决相似或相同问题时，定势有助于人们适应问题的需要，而提高反应速度。但对变化了的情境或课题，定势常有消极作用，会阻碍人们产生更合理有效的思路，影响解决问题的效率。例如数学教师在课堂上讲了一道例题，学生对与例题类似的练习做起来非常容易，而对完成与例题差别较大的练习就感到困难。在学习过程中，习惯于死记硬背的学生，在解决问题时易受定势的消极影响。要解除定势的消极影响，就要改变思维方式，运用多路思维。

(四)动机状态

一个人的动机状态，对解决问题起着不同的影响作用。

就其动机性质而言，如果一个人的动机越积极、越有社会价值，它对人的活动推动力就越大，人们为解决问题而进行的探索就越积极越主动，活动效率就越高。

就动机的强度而言，它对人解决问题的思维活动的影响比较复杂。一般情况下，在解决问题的过程中，动机强度太弱，人的兴奋性就低，引不起相应的激动，注意力涣散，思维不能集中到问题上，人的心理潜力很难发挥出来，易产生畏难、退缩行为。随着动机强度的增强，心理激活水平提高，活动效率会逐渐提高。当动机超过适宜强度，人就易出现情绪紧张，思维紊乱，注意范围狭窄，往往急于求成，结果欲速则不达，反而妨碍冷静判断和合理决策，问题就很难解决。可见，动机强度和解决问题效率之间呈倒 U 型曲线，过高或过低都不利于问题的解决。只有适宜的动机强度，才能保持振奋而又从容的状态，使问题顺利解决。

(五)情感

人在解决问题的过程中，必然会产生各种各样的情绪情感。一般说来，积极的情绪情感，例如愉悦、自信、乐观及平和等有助于问题的解决，而问题解决后所体验到的兴奋、喜悦、自豪等又会进一步激发个体解决更复杂问题的热情，由此构成良性循环。相反，消极的情绪情感，例如苦闷、抑郁、愤怒及焦躁等，会降低问题解决的效率，甚至会导致失败，而失败后所体验到的痛苦和郁闷，又可能会成为进一步智力活动的障碍，这种恶性循环应加以防止。

据耶尔克斯和多德森的研究发现，在解决问题中，思维的智力操作与情绪的激动水平之间的关系随任务的复杂性而变化。运算复杂的代数问题，操作水平的最佳状态处于较低的情绪激动水平；进行初等的算术运算，操作水平高峰处于相对的中等情绪激动水平；操作简单的反应时，高峰则处于较高的情绪激动水平，这就是耶尔克斯——多德森定律。因此，要想保持最佳的思维活动状态，对较简单的任务来说，较高的情绪激动水平是最适宜的，而对于复杂的任务就需要较低的情绪激动水平。

(六)功能固着

功能固着是指个体在解决问题时往往只看到某种事物的通常功能，而看不到其他方面可能有的功能。这是人们长期以来在日常生活中所形成的对某种事物的功能或用途的固定看法。例如，一般人们认为热水瓶是盛开水的，衬衫是穿的，而不易想到在必要时也可以把热水瓶当作储油罐，把衬衫当作画布。但在问题的解决中，有时正是在克服这种功能固着中找到了新的求解思路。

邓克的实验证实了功能固着对解决问题的消极影响(见表 6-1)。他让两组被试者使用同样五种工具来解决五个问题。实验组被试者在解决问题前先对工具的习惯用法进行练习，以增强功能固着的影响；控制组无此练习，直接解决问题。结果实验组成绩远低于控制组，这一点有力地说明，功能固着的消极影响十分显著。

表 6-1　邓克的功能固着实验

级别	工具	练习	解决问题	参加人数	成绩/%
实验组	钻子	钻洞	支撑绳索	14	71
	箱子	盛物	做垫脚台	7	43
	钳子	打开铁丝结	支撑木板	9	44
	秤锤	称重量	做钉锤用	12	15
	回形针	夹纸	做挂钩用	7	57
控制组	同实验组		同实验组	10	100
				7	100
				15	100
				12	100
				7	86

(七)情境因素

问题本身的一些因素会影响问题的解决。

(1) 刺激模式。每个问题呈现出的形态为刺激模式，它包含已知条件以及已知条件之间的关系，并体现出一定的空间特点和时间顺序。一般讲，刺激模式与个人认知结构的差异越大，问题就越难解决。例如已知一个圆的半径，求圆的外切正方形的面积，如图6-1所示。A图所提供的圆易被看成是正方形的一部分，因而问题容易解决。而B图却难以看出圆半径和正方形的关系，因而较难解答。

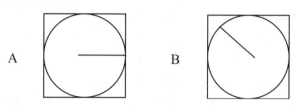

图6-1 圆半径与正方形的关系

(2) 刺激数量。有时问题中所含的信息量太少时，会妨碍问题的解决；有时问题中的信息量太多，也会妨碍问题的解决。1950年德国心理学家戴维卡茨曾研究过多余刺激对解决问题的干扰，他让学龄儿童计算加减法。分别计算下列几种类型的题目：

10.50 + 13.25 + 6.84 = ?

10.50 美元 + 13.25 美元 + 6.84 美元 = ?

10.50 克朗 + 13.25 克朗 + 6.84 克朗 = ?

结果发现，增加货币名称，便增加了计算的困难，而采用外币名称，则困难更大。戴维卡茨又用成年人重做了这个实验的一部分，发现有名称的数字相加时需增加12%的时间。可见，刺激过多也会影响问题的解决。

(八) 个性特征

能否顺利地解决问题与一个人的个性特征有着密切的关系。研究证明，一个有远大理想、意志坚强、勇于进取、富于自信、有创新意识、顽强、坚韧、果断及勤奋的人常能克服各种困难，善于迅速正确地解决问题；一个鼠目寸光、意志薄弱、畏缩、懒惰、拘谨、自负、自卑的人往往会使问题的解决半途而废。此外，一个人的智力水平、气质类型也直接影响着解决问题的效率和方式。

专栏6.1 解决问题的策略

寻找解决问题的有效策略，一般可采用以下四种方法。

1. 算法方式

算法是指为达到某一个目标或解决某个问题而采取的一步一步的程序，它通常与某一个特定的课题领域相联系。在解决某一个问题时，如果你选择的算法合适，并且你又能正确地完成这种算法，那么你就能获得正确的答案。但是，在采用算法方式解决问题时，唯一的困难就是学生常常盲目地应用算法。好像玩"魔方"一样，一会儿这么试，一会儿那么试。他们可能偶尔碰巧得到了正确答案，但并未真正理解自己是如何得到正确答案的，也不知道正确解决问题的算法。有时，使用算法方式解决问题是非常烦琐的，以至于不可能获得最终的解，这时就需要采用启发方式。

2. 手段-目标分析法

手段-目标分析法将目标划分成若干子目标，将问题划分成若干子问题，然后再寻找解决每一个子问题的手段。例如，将写一篇20页的论文这个任务划分成选题、查找信息资料、阅读和组织信息等几个子任务。这种方法概括起来就是先有一个目标，这个目标与个人当前的状态之间存在着差异，为了达到目标，就需要用某种活动来减小这个差异。但是要完成这个活动，还要先满足某些条件。

手段-目标分析方法中的"手段"就是用什么活动去达到这个目标。它是指在明确问题的目标状态与初始状态差别的前提下，把所要解决的问题分解成一系列的子问题，或把总目标分解为若干子目标，通过解决子问题或实现子目标来逐步缩小直至消除目标状态与初始状态的差异，从而导致问题的解决。例如，下面这个难题："如果在你解决这个之前你所解决的难题，难于在你解决这个之前你所解决的难题以后你解决的难题，那么，在你解决这一个之前你所解决的难题难于这一个吗？"

此题目的最终目的是清楚的，即给出回答——"是"或"否"。显然直接对这个问题作出回答是困难的？这就需要我们从问题的目标出发，找出达到目标的具体手段，即子目标，以使问题变得易于处理。一个特殊的小目标可能就是理解句中的短语，而它与问题的初始状态——复杂的语言结构间还是有差距的，那么，可进一步分析思考减少二者差距的手段。一种比较好的手段是给短语以适当标志来简化这些短语。比如，将短语中的"这一个"用"难题A"标志，则短语就变为"如果在你解决难题A之前你所解决的难题，难于在你解决难题A之前你所解决的难题以后你解决的难题，那么，在你解决难题A之前你所解决的难题难于难题A吗？"

这显然比问题的初始状态稍稍简化了些。而后可再将每个短语"在你解决难题A之前你所解决的难题"用"难题B"代替，则又会给出问题的新的更简化表述："如果难题B难于在你解决难题B以后你解决的难题，难题B难于难题A吗？"此时问题变得更易于理解，只有一个短语"难题B以后你解决的难题"需解释。由于"难题B"就是"解决难题A之前所解决的难题"，所以倒转过来，短句中"难题B以后你解决的难题"就是"难题A"，这样一来，问题的表述就变为"如果难题B难于难题A，那么难题B难于难题A吗？"

问题随之而解。这只是应用手段-目标分析法的一个例子，同样的策略可应用于不同的问题解决，常常会带来意料不到的成功。

3. 逆向推理策略

逆向推理策略又称反推法，它是由目标出发往回推导，从而达到问题解决的一种方法。在求解数学证明题时，反推法往往是比较有效的一种策略。运用逆向推理策略解决问题时的思考方法是这样的：要解决问题A，就先得解决问题B，若要解决问题B，就先得解决问题C，于是先解决问题C，再解决问题B，最后解决问题A。

逆向推理策略与手段-目标的分析策略有一共同点，即皆是一种从问题的目标出发，确定运用何种操作达到目标的逆向探索，所不同的是，手段-目标分析要考虑目标状态与当前状态间的差距，通过缩小差距达到问题解决，而逆向推理则不用考虑这一点。因此，手段-目的分析在探索问题空间时受到的约束较大，如果通向目标状态的途径很多，这是一种很有用的搜寻方法；当通向目标状态的途径为数不多时，用逆向推理法相对容易解决问题。公安部门在侦查案件时常常运用反推法。

4. 爬山法

爬山法的基本思想是设立一个目标，然后选取与起始点邻近的未被访问的任一节点，向目标方向运动，逐渐逼近目标。这就好像爬山一样，如果在山脚下，要想爬到山顶，就得一点一点地往上走，一直走到最高点。有时先得爬上矮山顶，然后再下来，重新爬上最高的山顶。因此，爬山法只能保证爬到眼前山上的最高点，而不一定是真正的最高点。

第四节　思维的品质及培养

一、思维的品质

人的思维品质存在明显个别差异，一般说来，良好的思维品质结构有以下特点。

(一)广阔性和深刻性

思维的广阔性是指思路开阔，善于把握事物各方面的联系和关系，善于全面地思考和分析问题。古今中外的大思想家、科学家都具有明显的思维广阔性的品质。与此相反是思维的狭隘性，思维狭隘的人往往片面看问题，只凭有限的知识经验去思考，只抓住一点，容易一叶障目，只见树木，不见森林。

思维的深刻性是指善于深入地钻研和思考问题，善于区分本质与非本质的特征，能抓住事物的主要矛盾，正确认识与揭示事物的本质规律。具有思维深刻性的大思想家、科学家都能在普遍的、简单的、已经被人所熟悉的现象中发现重大问题，并从中揭示出最重要的规律。与思维的深刻性相反的是思维的肤浅性。思维肤浅的人，在思维过程中往往被事物的表面现象所迷惑，看不到问题的本质；时常对重大问题熟视无睹，轻易放过，满足于一知半解，缺乏洞察力和预见力。

(二)独立性与批判性

思维的独立性是指善于独立地发现问题、思考问题、解决问题，不依赖、不盲从、不武断。具有思维独立性的人，不依赖于现成的答案，善于独立思考，独立发现问题、分析问题，并善于运用新方法、新途径去解决问题。与思维独立性相反的是思维的依赖性。思维具有依赖性的人遇事不能独立思考，表现为缺乏主见，易受暗示，过分崇拜权威，盲目迷信，人云亦云，常常放弃自己的观点。

思维的批判性是指一个人能否依据客观标准进行思维并解决问题的品质。具有思维批判性的人，有明确的是非观念，表现为既能正确地评价他人的思维成果，又富有自我批判性；既能坚持正确的东西，又能随时放弃自己曾坚持的错误观点。与思维批判性相反的品质是思维的随意性。思维具有随意性的人考虑问题时往往主观自负，评判事物不能坚持客观标准，缺乏自我批判性，易受个人情绪左右或者遇事易随波逐流。

(三)逻辑性

思维的逻辑性是指考虑和解决问题时思路鲜明、条理清楚、严格遵循逻辑规律。具体说，提出的问题明确，不模棱两可；推理严谨，层次分明；论证充分，有的放矢，有说服力；结论证据确凿。思维的逻辑性反映了一个人思维条理性方面的特点。缺乏思维逻辑性的人，思路混乱且跳跃性大；论据缺乏证据，推理易出现逻辑错误；陈述无顺序性，常出现语无伦次的现象。

(四)灵活性和敏捷性

思维的灵活性是指思考和解决问题时，思路灵活不固执己见，善于发散思维，解决问题，能足智多谋，随机应变。与思维灵活性相反的品质是思维的固执性。具有固执性的人表现为固执、刻板，思想僵化、墨守成规。

思维的敏捷性是指思路清晰，解决问题迅速，又能当机立断，不优柔寡断，不轻率从事。郭沫若形容周恩来思考问题"似雷电行空，如水银漫地"就是指的这种特点。与思维敏捷性相反的品质是思维的迟钝。这种品质表现为思路堵塞，优柔寡断，在新的情况面前束手无策，一筹莫展。

(五)创造性

思维的创造性是指思维活动的方式不仅善于求同，更善于求异。这种创造性思维的特点，表现在概念的掌握与理解上，不仅能将新知识、新概念同化到已有的概念和知识系统中去，而且能利用新知识、新概念去改造旧知识、旧概念；表现在解决问题时，不死套公式，而是融会贯通，善于多通道地用简捷的方法解决问题；表现在创造活动中，不因循守旧、不墨守成规、不安于现状，有创新意识，有丰富的创造想象力。

二、青少年思维的特点

中学阶段，学习对青少年心理的发展提出了新的要求。要求他们更加自觉地、独立地支配自己的思维活动，要求他们有更高的、抽象的能力和丰富的想象力。在学习要求和实际锻炼中，使青少年思维和想象有进一步的发展。青少年思维和想象的特点主要表现如下。

(一)抽象思维占优势，并由经验型向理论型过渡

1. 抽象思维逐渐占优势

从总体上看，进入青少年期，个体的抽象思维能力迅速提高，并占据优势地位。正如皮亚杰所认为的，到了11~15岁，青少年思维进入"形式运算阶段"，即可以在头脑中把形式和内容分开，脱离具体事物进行逻辑推理。众所周知，抽象思维的凭借物是概念，因此，青少年这一思维特点便在概念发展上表现出与儿童的明显区别。第一，在概念掌握的种类上，逐步由前科学概念(日常生活概念)转向科学概念。第二，在概念分类能力上，逐步由不自觉的、非本质的划分依据转向自觉的、本质的划分依据。第三，在获得概念的途径

上，逐步由概念形成扩展到概念同化。概念形成是个体通过对大量同类事物的不同例证的辨别进行的，而概念同化是个体利用自己认知结构中原有的有关概念去理解新概念。这两者的心理活动过程是不同的。儿童已有的认知结构简单，思维偏于形象类型，因而主要通过概念形成来获取概念，即需要大量直观、具体的例证。而青少年认知结构复杂，抽象思维能力强，因而主要通过概念同化来获取概念，教师只需要适当定义(附上必要的一、两个例证)便可，这大大提高了概念获取的精确性和速度，为青少年大量扩充知识创造了有利条件。

2. 抽象思维处于过渡时期

从具体分析上看，进入青少年期，个体的抽象思维处在由经验型向理论型过渡之中。少年期个体(初中生)的抽象思维虽开始占优势，但在很大程度上尚属于经验型，仍需要感性经验的直接支持。例如，对于抽象、概括而缺乏经验支持的概念——哲学中的"物质"，不能正确理解，常与生活中或物理学中看得见、摸得着的"物质"混为一谈。而青少年初期个体(高中生)的抽象思维则属于理论型，能够在理论指导下分析、综合各种事实材料。综合各种研究表明，初中二年级是中学阶段思维发展的关键期。从初中二年级开始，抽象思维由经验型向理论型转化，到高中二年级初步完成，趋向成熟。

(二)辩证逻辑思维迅速发展，但仍明显滞后于形式逻辑思维

1. 辩证逻辑思维迅速发展

抽象思维中的辩证逻辑思维在整个中学阶段得到了迅速发展。人在小学阶段的辩证逻辑思维开始萌芽，到了青少年期，由于学习活动、社会生活、人际交往等都发生本质的变化，促使他们的辩证思维开始加速发展。在一项对892名中学生的辩证思维的发展的实验研究中，将学生发展水平分为五个等级：第一级，能按辩证逻辑进行思维；第二级，基本能进行辩证逻辑思维但不深刻、不完善；第三级，能初步进行辩证逻辑思维但有较大片面性和个人情绪色彩；第四级，虽然能区分正误，但说不清理由；第五级，完全不能进行辩证逻辑思维。结果发现，初中一年级学生处在第四级最多(43%)，初中三年级学生处在第三级最多(44%)，高中二年级学生处在第二级最多(42%)。可见，中学阶段是辩证逻辑思维从迅速成长到初步掌握的关键期。在一项对全国23个省市43798人次的调查中发现，青少年的辩证思维在整个中学阶段的发展增量(15.44%)超过了形式思维(13.31%)。

2. 辩证逻辑思维的发展相对落后

从发展的绝对水平上看，在整个中学阶段辩证思维仍明显滞后于形式逻辑思维。并且通过进一步分析可知，在辩证概念、辩证判断和辩证推理三个方面，辩证推理的发展水平最低。也就是说，青少年在说明一般道理时，似乎也能侃侃而谈，说些一分为二、具体问题具体分析之类颇有辩证味的用语(这往往仅涉及辩证概念、辩证判断)，但一接触实际问题和某些社会现象时，则常失之偏颇，暴露出许多缺乏辩证观念造成的思想方法上的弊端(这仅涉及辩证推理)。在一项全国调查中发现，在推理题上，初中一年级学生正确率仅为26.86%，

初中三年级学生为32.70%,高中二年级学生也仅为37.10%,正确率均未过半,即反映整个辩证思维的发展得分百分数(53.38%)明显低于形式逻辑思维(68.89%)。

(三)对问题情境的思维比儿童有质的飞跃

1. 提问的特点

在提问方面,与儿童相比,青少年对问题情境的思维具有三个质的飞跃。

(1) 提问趋于探究性。儿童好问,但提问的作用主要在于扩充知识,因而问题偏重"是什么"。青少年也善于提问,但作用主要转向寻求真谛,探究事物的内在联系和本质特征,因而问题偏重"为什么"。尤其到了高中阶段,提问更富有思辨性、哲理性,耐人寻味,发人深省。

(2) 提问具有开拓性。儿童提问范围较狭窄,主要围绕自身周围所能直接接触到的事物,富有直观性。青少年由于社会生活领域的扩大,学习内容的增多,加之自我意识发展导致内心世界的打开,提问的范围大大扩展,从而涉及诸多社会现象和人生意义。尤其到了高中阶段,更以其丰富的想象和抽象的思维,摆脱时空的束缚,在更广阔的背景上思考社会与人类、历史与未来、理想与信仰、存在与人生等一系列问题,使问题范围获得空前的开拓。

(3) 提问富有逆反性。儿童提问往往满足于成人的现成答案,多持接受的态度。青少年对成人的现成答案多持怀疑、批判的态度,甚至对书本上的"金科玉律",也敢质疑、辩驳,从而使问题富有逆反性和挑战性。因而,青少年也就会从习以为常、约定俗成的现象中发现问题、提出问题。

2. 求解的特点

在求解方面,与儿童相比,青少年对问题情境的思维具有两个质的飞跃。

(1) 能运用假设。儿童求解问题,要么向成人直接索取答案,要么经验性地归纳,缺乏假设过程;青少年能撇开具体事物,使用以概念支撑的假设进行思维,使问题解决过程更合乎科学性。例如,在"如果所有三条腿的蛇都是紫色的,我藏有一条三条腿的蛇,请猜它的颜色"一题中,青少年都能撇开大前提的真实性与否而顺利进行假设推理,而儿童则会纠缠于"蛇怎么会有三条腿"的问题上不能自拔。

(2) 具有预计性。儿童求解问题缺乏步骤、方法上的预先考虑,想到哪里就做到哪里;青少年则有预计性,会撰写计划、思考步骤、有条理地求解问题。在化学试剂混合实验里,有7瓶不同颜色的化学试剂,并告诉被试者,其中一瓶是由其他4瓶中的某两瓶混合而成的,要求被试者找出是哪两瓶。6岁至11岁被试者往往盲目进行配对尝试,而12岁至15岁被试者倾向于先撰写几种可能的配对组合,然后逐一尝试。

(四)出现了思维中的元认知现象

在一般情况下,儿童只能对外界客体进行思维,而不能对自己正在进行的思维过程本身进行思维。但青少年由于自我意识的发展出现新质,主体和客体自我发生分化,能做到对思维进行再思维,即反省思维,也被皮亚杰称为对运算的运算。这使青少年对自己的思维活动能进行自我监控、调节，以改进思维方式。这也就是思维中的元认知现象。在一项思维研究实验中，让 7~13 岁被试者看动画片，并要求考虑两种情境：一是"思考一下正在吃冰激棱的威廉"；二是"思考一下正在思考玛丽关于跳绳时所思考的东西的威廉"。结果发现，年幼被试者只能完成第一种情境的任务，而年长被试者则能较好地完成第二种情境的任务。

(五)创造性思维发展进入关键期

虽说创造性思维是人类的高级思维过程，但我国一系列研究表明，早在儿童晚期(10、11 岁)就已具有初步发展水平。在 1980 年召开的第十二届国际心理学大会上，心理学家甚至在报告中指出，5 岁半至 6 岁多的儿童在创造性思维测验中已能表现出一定水平。但发展的关键期则在青少年期。在一项研究中，参考全国超常儿童研究协作组制定的《儿童创造性思维测验》，对 209 名小学四五年级学生和 348 名初中一年级至三年级学生的测查表明，其成绩不仅随年龄上升，且上升速度自初中一年级后迅速增加。而在另两项研究中，一项用自编《创造性思维潜能测验》测查 426 名初中一年级至三年级学生和 448 名高中一年级至二年级学生，一项采用根据吉尔福特智力结构中发散思维的剖面修订成的由 18 个测题组成的测验，测查上海地区 525 名大学生，并与高中二年级学生进行对比，结果发现，一方面在中学阶段，测验成绩随年级递增；另一方面大学生和中学生在发散思维上没有明显差异。

在青少年中创造性思维的个别差异也十分显著。有的发散快、灵活多变、富有创见，有的比较平庸。青少年创造性思维内部发展也不均衡。低年级中学生聚合思维优于发散思维，到高年级才倒过来，并随年级升高而差距增大。这表明青少年思维变得日益富有独创性，而且在发散思维内部三个特征指标上的发展也表现出不平衡，其发展水平依次是：流畅性>变通性>独特性。因此，培养青少年发散思维的重点是独特性和变通性。

三、创造性思维及其培养

(一)创造性思维

创造性思维是有创见的思维，它是创造活动中一种特殊的高级思维形式。通过这种思维，人们可以在事物的现状和科学的现有成果的基础上，揭示事物或现象的本质特征及其规律性，形成新认识结构，并使认识超出现有水平，从而达到探索未知、创造新知的境界，它是人类思维能力的最高体现。

创造性思维是在一般思维的基础上发展起来的。与一般思维相比，创造性思维最突出的特征是首创性和新颖性。这是因为，创造性思维不仅遵循事物发展的最普遍、最一般的规律，而且要另辟蹊径，超越甚至否定传统的思维模式，冲破旧理论的束缚，异乎寻常地提出具有重大社会价值、前所未有的思维成果。例如哥白尼的"太阳中心说"、伽利略的"自由落体定律"及达尔文的"生物进化学说"等划时代的理论，都体现了创造性思维的这一基本特征。一个创造性思维的全过程，往往要经过从发散思维到集中思维，从集中思维到发散思维的多次循环才能完成。因此，任何创造性思维都离不开发散思维和集中思维的有机结合。

发散思维又称求异思维，是指从多种联系、多种角度沿着不同的方向去思考可能存在的各种答案，寻找解决问题的方法和途径的思维形式。例如一个人在一个陌生的城市迷了路，找不到住所的时候，可以设想多种解决问题的方法：①向行人问路；②购买一张城市交通图辨别方位；③坐车回到交通总站，通过迂回的途径返回；④打电话与住所联系询问……创造性思维要解决的是没有现成答案的问题。由于发散性思维具有流畅性、变通性和独特性的特点，通过发散思维可打破原有模式，拓宽思路，产生新颖、独特的思想，因而它是创造性思维的主要心理成分。但发散性思维不能离开集中思维而单独发挥作用，它必须与集中思维结合起来，才有助于创造成果的产生。发散思维是从某一点出发，这一点就是问题的任务和要求。发散思维不能离开总的任务和要求，在发散过程中还必须经常与任务和要求相对照，并从众多方案中选择出最佳方案，以利于问题的顺利解决。这种集中聚敛思维的思维形式就是集中思维。在创造过程中，发散思维与集中思维相辅相成、交替进行。经过由发散思维到集中思维，再由集中思维到发散思维的多次循环往复，才能使人的创造性思维活动逐步深入。

(二)创造性思维的基本过程

创造性思维是一个极为复杂的心理活动过程，在它的运行中又有独特的思维活动程序和规律。英国心理学家瓦拉斯研究了各种类型的创造经验，提出了创造性思维的四阶段论，反映了创造性思维的基本活动程序。

(1) 准备阶段。这是围绕问题积累素材，收集资料和前人对同类问题的研究成果，理出问题头绪的过程。收集的资料越丰富、越充分，越有利于开阔思路，从而受到启发，发现和推测出问题的关键所在，顺利解决问题。因此，在这一阶段中，应努力创造条件，广泛收集资料，有目的、有计划地为所规划的创造项目作充分的准备。

(2) 酝酿阶段。这是在积累一定知识经验的基础上，在头脑中对问题和资料进行周密细致的探索和思考，力图找到解决问题的途径和方法的阶段。这一阶段从表面上看没有明显的活动，创造者的观念仿佛处于"冬眠"状态，但实际上在潜意识中已断断续续地进行着思维活动，有时可在从事一些无关紧要的活动中受到启发，使问题获得创造性的解决。例如瓦特受到开水壶的启发后发明蒸汽机。

(3) 豁朗阶段。这是经过充分的酝酿之后，新思想、新观念、新形象在脑中突然呈现，使问题有可能得到顺利解决的阶段。这时，事物间的各种联系和关系意想不到地、闪电般地联系起来，头脑似乎从"踏破铁鞋无觅处"的困境中摆脱出来，有一种"得来全不费功夫"的感觉，并显示出极大的创造性。这是对问题经过全力以赴的探究之后涌现出来的灵感状态，是艰辛劳动的结晶。

(4) 验证阶段。这是对新思想或新观念进行验证、补充和修正，使其趋于完善的阶段。这个过程中，经过在理论和实践上的反复论证和修改，无数次地去劣存优，使创造性活动获得圆满的结果。

(三)创造性思维的培养

创造性思维在人类的创造活动中起着重要作用。培养大批有创造能力的人才，是教育工作的一项重要任务。在教育过程中教师应注意从以下几个方面培养学生的创造性思维。

1. 保护好奇心，激发求知欲

好奇心是人对新异事物产生诧异并进行探究的一种心理倾向。求知欲又称认识兴趣，它是好奇心的升华，是人渴望获得知识的一种心理状态。好奇心和求知欲是推动人们主动积极地去观察世界、进行创造性思维的内部动因。具有强烈好奇心和求知欲的人，由于对事物有着执着的追求和迷恋，所以不会感到学习和创造是一种负担，而会在活动中获得极大的精神鼓舞和情感满足。在教学中，教师应通过启发式教学或创设问题情境，使学生面对疑难，产生求知的需要和探索的欲望，并主动提问和质疑。教师要有意识地强化他们对一切事物的兴趣，以保护其好奇心和求知欲。

2. 加强发散思维的训练

发散思维是创造性思维的主要成分，因此，发展发散思维对培养创造性思维具有重要作用。科学实验证明，通过有目的、有意识地训练，可以发展学生思维的流畅性、变通性和独特性。例如，通过一题多解和一题多变的练习，培养学生思维的灵活性和变通性；鼓励学生自编应用题，以发展学生思维的独特性和新颖性。通过课外活动也可发展学生的发散思维。例如，给学生提供某些原材料和原部件，鼓励他们按自己的设计进行组装活动，也可在课外文学小组活动中，鼓励学生进行填写对联和猜谜语等活动。

3. 丰富学生的知识经验与想象力

丰富的知识经验和想象力是产生创造性思维的重要条件。各种创造的念头似乎是从头脑中涌现出来的，其实，它们绝非无中生有。创造性思维过程是对头脑中已有经验的调整、重组过程，有时以从未有过的组合形式表现出来，但任何形式的组合都不会脱离一个人已有的知识经验范围。一个对某一活动领域知识、技能一无所知的人，不可能产生与该活动领域有关的创造性思维。但是并不是知识经验丰富的人都有创造力，有的人尽管在某一领域中有丰富的知识经验，却拿不出任何富于创造性的思维成果，只能重复别人的方法，照搬现成经验。这是因为他们不善于利用和重组头脑中的储存材料，缺乏高水平的表象建造能力。因此，想象力是创造活动中不可缺少的心理因素。教学中，教师应在丰富学生知识经验的基础上加强想象力训练，使其大胆想象，敢于异想天开，创新进取。

4. 培养优良的个性

创造性思维的发展不仅和智力因素有关，而且和一系列非智力因素和个性特征也有密切的联系。实验研究发现，有创造力的儿童富有责任感、热情、有毅力、勤奋、富于想象、依赖性小、喜欢自学；勇于克服困难，好冒险，有强烈的好奇心；能自我观察、有较强的独立性，兴趣广泛，爱好沉思极不盲从。因此，要培养学生的创造力，就应结合教学实际，加强学生独立性、勤奋、自信和持之以恒等优良个性品质的培养。

本章小结

思维是人脑对客观事物间接的、概括的反映。思维的过程包括分析综合、比较分类、抽象概括、具体化、系统化，其中分析综合是思维的基本过程。思维的基本形式是概念、判断、推理，概念是思维的基本单位。教学中教师要注意引导学生掌握科学概念，并注意培养学生的创造性思维能力。另外，要注意培养自己良好的思维品质，善于克服影响问题解决的不利因素，迅速而又准确地解决问题。

案例分析

【案例】

善于"变通"的孙膑

战国时期，孙膑初到魏国，魏王要考查一下他的本事。一天，魏王召集众臣，当面考查孙膑的智谋。

魏王对孙膑说："你有什么办法让我从座位上下来吗？"

庞涓出谋说："可在大王座位下边生起火来。"魏王说："不可取。"

孙膑捻捻胡须道："大王坐在上边嘛，我是没有办法让大王下来的。"

魏王问："那你怎么办？"

孙膑道："如果大王在下边，我却有办法让大王坐上去。"

魏王得意扬扬地说："那好，"就从座位上走了下来，"我倒要看看你有什么办法让我坐上去。"

周围的群臣一时没有反应过来，也哄笑孙膑无能。忽然，孙膑却哈哈大笑起来，说："我虽然无法让大王坐上去，却已经让大王从座位上下来了。"这时，大家才恍然大悟，对孙膑的才华连连称赞。

【分析】

看了上面的故事，谁会不称赞孙膑的聪明呢？孙膑之所以聪明，这与他善于"变通"的思维品质分不开。在解决问题时，人们较多按常规去思考(即让魏王如何从座位上下来这一方面去思考)。而孙膑则能从"让魏王坐上去"反向思维，从而巧妙地解决了问题，即能从另一个角度、另一个侧面去思考。这种思维具有发散性特征。

不少心理学家认为，发散思维与创造力有直接联系，因此，教师应有意识地培养、训练学生的发散性思维，即从思维的独创性、变通性、流畅性入手，逐渐养成学生从多面向、多角度去认识事物、解决问题的习惯，使学生的学习更具有创造性。

第七章　想　象

本章学习目标

➢ 想象的概念及其与实践的关系
➢ 想象的类型
➢ 梦的意义

　　学生对教师呈现的教学材料，不仅可以通过感知觉在感性认识的层面上实施对教学材料的信息加工，还可以通过思维在理性认识的层面上实施对教学材料的信息加工，不仅在头脑中储存或提取教师呈现的教学材料，而且在此基础上在头脑中产生新的形象。这就涉及学生在教学活动中的又一重要的信息加工形式——想象。那么想象是什么？它有哪些功能和规律？青少年学生想象的特点是什么？如何培养学生的想象力？这便是本章要讨论的主要内容。

第一节　想　象　概　述

一、想象的概念

　　想象是人脑对已有表象进行加工改造、重新组合形成新形象的心理过程。

想象.mp4

　　想象最突出的特征是在已有表象的基础上产生有关事物的新形象。这些新形象不同于亲身感知过的、简单再现于头脑中的记忆表象，它可以是个体从未亲身经历过、现实中尚未存在或者根本不可能存在的事物的形象。例如我们没有机会亲自看到秦朝阿房宫的景象，但当我们读完杜牧的《阿房宫赋》之后，头脑中就会浮现出规模宏大、气势雄伟、建筑风格奇特的阿房宫的形象；还有机械设计师绘制的新机器的图纸，建筑师设计的新型建筑的图纸，文学作品中千姿百态的人物形象等都是大脑对原有表象加工改造的产物。

　　想象中出现的情况是新的，不是表象的简单再现。乍一看来，想象的形象新颖、离奇，很难在现实中找到其具体的"蓝本"，具有超现实性。其实想象同其他心理活动一样，不是凭空产生的。构成新形象的材料都来源于生活，取自过去的经验，不可能无中生有，天生的聋子绝不能想象出优美的音乐，天生的盲人也想象不出春天的美景。鲁迅先生曾记录过一位盲诗人的谈话："在缅甸遍地是音乐，房里、草里、树上都有昆虫的吟叫，各种声音成为合奏，很神奇，其间时时夹着蛇鸣嘶嘶。"字里行间充满了听觉形象，视觉形象则十分匮乏。这说明形象无论新颖和离奇到什么程度，就构成新形象的材料来说永远源于客观现实，来自对客观现实的感知。例如吴承恩笔下的猪八戒的形象是对头脑中已有的肥胖的人体、猪头、钉耙等储备的表象进行加工改造的结果。这正如鲁迅先生所说，文学作品中的人物形象，"往往嘴在浙江，脸在北京，衣服在山西，是一个拼凑起来的角色"。

二、想象和实践的关系

想象，作为对原有感性形象的加工和改造，以实践为基础，又受实践的制约。丰富的表象，只有在实践活动中大量接触并观察客观事实才能形成。头脑中能够唤起的表象越多样、越正确，可能构成的想象也就越丰富、越符合实际。巴甫洛夫说："无论鸟翼是多么完美，但如果不凭借空气，它是永远不会飞翔高空的。事实就是科学家的空气。你们如果不凭借事实，就永远也不能飞腾起来。"（《巴甫洛夫选集》，科学出版社，1955年版，第32页）。

只有在实践中积累了大量的事实材料，想象才能展翅飞翔。爱因斯坦是一位富有想象力的科学家。他创立相对论时一系列的理想实验是创造想象很好的例子。针对某些人把相对论说成是纯思辨产物的错误说法，他指出，"我急于要请大家注意到这样的事实：这理论并不是起源于思辨，它的创造完全由于想要使物理理论尽可能适应于观察到的事实"。

想象是否正确，是否有实现的可能，只有接受实践的检验才能得到证实。一旦实践证实，想象与事实不符，我们就应当修正想象的内容，调整想象的方向，否则就会陷入想入非非的境地。

三、想象的功能

(一)预见功能

人类活动同动物本能活动的根本区别就在于活动的目的性、预见性和计划性，也就是说人能实现对客观现实的超前反映。人类的任何实践活动，无论是制造简单的工具，或者是进行艺术创作、科学发明，在活动之前，人总是先在大脑中形成未来活动过程和活动结果的形象，并利用这些想象指导调节活动过程，实现预定的目的和计划。科学家的发明创造，工程师的工程设计，都是想象预见功能的体现。爱因斯坦曾说，"想象力比知识更重要"。

(二)补充功能

人脑能够通过感知揭示直接作用于感觉器官事物的属性和意义。但是，在社会实践中，由于时间、空间及主客观条件的制约，人们常常会遇到一些无法直接认识的东西。例如宇宙间的星球、原始人类生活的情景等，这些空间上遥远的东西和时间上久远的事物，我们要直接感知很困难，甚至是不可能的。在这种情况下，可以借助想象的机制，弥补人类认识活动的时空局限和不足，超越个体狭隘经验的范围，对客观世界产生更充分、更全面、更深刻的认识。例如，《红楼梦》中王熙凤的形象是无法直接感知的，但当人们读到"一双丹凤三角眼，两弯柳叶吊梢眉，粉面含春微不露，丹唇微启笑先闻"的文字描写时，人们通过已有的丹凤、柳叶、粉面等表象的作用，就能在头脑中想象出王熙凤的形象。

(三)代替功能

现实生活中，由于各种因素的制约，人的某些需要和活动不可能满足或全面实现时，就可以通过想象来代替，在心理上得到一定的补偿和满足。例如，在中国古典戏曲表演艺术中，许多布景和实物是通过演员形象化的动作来唤起观众的想象，从而获得良好效果的。戏曲中的骑马、过河、摆渡、开门及关门等都通过想象来理解。又如在游戏中，儿童借助想象满足其模仿成人的愿望，增长了知识和才干。若没有想象的参与，游戏就无法进行。可见，想象在儿童游戏中同样起到重要的作用。

四、想象的意义

想象在人们认识世界和改造世界的活动中起着重要的作用。列宁说，"有人认为只有诗人需要幻想，这是没有理由的，这是愚蠢的偏见！甚至在数学上也是需要幻想的，甚至没有它就不可能发明微积分。"(《列宁全集》33 卷，282 页，1959 年版)。借助于想象，我们的认识不仅可以驰骋于无限的现实世界，而且可以奔腾于神奇的幻想境地；不仅可以回首年代久远的过去，而且可以想象引人入胜的未来；不仅可以认识世界，而且可以创造世界。科学家的假说，工程师的设计，作家的人物塑造，画家、雕塑家的艺术造型，工人的技术革新，农民对新品种的培育……均属人类的创造性劳动，无一不是想象的结晶。没有想象便没有文学艺术、创造发明、科学预见。正如爱因斯坦所强调的，"想象力比知识更重要，因为知识是有限的，而想象力概括着世界上的一切，推动着进步，并且是知识进化的源泉。严格地说，想象力是科学研究中的实在因素。"(《爱因斯坦文集》，第 1 卷，第 284 页，商务印书馆 1976 年版。)

第二节 想象的种类与规律

根据想象活动是否有自觉的目的性，可把想象分为无意想象和有意想象两类。根据想象的新颖性、创造性不同，又可把有意想象分为再造想象、创造想象。每种想象都有其各自不同的特点和赖以进行的条件，想象的种类和规律就体现在这些规律中。

一、无意想象

无意想象是没有预定目的的，在一定刺激的作用下，自然而然产生的想象。例如，当我们抬头仰望天空变幻莫测的浮云时，脑中就产生起伏的山峦、柔软的棉花、活动的羊群和嘶鸣的奔马等形象。又如当人们看到北方冬季玻璃上的冰花时，就会觉得它像梅花，像树叶等，这都是无意想象的表现形式。

梦是在睡眠状态下产生的一种正常的心理现象，是无意想象的极端形式。

关于梦的心理学解释众说纷纭，有人认为梦与人的智力活动有关，是人脑的一种工作程序，是对白天接收的信息进行筛选和储存过程，而且梦里的隐喻和联想能帮助做梦者处理不断发展的个人问题。有些学者认为梦境能诱发创造想象，给人产生创造灵感的机遇，可以促进发明创造活动的进行。精神分析学派认为通过对梦的分析，可以了解在现实生活中不能实现的愿望和欲求，得到象征性的满足。

人在睡眠时，整个大脑皮层处于一种弥漫性的抑制状态，但仍有少部分神经细胞兴奋活跃，由于意识控制力的减弱，这些记载着往日经验的细胞便不随意地、不规则地结合在一起，形成了一个个离奇古怪、荒诞绝伦的梦境。不过"日有所思，夜有所梦"，无论梦境多么离奇，它仍然来源于客观现实，是对个体生活一种典型的无意想象。当人把全部精力投入到创造性活动时，梦可能给人以启示，促进发明创造活动的顺利进行。

专栏7.1 做 梦

梦，是一种漫无目的、不由自主的奇异想象。梦境的内容是过去经验的奇特组合。

睡眠有两个不同的时相。初入睡时，脑电图出现同步化幅度大、频率低的慢波，叫慢波睡眠(或非快动眼相睡眠)。这时意识消失，心率、呼吸、体温、血压、尿量及代谢率都降低，很少做梦。慢波睡眠持续约90分钟，即转入另一睡眠时相，脑电图上出现类似清醒时的非同步化低幅度快波，这叫快波睡眠(或快动眼相睡眠)。此时睡眠仍很深，眼球在快速转动(50~60次/分)，血压升高，心跳加快，肢体抽动，梦一般都在这一时期产生。上述两种时相一夜之中交替3~6次。开始，快波睡眠时间短，只有5~10分钟，以后变长，最后一次的快波睡眠可达45~60分钟。总结起来，一夜中做梦的睡眠约占整个睡眠时间的25%。因此，人每夜都是在做梦的；只是有的人记得清楚，有的人记得不清楚而已。

近年来的研究表明，低位脑中有一个控制睡眠的中枢。在快波睡眠阶段，睡眠中枢的某些细胞被激活，兴奋就传到邻近掌管身体其他机能的细胞，而这些细胞又将信息送到高位脑中枢并使之激活。这样，被激活的大脑有关区域在处理低位脑中枢传来的互不相干，甚至互相矛盾的信息时，就按照以往的经验和记忆，将其拼合、解释成为比较合乎情理的模式。这样，就产生了各种各样的梦。

做梦，是脑正常功能的表现。它不仅无损于身体健康，而且对脑的正常功能的维持是必要的。研究表明，如果人为地连续几天剥夺快波睡眠(即有梦睡眠)，人就会出现紧张焦虑、注意力涣散的现象。在几天梦被剥夺之后让被试者好好睡一觉，让他随便去做梦，醒来一切症状就消失了。可见，不做梦反而打乱了正常的生活秩序，会对身体产生不良影响。

二、有意想象

有意想象是根据一定的目的，在意识的控制下，自觉进行的想象。科学家提出的各种假设，文学艺术家在头脑中构思的人物形象，都是有意想象的结果。按有意想象的新颖性、独立性和创造性程度的不同，有意想象又可以分为再造想象和创造想象两种。

(一)再造想象

再造想象是根据语言文字的描述或图形的示意在头脑中产生有关事物新形象的心理活

动过程。例如我们看鲁迅先生的《孔乙己》时，头脑中便会出现穿长衫、站着喝酒的人物形象；机械制造工人根据图纸便会想象出机器的主要结构；人们看到祖国地形图，头脑中便会产生我国山川、湖泊、河流、公路、铁路、高原及平原的形象等，都属于再造想象。

再造想象的突出特点是它的再造性。再造想象产生的新形象是相对的，对于想象者来说是新的，而实际上是已经存在的事物形象。但是，再造想象仍然有一定的创造性。由于每个人的知识、经验、个性特征等主观因素不同，再造想象的内容和创造水平必然有一定的差异。

再造想象对人类的各种实践活动，尤其是学习活动具有重要的意义。通过再造想象可以帮助人们摆脱狭小的生活圈子，生动形象地认识自己没有感知过的或不可能直接感知的事物，扩大认识范围，充实主观世界。在教学过程中，教师通过生动形象的语言表述或图表、模型的演示，可以使学生通过再造想象在头脑中形成与概念相应的形象，从而深刻地理解教材，牢固地掌握知识。

形成正确的再造想象有赖于两个条件。一是正确理解词语描述和图样、符号标志的意义。不懂外语的人，无法在头脑中形成外语作品中描绘的人物、场景的形象。教学中教师一方面要正确地运用语言，形象生动地描述事物或现象，另一方面还要有意识地进行各种符号的教学，促使学生把符号与相应形象结合起来。二是丰富的表象储备。有关表象储备越丰富，再造想象越准确和充实。教师要有计划地组织参观、访问、调查和实验操作等，并尽可能使用现代化教学手段创造条件，以丰富学生的表象。

(二)创造想象

创造想象是根据一定的目的、任务，在头脑中独立地创造出前所未有的新形象的心理活动过程。例如，飞机设计师在头脑中构成一架新型飞机的形象；作家在头脑中构成新的典型人物形象等都属于创造想象。这些形象不是根据别人的描述，而是想象者根据生活提供的素材，在头脑中通过创造性地综合而形成的具有一定社会价值的新形象。

创造想象具有独立性、首创性、新颖性的特点，是人类创造性活动不可缺少的心理活动成分。无论是科学发明，还是文艺创作，首先必须在头脑中形成活动的最终或中间产品的模型，即进行创造想象。可见，创造想象是创造性活动的必要环节。没有创造想象，创造性活动就难以顺利进行。

创造想象是一种比再造想象更复杂的智力活动，它的产生需要具备以下四个条件。

1. 急切的创造欲望和动机，是激发创造想象的内部动力和首要条件

社会生活本身不断向人们提出创造新事物、解决新问题的要求，这种要求一旦被人接受并与个人需要相结合，人就产生了创造新事物的欲望和动机，而这恰恰是推动人战胜困难积极进行创造想象的内部动力。因此，创造欲望和动机越强，创造想象动力就越大，积极性就越高。

2. 广博的知识和丰富的表象储备，是创造想象的前提和基础

鲁迅指出必须和蜜蜂一样，看过许多花才能酿出蜜来，倘若叮在一处，所得就非常有限、枯燥了。想象只有在丰富的知识和表象的基础上，才能张开翱翔的翅膀，迸发出耀眼的火花。高尔基强调在文学创作中"为了能近乎真实地描写一个工人、和尚、小商人的形象，就必须去观察 100 个其他的和尚、小商人、工人"。没有相应的表象储备，创造想象就很难顺利进行。创造想象有将相关的某些因素重新组合排列成新形象的"凑合式想象"，例如狮身人面像；有将几种表象融合成新形象的"融合式想象"，例如《战争与和平》中娜塔莎的形象是托尔斯泰融合其妻子和妻妹两人的形象创造的；有"改换式想象"，即改变旧表象创造新表象；有"夸张式想象"，即对现实中的现象作夸张处理，例如李白的"飞流直下三千尺，疑是银河落九天"；有抽取某些事物本质特征的"典型式想象"，例如鲁迅笔下的阿 Q 是旧社会农村流氓无产者的典型形象。这些创造想象的形成都以丰富的表象储备为基础。

3. 积极的思维活动，是创造想象的关键

创造想象并非漫无边际、毫无根据地乱想，而是一个严格的构思过程，只有在思维的积极参与和调节下，其创造的新形象才会符合现实要求，其社会价值才越大。创造想象受思维的调节。思维活动由一定问题引起，并指向问题的解决。例如作家在写文章前要考虑文章的主题、人物、事件等，如果不假思索、信马由缰，就很难创造出活生生的令人信服的形象来。

4. 原型启发是激发创造想象的起点

任何一个新形象绝不是凭空创造出来的，在开始时，总会受到某种类似事物或模型的启发，这种对创造想象具有启发作用的类似事物就叫原型。自然界中的事物及日常用品、模型、图片及文字资料等都可成为启发创造想象的原型。托尔斯泰受到一位律师所讲故事的启发而创作了《复活》。美国工程师杜里埃看到妻子用香水喷雾器喷洒香水而受到启发，设想并创造了内燃机的汽化器。

专栏 7.2　再造想象与创造想象的关系(见表 7-1)

表 7-1　再造想象与创造想象的关系

	再造想象	创造想象
不同点	<ul><li>具有再造性，构造出的形象与原物相符合</li><li>再造的形象所代表的事物是已被他人创造出来的</li><li>在一般性的活动中所起的作用较大</li></ul>	<ul><li>具有创造性，构造出的形象是崭新的</li><li>创造的形象所代表的事物是前所未有的</li><li>在创造性的活动中所起的作用大</li></ul>
共同点	<ul><li>都是根据已有的表象构造出来的新形象</li><li>想象中的事物都是以前没有直接感知过的</li></ul>	
联系	<ul><li>再造想象是创造想象的基础</li><li>创造想象中有再造性的成分，再造想象中有创造性的成分</li></ul>	

三、幻想

幻想是与个人的生活愿望相联系并指向未来的想象。

幻想是创造想象的准备阶段和特殊形式。它不同于再造想象，因为它比再造想象的创造性强。它也不同于一般的创造想象，其区别有两个方面。一方面幻想与个人愿望相联系，幻想的事物是个人所追求、向往和憧憬的东西；一般的创造想象不一定是创造者所赞美、向往的形象。另一方面，幻想不与当前创造性活动直接相联系，不一定产生现实创造成果，仅是指向未来创造活动的前奏和准备；一般的创造想象与创造性活动紧密相关。因此，幻想和创造想象既有区别又有联系。它们之间的关系如表7-2所示。

表7-2 幻想与创造想象的关系

	幻 想	创造想象
不同点	• 是个人所向往的、追求的愿望 • 指向于遥远的未来，不与创造活动直接相关联	• 不一定是个人所追求的、向往的 • 与创造活动直接相关，有想象的结构和产物
共同点	• 都必须有一定的表象材料为依据 • 都富有创造性、新奇性	
联系	• 创造想象是幻想的基础，幻想是创造想象的特殊形式 • 创造想象中有一定的幻想成分，幻想中也有一定的创造想象的成分	

根据幻想的社会价值和有无实现的可能性，可把幻想分为积极幻想和消极幻想。积极幻想是根据事物的发展规律，并具有一定的社会价值和可能实现的幻想，一般称为理想。它是人前进的灯塔，能使人展望未来美好的前景，激发人的信心和斗志，鼓舞人顽强地去克服困难。而消极幻想违背客观事物发展规律，且毫无实现的可能，一般称为空想。它是一种无益的幻想，常使人脱离现实，想入非非，以无益的想象代替实际行动，害怕艰苦的劳动和逃避困难。因此，在教育教学过程中，教师要教育学生力戒空想，确立正确远大的抱负，培养克服内外困难的意志力，以实现自己追求的理想。

第三节 想象的品质及培养

一、想象的品质

(一)想象的主动性

想象的主动性是指想象的积极性与目的的明确性程度如何。

想象主动性良好的人，在一切活动中都积极主动地展开想象，能看到什么不满意、不合理、不科学的东西，便产生一种强烈的创造想象欲望和动机，以积极的态度进行必要的知识积累和丰富的表象储备，能紧紧围绕所确定的主题和目的去积极思维，有计划、有步骤地展开自己的想象，并保持一定的方向，因而能比较顺利地取得成果。

想象主动性差的人，对周围的事物缺乏敏感，抱残守缺，难以展开想象。即使开展了也缺乏知识的积累，头脑中没有想象目的的稳固的表象。在想象过程中常常东想西想，脱离主题，想象如同出笼的小鸟，漫天飞翔。想象产生的新形象虽形形色色，但杂乱无章，不能实现创造的目的。

(二)想象的丰富性

想象的丰富性是指想象内容的广阔性和充实性程度如何。

想象丰富的人，能根据想象主题的要求，在广泛的领域和范围内展开多角度、多侧面、全方位的想象，从而产生出大量的新形象。例如曹雪芹在《红楼梦》中成功地塑造了大观园里众多形态各异的人物群像，以及荣宁两府奢侈豪华的生活情景，均反映出作者超人的想象丰富性。

想象贫乏的人，想象局限在狭小的范围内，内容空泛、肤浅、平淡无奇。

(三)想象的深刻性

想象的深刻性是指新形象反映事物本质的正确性和深透性程度。

想象深刻的人，通过想象所产生的新形象是理性概括的、具有典型性的，因而能够反映客观事物的本质。文学家、艺术家所塑造的一些典型人物的艺术形象，往往都十分深刻地反映了社会生活的某些本质方面，它给予人们的教益，不亚于理论性的教科书。例如，曹植千古传诵的诗"煮豆燃豆萁，豆在釜中泣。本是同根生，相煎何太急。"痛斥曹丕对他的迫害，寓意深刻，感人肺腑。又如，有的漫画，仅寥寥几笔，形象也不复杂，却寓意极深，都是想象深刻性的表现。

想象不深刻的人，即使创造了新形象，但往往是感性的概括，缺乏典型性，没有代表性，不能由个别反映一般，由现象反映本质。

(四)想象的新颖性

想象的新颖性是指想象的新异性和独特性程度如何。

想象新颖性强的人，想象所依据的表象是多种多样的，且对其又进行了复杂的改造，所产生的新形象与原型差别甚大，从而产生出前所未有的、独特新异的新形象。例如，在第一届安徽青少年科技发明大赛上，500多名小发明家参与、最终近百件作品入围决赛，例如：长相类似《E.T》外星人的多功能护眼架，不需要救生员下水、通过遥控器操纵像黄色潜水艇一样的水上快速遥控救生装置，有闹钟定时提醒功能、可以语音播放事先录制服药提醒的会说话的药盒等，这些作品构思巧妙，充满创新性。

想象新颖性较差的人，想象囿于表象，因循守旧，作品往往"依葫芦画瓢"，缺乏新意。

(五)想象的清晰性

想象的清晰性是指新形象的鲜明性和生动性程度如何。

想象清晰性良好的人，想象某一事物犹如在头脑里看见了、听到了、闻到了一样，活灵活现，惟妙惟肖。屠格涅夫写《父与子》时，仿佛自己就是巴扎洛夫，每天给他记日记；罗曼·罗兰为《约翰·克利斯朵夫》的主人公的命运担忧，以致每写一章都要白了一些头发；福楼拜在《包法利夫人》的创作中，整日沉湎在所描写的情景中，当写到包法利夫人最后服毒自杀时，竟感到自己嘴里都有砒霜的味道。这都体现了作者想象的清晰性。

想象清晰性较差的人，头脑里出现的新形象，常常是暗淡的、模糊的、片断的和不稳定的。

(六)想象的现实性

想象的现实性是指想象与现实的相关性程度如何。

想象现实性良好的人，能把自己的想象植根于现实之中。尽管其想象可能超越现实，然而却符合现实的要求和现实的发展方向，且具有一定的社会价值，经过充分发挥能动作用，想象的事物可以得到实现。

想象现实性较差的人，无视现实，想入非非，脱离实际，想象只是一些漂亮的肥皂泡，转瞬即逝。

二、青少年想象的特点

青少年随着知识的日益丰富，眼界的开阔，想象力也日益丰富。由于青少年强烈的求知欲及对科学发生兴趣而产生科学的幻想。例如他们对《少年科学》《十万个为什么》等读物和电影电视中的科学幻想故事都非常喜爱，这也就激发了他们科学幻想的发展。高中生更是爱科学、喜钻研、善幻想。青少年对于未来生活的远景、未来工作和未来社会发展前景的向往都反映在他们的丰富的想象之中。

随着年龄增长，幻想中的现实性成分越来越高。初中生的幻想多于理想，高中生的理想占主导地位，但青少年的理想还不够稳定，容易发生变化。

青少年的想象更富于创造特色。进入中学后，学生的再造想象变得更加独立、概括、精确，创造想象得到进一步发展。比如在作文、图画、少年科技等各项活动中，已经涌现出初露头角的"革新家"。在高中阶段，学生创造想象力发展更快，他们开始把创造想象同创造性活动联系起来，对理化实验及某些科技活动逐渐产生浓厚的兴趣与爱好。他们极爱探索钻研，热衷于创造发明。但是，青少年同创造活动全面结合的更高级的发明创造能力，有待以后形成。

三、学生想象力的培养

培养和发展学生的想象力，是培养创造性人才的重要环节。教师在教学中应有意识地培养学生的想象力。

(一)在教学活动中发展学生的再造想象

再造想象在学生的想象过程中具有重要作用。再造想象是学生感知和掌握事物的有效手段，是学生理解和掌握客观事物规律与内在联系必不可缺少的心理条件，是进行思想教育的重要形式之一。在教学中要发展学生的再造想象，就要注意以下几个方面。

1. 通过各种课外实践活动，扩大学生知识领域，扩大学生脑海中的表象储备

想象力的水平与一个人知识、表象的广博程度密切相关，一个知识、表象贫乏的人，其想象也往往很狭窄、肤浅，甚至易产生想象失真。在现实生活中，人往往由于阅历所限而容易用自己的情况想象别人，用本地的情况想象外地，用今天的情况想象过去或未来等。比如，今天的少年儿童没有旧社会的生活经验，没有见过那时候的地主、资本家、国民党特务，由于受某种漫画、小人书及概念化、脸谱化的电影、戏剧的影响，因而一提起地主他们就想到头戴瓜皮小帽、身穿长袍马褂、手提一把大算盘的形象；一提资本家就想到腆着大肚皮、西装革履、手持文明棍的形象；一提起特务，就会想到头戴鸭舌帽、鼻梁上架墨镜、手持无声手枪的形象。这样不仅不能形成丰富而准确的想象，相反易导致想象的表面性、片面性。因此，培养学生的想象力不能只局限于课堂上，应积极引导、组织学生从事参观、访问、观察和实验等教学实践活动，指导学生课外阅读，以开阔他们的眼界，丰富他们的表象储备，为想象奠定基础。

2. 运用生动形象的语言，培养学生的想象力

教学中，教师本身生动形象的语言描述，不仅有利于学生对抽象知识的理解，而且对学生想象力的培养具有指导作用。它能帮助学生积极地对头脑中的记忆表象进行提取、改造和重组，使想象活动方向明确、进展顺利，有利于想象力的发展。例如一位化学教师在讲"一滴水里有多少水分子"时说："科学实验证明，一滴水里所含的分子数，如果拿来分给全世界 40.1 亿人口，而后再把其中一个人所得的分子数平均分给全世界的人，这样每人还可分到 100 个水分子。"显然这位老师用这种形象化的语言启发学生想象一滴水里所含的分子数，比简单地告诉学生："一滴水里含有 16 万亿亿个水分子"能产生更好的教学效果。因此，教师讲课时应善于联系学生日常生活经验中的例子，借助恰当、形象的比喻启发他们想象，将抽象的知识变成具体、鲜明的形象，从而加深学生对知识的领会和理解。

3. 运用直观教具和现代化教学手段，丰富和发展学生的想象

在教学中，教师结合教学内容，广泛运用实物、模型、图片等直观教具，或电影、电视、幻灯片及多媒体等现代化教学手段，对于丰富和发展学生的想象极有帮助。例如，一位教师在讲"我国濒临的海"一课中有关海的景色时，为了使从未见过大海的学生真正领略到大海的景观，他使用了"渤海的渔帆"和"九级巨浪"两幅图片来帮助学生想象风平浪静时的海上景色与狂风巨浪时的海上景色有何不同。同时，他还把"假设"引入想象中来，教学生借周围现有的条件展开想象并使之产生真实感。他让学生想象：假设教室变成了茫茫无际的大海，地面就是翻腾起伏的波涛，屋顶就是天幕；假设椅子就是海洋中的巨轮，书包就是一只只白色的海鸥，书桌变成了点点渔帆……然后，他让这些"假设"在想象中开动起来，并随着他的描绘，变成了这样一幅图景：在辽阔美丽的海洋上，风平浪静，师生乘坐在一艘巨轮上破浪前进，极目远眺，蔚蓝色的海水和湛蓝的天空连成一片，水连

天，天连水，浑然一体。在碧蓝的水天中，有几只海鸥翱翔在雪白色的浪花上面……一队队渔帆出海去了，就像蝴蝶飞进了蓝色的草原……而后情况突变，告诉学生狂风即将袭来，并让他们迅速地想象乌云从四野积聚，远处天边传来轰鸣的雷声，狂风掀起的巨浪，风声、雷鸣、海啸好像一首浑厚交响乐震响在海面上。人民海军舰艇正在抢救被浪涛淹没的船只……这样，在老师的指导下，学生们就可以展开想象的翅膀，浮想联翩，犹如身临其境，取得了良好的教学效果。

(二)在教学活动中培养学生的创造想象

创造想象是学生在目前和将来从事创造活动的重要心理条件。在教育与教学中，教师应通过课堂有意识地培养学生的创造想象，除了扩大学生的知识经验，丰富学生的表象储备之外，还要结合各学科的教学活动，有目的地训练学生的想象力，具体讲有以下几个方面的内容。

1. 形象性自由联想训练

教师可根据具体情况，有目的地在课内或课外安排进行形象性自由联想训练。其具体做法是让学生根据若干印象画或简单图形，迅速展开自由联想，想到的事物越多、越新颖、越独特越好。例如诗歌所创造出来的形象具有创造性和跳跃性，故在诗歌教学中应充分发挥学生的想象力，通过对诗歌进行补充、转换、再创造，将诗歌的文字符号转换为立体画面，把作者没有直接说出来的话补充完整，从而融入诗歌的艺术世界中去。例如，一位教师在分析《再别康桥》"绘画美"的特点时，让学生从中挑选一节自己最喜欢的诗歌，然后发挥想象，在自己头脑中形成一幅画，再用自己的语言描绘出来。这样不但可以让学生尽快进入诗歌优美的画面之中，而且对其语言表达能力无疑也是一种提高。

2. 创造性复述训练

创造性复述训练即要求学生对阅读过的文章或听过的故事，在不背离原作主旨的基础上进行创造性的补充、发挥、畅想。比如老师在讲了鲁迅的《从百草园到三味书屋》一文后，要求学生对冬日捕鸟的内容加以创造性复述。有个学生开头这样写道："昨天晚上，鹅毛般的大雪，从彤云密布的半空中纷纷扬扬落下来。雪下了整整一夜，第二天，天放晴了，百草园的石井栏和地面上，都盖上一层白皑皑的厚雪，皂荚树上挂满了毛茸茸、亮晶晶的银条儿，桑树上挂满了蓬松松的雪球，整个百草园变成了粉妆玉砌的世界。这正是捕鸟的好机会。"然后他又描写了少年鲁迅的外貌，描述了两次捕鸟的不同心情、神态及经过，最后他写道："鲁迅提着鸟笼，唱着歌，连蹦带跳地跑回家去。"这个学生在复述中，以原材料为想象的出发点，但又不为原材料拘囿，而是有所深化、有所创造。其开头对百草园雪景的描写融入了自己对生活的观察和理解，结尾更是活泼新颖，既出人意料，又在情理之中。显然，这种创造性复述训练对发展学生的想象力，尤其是对创造想象能力的培养是很有帮助的。

3. 具象化训练

所谓具象化训练，就是要求学生将某种抽象的概念、思想或情感，比如将静夜、初春、贪婪、骄傲、精疲力竭以及得意忘形等，努力化为直观的、具体的、形象的言语表达的一种训练方式。这种训练最好结合作文讲评进行。比如习作《"死板子"爸爸》，作文写到爸爸经过一年的辛勤劳动，从承包的鱼塘里网上了几千斤鲜鱼，"乐得不知说什么好"。讲评时教师指点："乐"会是怎样的呢？要求学生展开想象，将其"具象化"。很快，作文改为："记得那天，爸爸见箩筐里、水桶里到处是活蹦乱跳的鱼，乐得不知说什么好，嘴里含着一支没有点燃的香烟，一时提提圆滚肥壮的草鱼，一时掂掂红头黄尾的鲤鱼，轻轻地哼着小调。"作文写到鱼贩子企图收购爸爸的鱼，"鱼贩子拍马似地向爸爸请求买鱼"。教师又抓住时机讲评，指点："拍马"的神态、语言会是什么样子？学生调动形象储存，作文改为："鱼贩子满面堆笑地走到爸爸跟前，递上名牌的过滤嘴香烟，又凑近给爸爸点上火。接着干咳两声说：'陈哥，发大财了，三千多斤鱼就是三千多块钱哪！别人出八角五，我出九角，鲤草一起要，包你不吃亏。'"作文继续写到爸爸讨厌鱼贩子的纠缠，"爸爸显然不耐烦了，就说……"教师不失时机地讲评："不耐烦什么样？"作文修改为："爸爸显然不耐烦了，将手上还没点燃的过滤嘴香烟扔在地上，还踩上两脚，厉声说：'九块也莫想买到我的鱼！'说完就自己去干他的活了。"诸如此类紧密结合作文讲评进行具象化训练，即使原习作只是一段概念化的短文，也能通过"具象"手段而"化"之为一篇形象生动的好文章。这中间，学生想象能力的增强，表达兴趣的提高，实在是不言而喻的。

4. 创造性虚构训练

创造性虚构训练就是通过创造想象，对教材进行选择、提炼、加工，塑造新形象的过程。在教学中教师可结合教学内容，适当安排一些创造性的虚构训练。具体讲，在作文课上，应在培养学生写实能力为主的作文训练中加入一些虚构训练，可采取以下方式训练。

(1) 为学生提供某一课题，例如，假如人类不吃东西也能生活，人类将会怎样生活？假如地球上的煤与石油都用完了，人类将怎样应对能源危机？等，由学生独立地想象、构思、写作。

(2) 给学生一篇不完整的文章(或缺开头、或缺结尾、或缺中间部分)，让学生根据自己的想象将文章补充完整。例如给学生提供这样一个开头："一次，一个青年人在路上拾到10元钱钞票，从此他走路时眼睛总是离不开地面，40年的漫长岁月过去了……"由学生独立想象文中青年人会变成什么样，用生动形象的语言完成这篇短文。

(3) 人物虚构训练，又叫形象合成训练，即引导学生观察生活中某一阶层、某一职业或某一年龄阶段、某一性别的人的言语、表情、行为习性等，将他们散布于不同时间和空间、不同层次和平面上最富有特色的东西集中并组织到一起，糅合成一个全新的人物，不仅要构想出他的外貌特征，还要想象出他该具有什么样子，在特定条件下该如何说话、如何行动等，而后用具体生动的语言把他形象地描写出来。

此外，也可以让学生以生活中某个熟悉的人物为原型，适当汲取有关人物的某些特点来创造人物形象。在进行人物虚构时，必须让学生明确，运用形象合成所写出的人物虽是虚构的，但却是建立在生活中确实存在的某些人物基础上的，是对现实生活与人的内心世界的真实反映。因此，它必须建立在现实基础上，否则，就成了虚假而难以令人信服的胡编乱造。除了作文课外，虚构练习也可以在美术、音乐等课程的教学中进行，例如组织学生根据所学的设计方法，独立地设计学校的标志或校徽。

本章小结

想象是人在头脑中对已有表象加工改造、重新组合形成新形象的心理活动过程。客观现实是想象产生的源泉和内容。想象在人类的生活中具有重要作用。想象可分为无意想象、有意想象两种，有意想象又分为再造想象与创造想象，它们各有其产生、发展的规律；作为思维特殊形式的想象其品质表现为想象的主动性、丰富性、深刻性、新颖性、清晰性和现实性。在教学中教师要加强学生想象力的培养。

案例分析

【案例】

谁更富有想象力

传说，古代一个画家教三个弟子，最后以"深山藏古寺"命题作画，考核他们。第一位学生画的是四面高山，悬崖峭壁，其间有座完整的寺院。第二位学生画了峰峦起伏，松柏挺立，并有古寺一角。第三位学生既不画山，也不画寺，只画了数小节石阶和一条小溪边一个挑水的和尚。你猜，这三位学生中，谁的画被评为佳作呢？你知道为什么吗？

【分析】

这个故事的结果是第三个学生的画被评为佳作。因为第三个学生的创作想象独特而深刻。画面与"深山藏古寺"的命题相符；古寺"藏"而不画，给人留下想象的空间；妙处是使每位看画的人，从那数小节石阶和挑水的和尚，对深山古寺充满各种各样的联想，把人的"想象"都调动起来了，充分发挥了"藏的含义"，故留给人的印象是非常深刻的。可见这位学生作画的想象力是多么的丰富。

第三部分 情 意 篇

第八章 情绪与情感

本章学习目标

- 情绪、情感的概念与功能
- 情绪、情感的种类
- 情感的品质及培养

在教学活动中，师生围绕着教学材料进行认知加工和交流的同时，也伴随着情感体验和传递。事实上，教学是一个情知交融的过程。随着人们对情感这一复杂心理现象的认识的不断深入，情感在教学中的作用也日益得到人们的重视。通过教学来陶冶学生的情感，通过情感来优化教学，这是现代教学艺术的重要体现。那么情感究竟是什么？它有哪些作用？情绪、情感是怎样划分的？青少年学生的情感特点是什么？在教学中如何发挥情感因素的积极作用？学生又如何提高自己的情感修养？这些问题都是本章要探索的主要内容。

第一节 情绪、情感的概念与功能

一、情绪、情感概述

(一)情绪、情感的定义

情绪、情感是人对于客观事物是否符合自己的需要而产生的态度体验。对上述定义，可从以下三个方面来分析。

1. 情绪、情感是人对客观现实的反映

情绪、情感不反映事物本身，而是反映了对该事物的态度。

情绪和情感总是由客观事物引起的，离开了具体的客观事物，人不可能产生情绪和情感，世界上没有无缘无故的爱与恨，就是这个道理。客观现实是情绪、情感产生的源泉，人的情绪、情感是客观现实的反映，但是，这种反映并非反映事物的本身，而是反映主体对事物的态度。例如，当我们看到一位同学谈吐文雅、行为端庄时，就会对其产生好感。这种好感的产生尽管来自该同学本身，但好感所反映的却是对该同学的表现态度，是对该表现的一种体验或感受。

2. 认识是情绪、情感产生的前提和基础

人们对客观事物的认识、评估是产生情绪、情感的直接原因。换言之，没有对客观事物的认识，便不能产生任何情绪和情感。正如上例，正是因为该同学的言谈举止作用于我们的感官，使主体对这些表现产生了认识后，才产生了对这些表现的评价，在此基础上产生了对该同学的好感。即便同一事物，由于它在不同的条件、不同的时间出现，我们对其认识、判断与评价也会不同，从而会产生不同的情绪和情感体验。例如，我们在野外看到一只老虎时就会大惊失色，惊恐万分，而在动物园或马戏团看见老虎时却无害怕之感。

3. 情绪、情感的性质是以客观事物是否满足人的需要为中介的

人对客观事物的认识，产生了不同的态度，从而产生了不同的情绪和情感。那么，这种态度又是由什么决定的呢？决定人们态度的是该事物是否符合主体的需要。如果该事物符合并满足主体的需要，人们就会对该事物持肯定的态度，产生满意、愉快、高兴的情绪、情感体验。反之，如果该事物不符合、不能满足主体的需要，人们便会对该事物持否定的态度，产生不满、愤怒、痛苦及仇视等消极的情绪、情感体验。如上例中，人们之所以对该同学产生好感，就是因为该同学的行为表现符合自己的心愿，与自己期望的行为规范相吻合，于是便产生了满意、喜欢、尊敬的情感。因此，对客观事物的不同态度取决于该事物对主体需要的满足程度，需要就成为客观事物与主观情感体验的媒介，从而也决定了人的情绪、情感的性质。

(二)情绪、情感的关系

情绪和情感是两个既有区别又有联系的概念。其区别在于以下几个方面。

(1) 从需要的角度看。情绪是和有机体的生物需要相联系的体验形式，例如喜、怒、哀、乐等。情感是同人的高级的社会性需要相联系的一种较复杂而又稳定的体验形式，例如与人交往相关的友谊感，与遵守行为准则规范相关的道德感，与精神文化需要相关的美感与理智感等。

(2) 从发生的角度看。情绪发生较早，为人类和动物所共有，而情感发生较晚，是人类所特有的，是个体发展到一定阶段才产生的。新生儿只有悲伤、不满、高兴等情绪表现，通过一定的社会实践才逐渐产生形成友爱、归属感、自豪感、责任感和道德感等情感体验。

(3) 从表现形式看。情绪一般发生得迅速、强烈而短暂，有强烈的生理的变化，有明显的外部表现，并具有情境性(由具体情境而产生，随情境的变化、消失而变化、消失)、冲动性(爆发力强，力度大)和动摇性(变化快，不稳定)。而情感是经过多次情感体验概括化的结果，不受情境的影响，并能控制情绪，因而它具有较大的稳定性；情感由于只与对事物的深刻性认识相联系，因而它深沉，具有深刻性；情感更多地表达内心体验，很少冲动，因而它具有内隐性。

情绪和情感虽然有各自的特点，但又是相互联系、相互依存的。情感是在情绪的基础上形成的。反过来，情感对情绪又产生了巨大的影响。它们是人感情活动过程的两个不同

侧面，二者在人的生活中水乳交融，很难加以严格区分。从某种意义上说，情绪是情感的外部表现，情感是情绪的本质内容。

(三)情绪、情感和认识过程的关系

1. 情绪、情感与认识活动的联系

情绪、情感与认识过程是紧密联系的。认识过程是产生情绪、情感的前提和基础。有了对事物本身属性的认识，才能有主客体之间需求关系的反映，从而产生情绪与情感，没有对事物的认识就不能产生情绪和情感。没有某种感觉，就不可能有某方面的情调，所以聋者不觉噪声之讨厌，盲者不知丽色之可喜。当人听到节日的礼炮声或是激战的炮声时，便有不同的态度体验，这是与知觉相联系的情绪和情感。当人们回首欢乐的童年、学业和事业的成就、甜蜜的爱情、遭受的挫折、惊险的场面时，便会产生不同的态度体验，这是与记忆相联系的情绪和情感。在日常生活中，人对某些问题和事件，越想越高兴，越想越生气，越想越后怕，这是思维和想象的结果。

2. 情绪、情感与认识过程的区别

(1) 认识过程反映了客观事物本身的属性，而情绪、情感过程是反映主客体之间的需求关系。单纯对客观事物的认识不能产生情绪与情感，只有客体和主体之间的需求关系的反映才产生情绪与情感。例如，两个考试后只得59分的学生，都认识到59分意味着不及格，但由于两个学生的学习目的、学习动机不同，因而一个抱无所谓的态度，另一个则深感羞愧。

(2) 认识过程的随意性较强，人可以随意地感知、注意、记忆、想象和思考，也可以随意地停止这种认识活动。而情绪、情感过程只有通过认识作用，才具有某些随意的性质。

二、情绪、情感及伴随的机体变化

情绪、情感是在大脑皮层的主导作用下，皮层和皮下中枢协同活动的结果。它们发生时除了产生独特的喜、怒、哀、乐等主观体验外，还伴随着一定的机体生理变化和外部表现。

(一)机体的生理变化

伴随情绪、情感的产生，有机体内部会发生一系列的生理变化。这些变化主要表现在呼吸系统、循环系统、消化系统，以及内外腺分泌的变化上。例如，人在紧张时，肾上腺活动增强，促进肾上腺分泌增多，引起血糖增加，同时呼吸加快，心率加速，血压升高，脑电出现高频率、低振幅的β波(频率为14～30Hz，振幅为5～20μV)，皮肤电阻降低，唾液腺、消化腺和肠胃蠕动减少等。而人在高兴时，肾上腺活动正常，肾上腺分泌适当，就会出现呼吸适中，血管舒张，血压下降，皮肤电阻上升，唾液腺、消化腺和肠胃蠕动增强等。这种变化的差距十分明显。以呼吸系统为例，在不同的情绪状态下，呼吸的频率乃至于呼气和吸气的比例都会产生明显变化：悲痛时每分钟呼吸9次，高兴时每分钟呼吸17次，

积极动脑筋时每分钟呼吸 20 次,愤怒时每分钟呼吸 40 次,恐惧时每分钟呼吸竟达 64 次。

由于情绪的这种独特的生理特性,因而情绪也就与一个人的健康发生密切关系。我国古代就有"喜伤心、怒伤肝、忧伤气、思伤脾、悲伤肺、恐伤肾、惊伤胆"之说,现代医学更是明确地提出了身心疾病的概念。

(二)情绪的外部表现

情绪、情感发生时,人身体各部位的动作、姿态也会发生明显变化,这些行为反应被称为表情。表情是人际交往的一种形式,是表达思想、传递信息的重要手段,也是了解情绪、情感体验的客观指标。人类的表情主要有面部表情、身段表情、言语表情三种。

1. 面部表情

人的面部表情最为丰富,它通过眼部肌肉、颜面肌肉和口部肌肉来表现人的各种情绪状态。眼睛是心灵的窗户,各种眼神可以表达人的各种不同的情绪和情感。例如,高兴时"眉开眼笑";悲伤时"两眼无光";气愤时"怒目而视";恐惧时"目瞪口呆"等。眼睛不仅能传情,而且可以交流思想,因为人们之间有些事情不能或不便言传,只能意会。因而观察他人的眼神,可以了解他人的内心愿望,推知他人对事物的态度。眉毛的变化也可以表现出不同的情绪状态,例如展眉欢欣、蹙眉愁苦、扬眉得意、低眉慈悲、横眉冷对、竖眉愤怒等。口部肌肉同样是表现情绪的主要线索,例如嘴角上提为笑,下挂为气;憎恨时"咬牙切齿";恐惧时"张口结舌"。就连表情肌肉有所退化的鼻子和耳朵也能表示人不同的心态,例如轻蔑时耸鼻;恐惧时屏息;愤怒时张鼻;人羞愧时"面红耳赤"等。据心理学家埃克曼研究,人的面部表情是由七千多块肌肉控制的,这些肌肉的不同组合使人能同时表达两种情绪。所以,人的面部表情是丰富多彩的。

2. 身段表情

身段表情是通过四肢与躯体的变化来表现人的各种情绪状态的。例如,从头部活动来看,点头表示同意,摇头表示反对,低头表示屈服,垂头表示丧气;从身体动作来看,高兴时"手舞足蹈"、悔恨时"顿足捶胸"、惧怕时"手足无措"。

3. 言语表情

言语表情是通过音调、音速、音响的变化来表现人的各种情绪状态的。例如,高兴时语调激昂,节奏轻快;悲哀时语调低沉,节奏缓慢,声音断续且高低差别很少;爱抚时语言温柔,和颜悦色;愤怒时语言生硬,态度凶狠。有时同一句话,由于语气和音调不同,就可以表示不同的意思。例如"怎么了?"既表示疑问,也可以表示生气、惊讶等不同的情绪。

三、情绪、情感的功能

(一)驱动功能

情绪、情感的驱动功能是指情绪、情感对人的行为活动具有增力或减力的作用。它能够驱使个体进行某种活动，也能阻止或干扰活动的进行。例如，一个人在高涨的情绪下会全力以赴，克服种种困难，达到自己追求的目标。如果一个人情绪低落，就会畏缩不前，知难而退。从这种意义上讲，情绪和情感具有某种动机的作用。美国心理学家奥尔兹的动物心理实验也证明了这一点。他将生物电极埋入大白鼠丘脑内的快乐中枢，并让大白鼠学会压杠杆以获得生物电的刺激，引起快乐的冲动。于是，大白鼠会竭尽全力去压杠杆，追求快乐。大白鼠压杠杆的平均速度可达 2000 次/小时，最高峰可达 100 次/分钟，并且可以持续 15～20 个小时，直到精疲力竭，进入睡眠状态为止。美国心理学家利铂认为，"感情本身就是动机"，而汤姆金斯则进一步将情感视为第一性动机，他提出了生物内驱力只有经过情感体系放大才具有动机的作用的观点。可见，情绪、情感对个体行为的动机作用是很明显的。

(二)调节功能

情绪和情感的调节功能是指情绪和情感对个体的活动具有组织或瓦解的作用。这种作用一方面表现为情绪和情感产生时，会通过皮下中枢的活动，引起身体各方面的变化，使人能够更好地适应其所面临的情境。例如，面对突如其来的险情，恐惧之感会使人产生"应激反应"，引起体内一系列生理机能的变化，使人更好地适应变化的环境。另一方面表现在情绪和情感对认识活动和智慧行为所引起的调节作用，影响着个人智能活动的效率。苏联心理学家基赫尼洛夫就明确提出了思维活动受情绪调节的观点。他认为"协调思维活动的各种本质因素正是同情绪相联系，保证了思维活动的重新调整、修正，避免刻板性和更替固有的定势"。实践也证实当人心情愉快时思路格外灵敏，而当人心情沮丧时，思路变得迟钝、混乱。

合理情绪疗法.mp4

(三)信号功能

情绪和情感的信号功能，首先表现为人与客观事物之间的关系产生了一种意外变化的信号。客观事物作用于人，特别是原有的主观状态不能适应这种客观事物刺激时，人的神经、化学机制就会被激活，并产生特殊信号，促使人改变活动方式，并采取新的应对措施。这时的人就会产生不同的内心体验，或愉快、或不愉快、或满意、或不满意等。其次，人的各种情绪、情感无不具有特定的表情、动作、神态及语调，这些构成了表达人的内心世界的信号系统。通过这种信息的传递，个体可让他人识别正在体验着的情绪状态，也可向他人传递自己的某种愿望、观点和思想，从而使自己对事物的认识和态度具有鲜明的外露特色，更容易使自己被他人所感知、所接受。正因为如此，情绪、情感的信号功能在特殊的人际交往——教学中有着重要的作用，有时，它比语言信号的作用还要巨大。

专栏 8.1　情绪、情感对学习的影响

情绪、情感对人的学习活动的作用具有两面性，既可以提高学习的积极性，促进和增强学习效果，也可以降低学习的积极性，削弱和减低学习效果。一般说来，高兴、快乐、喜悦及热情等积极情绪，对学习有促进作用；焦虑、痛苦、忧伤、愤怒及冷漠等消极情绪，对学习起阻碍作用。

心理学家泽尔勒就情绪对学习的影响进行了实验研究。他让甲、乙两组学习能力相等的大学生都学习无意义音节，同时让他们做排列方块实验，然后测验他们对所排列图形的记忆效果。当测验甲组学生时，给予赞美的评语，接着再让他们继续学习无意义的音节，而对乙组学生却给予非常严厉的批评，随后让他们再学习无意义的音节。结果发现，乙组学生受到批评后，心情沮丧、紧张，方块测验成绩越来越差，无意义音节的学习效果也大大降低。而甲组学生却积极性高涨，学习效率大大提高。这表明，愉快的、平衡的情绪，使人的大脑处于最佳活动状态，人在愉快的心情下学习，精力会更集中，思维更敏捷，记忆效果大大提高。相反，如果在痛苦、烦躁、不安的情形下进行学习活动，就不能集中精神，思维变得混乱，记忆力下降。

情绪对学习的影响还表现在：当所学习的材料的情绪与学习者的情绪一致时，记忆效果就较好，即愉快的人更易记住令人愉快的材料，而悲伤的人更易记住令人悲伤的材料，这种现象叫作"情境一致性效应"。另外，人在愉快的状态下更易记起在愉快的状态下学习的东西，这种效应叫作"心境状态依赖效应"。

四、情绪、情感的两极性

情绪和情感都具有两极性，这是达尔文在研究人类和动物的表情时，提出的一个对立性原则。情绪、情感的两极性是指情绪和情感不论从何种角度来分析，都可分为对立的两个方面，例如肯定和否定、强和弱、紧张与轻松、快乐与忧伤等。一般说来，情绪和情感的两极性具体表现在以下几个方面。

(1) 从性质上看，情绪、情感的两极性表现为肯定和否定的对立性质。当个人的需要得到满足时，会产生肯定的情绪和情感，愉快、高兴、爱慕等。当个人的需要得不到满足时，就产生否定的情绪和情感，例如烦恼、忧愁、憎恨等。肯定的情绪、情感是积极的、增力的，可提高人的活动能力。否定的情绪、情感是消极的、减力的，可降低人活动的能力。构成肯定或否定两极的情绪、情感，并不是相互排斥的。客观事物之间的联系是极其复杂的，一件事物对人的意义也可以是多方面的。因此，两极对立的情绪可以在同一事物中同时出现。例如，面对困难的烦闷感与战胜困难的兴奋感就会同时出现在某一个人身上。甚至相反的两种情绪、情感在一定条件下还能够相互转化，例如"破涕为笑""乐极生悲"等，就是由一个极端转化为另一个极端的实例。

(2) 从强度上看，情绪和情感的强弱是不同的。例如，从不安到激动，从愉快到狂喜，从好感到热爱等。在每一对由弱到强的情绪和情感中还存在着许多程度上的差异。例如，从满意到狂喜的发展过程是满意—愉快—欢乐—狂喜。从好感到热爱的发展过程是好感—喜欢—爱慕—热爱。情绪、情感的强度取决于引起情绪、情感的事物对人的意义的大小，意义越大，引起的情绪、情感也就越强烈。

(3) 从紧张度上看，情绪和情感有紧张和轻松之别。这种两极性往往在人的活动的最关键时刻表现出来。例如，遇到重大的比赛，人们会处于高度紧张的状态，一旦比赛结束，人的紧张状态便逐渐消失，随之而来的是轻松的情绪体验。情绪、情感的紧张度，既取决于当时情境的紧迫性，也取决于人的应变能力及心理准备状态。一般情况下，紧张状态将导致人的积极行为。但是，如果过分紧张，也可能使人不知所措，甚至停止行动。

(4) 从激动性上看，情绪、情感还有激动与平静两极。激动的情绪、情感是强烈的、短暂的、爆发式的态度体验，例如悲痛、狂喜、暴怒等。与激动的情绪、情感相对立的是相对平静的情绪和情感。在大多数情况下，情绪和情感是相对平静的，这也是人进行正常的生活、学习和工作的基本条件。

第二节　情绪、情感的种类

一、情绪、情感的基本形式

人的情绪和情感多种多样，应如何分类？我国古代有"六情说"与"七情说"。六情说是指爱、恶、喜、怒、哀、乐；七情说即喜、怒、哀、乐、惧、爱、恶。近代关于情绪分类的研究，通常把情绪分为快乐、悲哀、愤怒和恐惧四种基本形式。

情绪表达方式.mp4

(一)快乐

快乐是指盼望的目标达到或需要得到满足之后，解除紧张时的情绪体验。例如亲人相聚时的"高兴"，学习获得好成绩时的"愉快"，工作取得成就时的"满意"等，都是快乐的情绪。但是，有些情绪，例如怜悯、奇怪、惊奇等，既不是明显的快乐，也不是明显的不快乐。

快乐的程度取决于愿望的满足程度。一般说来，快乐可以分为满意、愉快、欢乐、狂喜等。引起快乐情绪的原因很多，例如亲朋好友的聚会、美好理想的实现、宁静明亮的学习环境等都可以引起快乐的情绪。如果愿望或理想的实现具有意外性或突然性，就更会增强快乐的程度。

(二)悲哀

悲哀是与所热爱的对象的失去和所盼望的东西的幻灭相联系的情绪体验。引起悲哀的原因比较多，例如亲人去世、升学考试失意、自己所珍爱的物品丢失等，都会引起悲哀的情绪体验。

悲哀的程度取决于失去对象的价值。此外，主体的意识倾向和个性特征对人的悲哀程度也有重要的影响。根据程度的不同，悲哀可分为遗憾、失望、难过、悲伤及极度悲痛等。悲哀有时伴随哭泣，使紧张释放，缓解心理压力。在比较强的悲哀中，常常伴有失眠、焦虑、冷漠等心理反应。

(三)愤怒

愤怒是由于外界干扰使愿望的实现受到压抑，使目的的实现受到阻碍，从而逐渐积累而产生的情绪体验。引起愤怒的原因很多，恶意的伤害、不公平的对待等都能引起愤怒的情绪。愤怒的产生取决于人对达到目的的障碍的意识程度，只有个体清楚地意识到某种障碍时，愤怒才会产生。

愤怒的程度取决于干扰的程度、次数及挫折的大小。根据愤怒的程度，可把愤怒分为不满意、生气、愠怒、激愤和狂怒等。

(四)恐惧

恐惧是有机体企图摆脱、逃避某种情景而又苦于无能为力的情绪体验。引起恐惧的原因很多，例如黑暗、巨响、意外事故等。恐惧的程度取决于有机体处理紧急情况的能力。

在快乐、悲哀、愤怒和恐惧四种基本情绪中，快乐属于肯定的、积极的情绪体验，它对有机体具有增力作用。而悲哀、愤怒、恐惧通常情况下属于消极的情绪体验，对人的学习、工作、健康具有消极的作用，因而应当把它们控制在适当的水平。但在一定条件下，悲哀、愤怒、恐惧也可以起到积极的作用。例如战士的愤怒有利于他们在战场上勇敢战斗；对可怕后果的恐惧有利于个体提高责任感与警惕性；悲哀可以使人"化悲痛为力量"从而摆脱困境。

二、情绪的基本状态

根据情绪发生的强度、持续时间的长短及外部表现的情况，可将情绪状态分为心境、激情和应激三种。

(一)心境

心境是一种使人的心理活动都染上某种相应色彩的微弱而持久的情绪状态。心境有三个特点。第一，和缓而微弱，似微波荡漾，有时人们甚至觉察不出它的发生。第二，持续时间较长，少则几天，长则数月。第三，它是一种非定向性的弥散性的情绪体验，在人的心理上形成了一种淡薄性，使人的心理活动、行为举止都蒙上一层相应的色彩。例如，人在得意时感到精神爽快，事事顺眼，干什么都起劲。人在失意时整天愁眉不展，事事感到枯燥乏味。

心境产生的原因是多种多样的。个人生活中的重大事件，诸如事业的成败、工作的逆顺、人际关系的亲疏、健康状况的优劣，甚至自然界的时令气候、环境景物等都可以成为某种心境形成的原因。除了由当时的情境而产生的暂时心境外，人还能形成各自独特的稳定心境。这种稳定的心境以人生活经验中占主导地位的情绪体验的性质为转移。例如，有的人朝气蓬勃，在他的生活中愉快的心境便占主导地位；有的人失望忧愁，在他的生活中忧伤之情便占主导地位。对心境起决定影响的是一个人的世界观。

心境有消极和积极之分。积极的心境，使人振奋愉快，能推动人的工作与学习，激发人的主动性与创造性；消极的心境则使人颓丧悲观，妨碍人的工作和学习，抑制人的积极性的发挥。人应充分发挥其主观能动性，正确地认识、评价自己的心境，消除消极心境的不良影响，培养坚强的意志，增强抗御外界不良刺激和干扰的能力，树立正确的理想和信念，有意识地掌握自己的心境，做心境的主人。

(二)激情

激情是一种强烈的、爆发式的、持续时间短暂的情绪体验。例如欣喜若狂、暴跳如雷、悲恸、绝望等。激情有四个特点。第一，激情具有激动性和冲动性。激情一旦产生，人便完全被情绪所驱使，言行缺乏理智，带有很大的冲动性和盲目性。第二，激情维持的时间比较短，冲动一过，时过境迁，激情也就弱化或消失了。第三，激情具有明确的指向性。激情通常由特定的对象所引起，例如意外的成功会引起狂喜，理想破灭会引起绝望，黑暗、巨响会引起恐惧等。第四，激情具有明显的外部表现。在激情状态下，人的内脏器官、腺体和外部表现都会发生明显的变化，例如暴怒时"面红耳赤"，绝望时"目瞪口呆"，狂喜时"手舞足蹈"等。

引起激情的原因是多方面的，对人有重大意义的事件(例如巨大的成功、亲人的亡故)，对立意向的冲突，过度的抑郁和兴奋，都可能导致激情产生。从生理上看，激情是外界的超强刺激使大脑皮层对皮下中枢的抑制减弱甚至解除，从而使皮下的情绪中枢强烈兴奋的结果。在激情状态下，人的认识范围缩小，理智下降，不能正确评价自身行为的意义及结果，控制自己的能力减弱，不能很好地约束自己，往往会作出令人吃惊的蠢事。但是，如果以激情是不可控制的或以激情爆发来原谅自己的错误，也是不正确的。人能够意识到自己的激情状态，也能够有意识地调节和控制。

激情具有双重作用。激情如果伴随着冷静的头脑和坚强的意志，它可以成为动员人的所有潜能积极投入行动的巨大动力。例如许多诗人、艺术家常常在激情状态下出现灵感，妙思横溢，完成不朽的杰作；许多爱国志士也往往在激情状态下作出轰轰烈烈、可歌可泣的英雄壮举。激情如果是不符合社会要求的，对机体有害的就起消极作用。青少年犯罪中常见的就是激情犯罪。可见，激情的意义由它的社会价值所决定。

(三)应激

应激是在出乎意料的紧急和危险的情况下所引起的高度紧张的情绪状态。当人遇到紧张危险的情况而又需迅速采取重大决策时，就可能导致应激状态的产生。在应激状态下，人可能有两种表现：一是目瞪口呆，手足无措，陷于一片混乱之中；一是急中生智，冷静沉着，动作准确有力，及时摆脱险境。

出乎意料的危险情景或面临重大压力的事件，例如火灾、地震、突遭袭击、参加重大的比赛和考试等，都是应激状态出现的原因。

应激有积极作用，也有消极作用。一般的应激状态能使有机体具有特殊防御排险机能，能使人精力旺盛，使思想特别清楚、精确，使人动作敏捷，推动人化险为夷，转危为安，及时摆脱困境。但紧张而又长期的应激会使人产生全身兴奋，注意和知觉范围狭小，言语不规范、不连贯，行为动作紊乱。在意外的情况下，人能不能迅速判断情况并作出决策，有赖于人的意志力是否果断、坚强，是否有类似情况的行为经验。另外，思想觉悟、事业心、责任感及献身精神等也是在应激状态下，防止行为紊乱的重要因素。

专栏 8.2 应激状态对人的影响

人如果长期处于应激状态，会有害于身体健康，严重时还会危及生命。

加拿大生理学家谢尔耶于1974年曾提出：应激状态的延续能破坏一个人的生物学保护机制，使人降低抵抗力，易受疾病侵袭。他把应激反应分成三个阶段。第一阶段为惊觉阶段。表现为肾上腺分泌增加，心率上升，体温和肌肉弹性下降，血糖和胃酸度暂时性增加。在这种情况下，有可能出现临床休克，这是能量聚集阶段。第二阶段为阻抗阶段。表现为前阶段症状消失，身体动员许多保护系统参加应激，使身体代谢水平提高，肝脏释放糖分，使血糖增加。这个阶段如果延长(过度)就会使身体内储糖大量消耗，下丘脑、脑垂体和肾上腺系统过度活动，给内脏带来物理损伤，出现胃溃疡、胸腺退化等症状，这是能量的释放阶段。第三阶段为衰竭阶段。有机体体力耗竭，导致重病或死亡，这是能量衰竭阶段。

三、高级的社会情感

由人的社会性需要是否获得满足而产生的情感，主要有道德感、理智感和美感，这是人类社会历史发展过程中形成的高级的社会情感。

(一)道德感

道德感是人们运用一定的道德标准评价自身或他人的行为时所产生的一种情感体验，例如敬佩、赞赏、憎恨及厌恶等。

人在相互交往中掌握了社会上的道德标准，并将其转化为自己的社会需要。人们看到一定的言语行为和观察到一定的思想意图时，总是根据个人所掌握的道德标准加以评价，这时人所产生的情感体验即为道德感。例如，当别人或自己的言论、行为、意图符合自己的道德标准时，便产生满意的、肯定的体验；否则，便产生消极的、否定的体验。可见，道德感是由人所掌握的道德观念、道德标准决定的。

在不同的历史时代，不同的社会制度、不同的阶级，道德标准是不同的。因此，道德感总是受社会生活条件的制约，受阶级的制约。例如封建社会的男尊女卑、"君君臣臣、父父子子"的道德伦理纲常就不适应于今天的社会。在社会主义制度下，爱国主义情感、国际主义情感、集体主义情感、责任感和义务感等才是社会主义社会所提倡的道德感。

道德感虽然受社会生活条件的制约，受阶级的制约，但是就全人类来讲是有共同的道德标准的。例如，对社会义务的承担，对自己国家的热爱，对老弱病残的扶助等，这些在任何社会都是被宣传和倡导的，而对吸毒、凶杀、叛国等也是任何正常社会都应加以杜绝、禁止的。

(二)理智感

理智感是人认识和追求真理的需要是否得到满足而产生的一种情感。它在认识活动中表现为：对事物的好奇心与新异感；对认识活动初步成就欣慰高兴的体验；对矛盾事物的怀疑与惊讶感；对判断证据不足时的不安感；对问题解答的坚信感；对知识的热爱、对真理的追求；对偏见、迷信、谬误的憎恨；对错失良机的惋惜；对取得巨大成就的欢喜与自豪等。

理智感同人认识活动的成就的获得、需要的满足、对真理的追求及思维任务的解决相联系。人的认识活动越深刻，求知欲望越强烈，追求真理的情趣越浓厚，人的理智感就越深厚。理智感不仅产生于认识活动之中，而且也是推动人探索、追求真理的强大动力。天文学家哥白尼在回顾自己所走的道路时说，他对天文的深思产生于"不可思议的情感的高涨和鼓舞"。

虽然理智感对全人类表现出更多的共性，但它仍受社会道德观念和人的世界观的影响，因而，人对科学的热爱，对真理的追求，都反映了每个人鲜明的观点和立场。

(三)美感

美感是人对客观事物或对美的特征的情感体验。它是由具有一定审美观点的人对外界事物的美进行评价时所产生的一种肯定、满意、愉悦、爱慕的情感。

美感体验有两个鲜明的特点。第一，对审美对象感性面貌特点(如线条、颜色、形状、音韵、协调及匀称等)的感知，是产生美感的基础。第二，对美的对象的感知与欣赏能引起情感的共鸣并给人以鼓舞和力量。

美感与道德感一样，是受社会生活条件制约的。在不同的社会历史发展阶段，不同的社会制度下，不同的风俗习惯及不同的阶级中，人的审美标准是不同的。因此，人对各种事物美的体验也是各不相同的。正如马克思所指出的那样："忧心忡忡的穷人甚至对最美丽的景色都无动于衷；贩卖矿物的商人只看到矿物的商业价值，而看不到矿物美的特性。"

美感虽然具有阶级性与民族性，受社会历史条件的制约，但仍然有全世界共同享有的美感。例如，美丽的自然景观，能给大多数人带来美感。因此，美感的某些内容存在共同性，但是，并不能以此来否定美感的阶级性与社会性。

第三节 情绪、情感的品质及培养

一、情感的品质

(一)情感的倾向性

情感的倾向性是指情感经常指向什么和由什么所引起的，它是个人意识倾向性的具体体现，是个人情感的本质。具有不同观点、不同兴趣爱好的人，情感的倾向性有很大差别。

人的情感由于倾向性不同，会表现出不同的意义。例如，一个爱国主义者，总是"先天下之忧而忧，后天下之乐而乐"，具有强烈的民族自豪感。这是一种崇高的情感，它将推动人们努力学习，积极劳动，为祖国的繁荣富强而献身。如果一个人只关注自己个人狭隘的利益，不去顾全大局，不去维护国家民族的利益，那么他表现出的是一种卑微污浊的情感，它会使人鼠目寸光，对个人利益斤斤计较，对民族大义麻木不仁。

(二) 情感的深刻性

情感的深刻性是指情感在个人的思想行为中表现出的深浅程度。只有那种深入地渗透到一个人生活的重要方面，联系着思想、志向，反映出整个心理生活的情感，才是深厚的情感。例如，有深厚的爱国主义情感的人，在处理个人学习、生活等诸方面，无不从祖国的利益出发，以实践"天下兴亡，匹夫有责"的爱国主义精神为荣。

必须指出，情感的深度与狂热的表现没有必然联系。那种在某种情境下产生的欣喜若狂或暴跳如雷，并不一定是深厚情感的表现，往往它是一种轻浮的情感。虽然这种情感是强烈的，但并不深厚，因为它缺乏理智，也没有深刻的思想基础。只有那种与革命的人生观和正确的信念紧密联系着的情感，才是深刻的情感。虽然从表面上看，它是恬静的，但却渗透到生活的各个方面。所以，情感的深刻性和情感的倾向性密切相连。一个人情感的深刻性，取决于他对生活的体验，取决于他的认识水平和知识水平。

(三) 情感的稳定性

情感的稳定性是指情感持久的程度。如果一个人对待事物的态度变化无常，那就是情感不稳定的表现。情感的波动、漂移有两种表现。第一，心境变化无常，即一种情感很快地变为另一种情感或者被相反的情感所代替。第二，情感迅速减弱，即对一切事物，虽然开始时情感强烈，但很快趋于平淡。

情感的稳定性与情感的深刻性有着密切的联系。只有深厚的情感才能处于稳定状态。浅薄的情感，即使是强烈的，也总是短暂而易变的。一般地讲，不稳定的情感经常喜新厌旧、见异思迁，不能成为一个人活动的持久动力，因而是不好的。而稳定的情感能提高自我调节、自我控制的能力，能增强经受挫折的容忍力，是需要努力培养的情感品质。

(四) 情感的效能性

情感的效能性是指情感对人的实际行动发生鼓舞作用的程度。凡是能鼓舞人去行动的情感，就是有效能的情感，它能帮助人们排除前进道路上的困难，对丰富和发展人的主观世界起着重大的作用。可是，并非所有人的情感都有效能。有的人的情感具有较大的效能，他在愉快惬意时，工作、学习很有劲，即使在悲痛时，也会化悲痛为力量。有的人的情感的效能性低，即使他有强烈的情感体验，也总是停留在体验上，而没有具体的行动。

情感的效能性以情感的倾向性、深刻性、稳定性为基础。有原则的、健康的并且深入到生活各个方面的稳定情感，才具有巨大的鼓舞力量。可见，各种情感品质的发展是紧密联系的。

二、青少年情绪、情感的特点

1. 情绪兴奋性高且易波动起伏

青少年的情绪特点，给人留下的第一个印象便是易激动，即我们所说的兴奋性高。保加利亚心理学家皮罗夫等人研究 5~17 岁个体的情绪反应时发现，神经活动的最兴奋型多见于 5 岁儿童，随着年龄渐增，兴奋型的比例下降，平衡型比例上升，但到了青少年期(女子 11~13 岁，男子 13~15 岁)，兴奋型重新增多，到青春期结束再次减少。因此，同样的刺激情境，对成年人来说，可能不至于引起明显的情绪反应，但却能激起青年人较强烈的情绪体验，甚至导致冲动。也正因为如此，青少年容易爆发激情。

同时，青少年的情绪又易波动起伏。这表现为，一方面青少年会因一时成功，欣喜若狂、激动不已，又会因一点挫折，垂头丧气、懊丧不止，从而出现情绪两极间的明显变化。另一方面，青少年常会出现莫名其妙的情绪波动、交替，给人以变化无常的感觉。我国心理学工作者对高中生的一次调查也发现，在被调查学生中有 70%的学生承认经常出现情绪波动，如果考虑到出现波动但自己还未意识到或不愿承认的情况，其比例可能更高。

2. 情绪出现心境化和文饰现象

如果我们把青少年的情绪都视为急风暴雨、骤然突变的模式，那么我们将会忽略青少年情绪特点的另一个侧面——心境化和文饰现象。如前所述，心境是一种比较微弱而持续时间比较长的情绪状态。这与猛烈而短暂的激情现象正好相反。青少年，尤其是进入青年早期的高中生，会出现情绪反应时间明显延长的情况。这种延长表现在两个方面，一是延缓作出情绪反应，二是延长情绪反应过程，从而出现情绪反应心境化的趋势。例如，有的中学生在班上受到老师的批评，心里很不愉快，但当场并没有发作，老师也不在意，谁知事后学生竟会为此闷闷不乐好几天甚至几个星期。这种情况在儿童时期几乎是没有的，儿童的情绪反应快，转变也快，缺乏心境状态，但到了青少年期，这却成为常有的事。

与此相联系的另一种情况，便是情绪文饰现象。即个体内部的情绪体验被外部的情绪表现所掩饰，出现表里不一致的情绪现象。儿童的情绪表现是明显而真实的，高兴就是高兴的样子，不高兴就是不高兴的神态，外部的情绪表现与内部的情绪体验是一致的。但青少年会出现内心很难过却面带微笑，明明很得意却装作若无其事，心里爱上班上的某位异性同学却又在公开场合表现得十分冷漠的种种情绪文饰现象，从而使青少年的情绪生活变得复杂化，令人难以捉摸。

从表面上看，这种情绪特点与前面提到的兴奋性高、易波动起伏的特点都存在于青少年之中，似乎矛盾而不可思议，其实这恰恰是个体从儿童向成人过渡过程中，情绪由不成熟向成熟发展的表现。造成情绪心境化和文饰现象的直接原因是青少年社会意识和自我意识发展的结果，使他们既注意到自己的情绪在特定社会情境中表达的适当性，以保持自己在他人心目中良好的形象，又逐渐具有情绪的自我控制能力，使强烈的情绪反应得到一定的调节。

3. 自尊感强烈、过敏而易波动

自尊感是与人们要求他人尊重自己的需要相联系的一种情感。它在儿童生活早期就已流露，只是随着个体进入青少年期，自我意识发生分化，出现建立在主体自我对客体自我的评价基础上的一种自我体验——自尊心(反映个体自己对自己的尊重状况)后，才获得内在调节，并在青少年身上表现出一系列的特点。

(1) 青少年自尊感强烈。这表现在两个方面。①青少年往往把自尊感放在其他一切情感之上，当自尊感与其他情感发生冲突时，他们常会毫不犹豫地为维护自尊感而牺牲其他情感。例如，青少年十分珍惜朋友间的友谊情感，但一旦发生彼此间有损自尊感的行为，往往会从根本上动摇友谊。②青少年对自尊感的情绪体验特别强烈，当自尊感受到损害时，常表现出极大的愤怒、恼羞等情绪反应，甚至为此爆发激情，干出不顾自身安危、无视社会法纪的事来。青少年的这一特点与其自尊需要的日益发展有着直接关系。

(2) 青少年的自尊感往往过分敏感。有的青少年会为一件小事争得面红耳赤，有的则为此闷闷不乐或耿耿于怀，还有的甚至发生殴斗，不惜诉诸暴力。因为，这些小事在那些青少年心目中都是涉及维护自尊感的"重大原则问题"，绝不能等闲视之。例如，一位男生在文艺晚会上因唱歌走调被大家哄笑，自觉当众受辱，自尊感受损，回到家竟然自杀！造成这种过敏现象的原因，除青少年本身自尊感强烈外，主要与青少年的认识问题有关。诸如什么叫自尊、什么叫他尊(尊重他人)、自尊与他尊的关系怎样处理、什么样的事才涉及自尊问题等，青少年往往在实际中难以把握。

(3) 青少年自尊感极易波动。遇到顺境易产生优越感，遭逢逆境又易顿生自卑感。他们会在日常生活中因几次考试成功、工作受到一些表扬、谈恋爱顺利、力气比同伴大、身材比别人好等，而骄傲自大，不能容忍他人有一点"冒犯"自尊的任何行为；也会因学业一时落后、友谊稍有挫折、受到他人奚落、挨了老师批评，甚至因身材不高、外貌不佳而悲观失望、自暴自弃。这既与思想方法有关，但最终源于青少年自我评价的不成熟。这种情况在初中生中尤为突出，在高中生中有所改善，这也与高中生自我评价适当性提高有直接关系。在一项研究中发现，初二学生对自己的性格评价偏高和偏低的比例分别为 34.6%和3.8%，而高三学生分别为 10.2%和 12.12%；初二学生对自己的能力评价偏高和偏低的比例分别为 51.9%和 7.7%，而高三学生分别为 8.2%和 16.3%。

4. 道德感、理智感和美感有相当发展

作为高级的情感，道德感、理智感和美感是个体接受社会教育的结果，在个体身上发展相对较晚。心理学研究表明，在正确教育下，学前晚期的儿童，社会性的情感，例如道德感、理智感和美感也逐渐产生和发展起来。而进入青少年阶段，随着个体社会性发展和教育影响的积累作用，这些高级情感逐步达到相当的水平。对初中学生的调查表明，道德感和理智感的发展又相对更优于美感的发展水平。在另一项研究中，对高中学生的道德感进行了更细致的调查。发现高中生在爱国主义感、集体主义感、荣誉感及友谊感等情感体验上，选择代表积极情感的答案的人数占了很大比例，这表明高中生道德感的发展以积极的、正确的情感为主。在运用道德标准评价自身或他人的行为时，高中生已形成了比较正确、稳定的反应或体验倾向，处于履行准则与守法的道德定向以及良心或原则的道德定向阶段，即柯尔伯格关于道德发展阶段理论中所说的"后习俗道德水平"。当然，在道德感的各个方面，可能发展也并不平衡，在上述调查中也发现，责任感的正确选择率较低，而中性情感状态占较大比例，只是随着年级的升高，这方面的积极情感又得到较快发展。在理智感方面，高中生的求知感最为强烈，喜悦感、坚信感其次，疑问感较弱，而坚信感的消极情感的选择在理智感的各项内容中为最高，反映了高中生在求知过程中害怕失败，或因挫折丧失信心，其中以高三学生为甚。这可能与频繁的考试、激烈的竞争有关。

三、健康的情绪、情感的培养

如上所述,青少年具有丰富而强烈的情感体验,他们敢爱敢恨,敢于表达自己的情感,朝气蓬勃。但是,青少年的情感又很不稳定,经常从一个极端走向另一个极端,这与他们的认识能力和社会经验不足以及自我控制能力较弱有关,因而使得青少年情感的倾向性、深刻性、稳固性等品质需要进一步地提高和完善。对学生良好的情绪、情感品质的培养应从以下几方面着手。

(一)确立正确的人生态度

人的情绪情感建立在人生态度的基础之上。在现实社会生活中,我们看到面对同样的环境和遭遇,不同的人其情绪、情感的反应有着很大的差异。例如面对夕阳,有人吟"夕阳无限好,只是近黄昏",表达一种怅然若失之感;也有人赞颂"满目青山夕照明",表达了一种欢悦豪情。再比如,方志敏烈士在敌人的牢狱中受尽种种折磨,还是那么乐观,而今有些青年人并没遭受多大打击就变得消沉、绝望,甚至轻生。为什么有的人经受讥讽漫骂或种种痛苦而不动摇?而有人则很容易被苦恼情绪压倒?主要原因在于后者没有坚强的人生信念,使其丧失了力量的源泉。因此,帮助青少年确立正确的人生态度,才能使他们在困难面前百折不挠,始终保持乐观向上的情绪状态。

(二)开拓宽广的胸怀

度量宽宏、心胸豁达是保持健康情绪的基本条件之一。凡是在情绪上大起大落,或陷入不良情绪状态的人,几乎都是心地不宽、胸怀狭隘的人。他们常常为某些小事而烦恼、怨恨,于是不良的情绪便"绵绵而无绝期"。如何才能避免日常小事给人的情绪带来的困扰与伤害呢?解决的办法之一就是从小事中解脱出来,开阔视野,旷达胸怀,把自己的注意力更多地集中到为之奋斗的事业中。具体讲:首先一个人应树立远大的志向,具有宏大的抱负。一个人把眼光放在远大的事业上,就不会因个人的得失成败而时冷时热;不会因暂时的不利而烦恼沮丧;不会为微不足道的蝇头小利而大伤感情。正如古人所讲:"君子所取远者,则必有所待;所就大者,则必有所忍。"其次,应该从个人渺小的感情中解脱出来。有些人只是在"自我"这个狭小的圈子里,只谈自己的前途、自己的希望、自己的苦恼,就像鲁迅先生所批评的那样:"咀嚼着身边小小的悲欢,而且就看这小小的悲欢为全世界。"这样,就容易因自己的利益受到伤害而愤愤不平,郁郁寡欢;因自己的要求得不到满足而牢骚满腹,怪话连篇;因自己的愿望没有实现而忧心忡忡,苦闷不已。因此,应走出个人渺小的感情世界,使胸怀变得更为宽广。

(三)增强对生活的适应能力

不健康的情绪不会无缘无故地产生,通常是由一定原因造成的。但是,在同样的客观条件下,有的人不管生活怎样起伏变化,始终不改愉快乐观的精神面貌;有的人则在生活的变动前,时喜时怒,时悲时愁,使情绪随之动荡。这除了与人的生活态度、胸怀度量有关外，还与人有没有适应生活的能力有关。在生活中，有眼泪，有欢笑，有冷嘲热讽，也有热情与友谊，如果不能适应这些变化，情绪就会受到伤害。如果具备了良好的适应能力，就会做到不管环境、条件、生活、人际关系如何变化，都能坦然处之，理智对待。

适应能力，首先是指接受生活现实的能力。人往往容易接受那些令人高兴、满意的现实，而不易接受那些令人扫兴、失意的现实。但是，面对现实中不愉快的事情，不是靠闹情绪、发牢骚能解决的，因为现实毕竟是现实，它不会因人对其不接受就不复存在。要想改变这些不愉快的现实，最好的办法就是承认它、接受它，然后再想办法来对付它、解决它。其次，适应能力还包括正确地评价自己。不能正确地评价自己，也会给生活带来不适应。例如，对自己的能力估计过高，就容易使人产生挫折感与失败感，长此以往就会造成人格的变态发展。有的会萎靡不振，自暴自弃；有的会变得固执己见，怨天尤人；有的甚至变得凶狠暴躁，嫉妒怨恨，表现出强烈的冲动性。

(四)培养幽默感

具有幽默感的人善于从烦恼中解脱出来。幽默的构成包括天真的形式和理性的内容。幽默的天真是真懂真悟，但偏采取俏皮的形式表现出来，使人在捧腹大笑中有所领悟；理性的内容能揭示生活中的某些规律。在人际交往中，如果人的语言和动作带有幽默感，就会表现出人特有的风度和魅力，使人与人在一瞬间变得亲切自然、情趣融洽。可以说，一个能以风趣幽默态度处世的人，往往可以变不快乐为快乐。有一次，古希腊哲学家苏格拉底同朋友闲谈，他的妻子很不耐烦，大喊大叫后将一盆水泼到苏格拉底的头上，这位哲学家并没有发火，而是笑着对朋友说："我早就料到，雷声过后定是倾盆大雨。"一句话，逗得朋友捧腹大笑，妻子惭愧地退了出去，给自己、朋友、妻子解了围。可见，幽默是一种很好的适应工具，它可以使本来紧张的气氛变得轻松，十分窘迫的场面在欢声笑语中消失；能够使人做到逆境中不忘欢笑，困厄之下不失其欢乐。

(五)培养良好的性格特征

情绪、情感的健康与否还与人的性格有密切的关系。性格坚强者，遇到失意与伤心之事能挺得住；性格软弱者，则容易被不良情绪所左右；性格豪爽者，不会因芝麻大小的事引起情绪上的波动；心胸狭窄者，则常常喜欢斤斤计较，容易产生情绪上的波动。而且，许多不良的情绪，也往往可以从性格上找到原因。例如，容易忧愁的人，往往都具有好强、固执、不善于与人交往的性格特征；情绪上经常处于犹豫、疑虑的人，性格上往往表现为被动、拘谨、依赖性大，缺乏独立性与创造性；情绪上容易烦躁的人，则性格上过于敏感，且习惯将愤懑的情绪埋入心底。可见，要保持健康的情绪状态，必须优化自己的性格特征，克服性格方面的缺陷。例如，性格外向的人，要注意掌握自己心境的变化，多运用思维的力量来要求自己沉静、平稳，遇事冷静思考，克制冲动，防止情绪骤然爆发而破坏宁静的心境；性格内向的人，要学会疏导与排遣不良的情绪，遇到不愉快的事，想不通的问题不要郁积于心。当不良的情绪已经产生时就多从性格方面找找原因，如果因脾气暴躁引起情绪多变，就应该首先克服暴躁的情绪；如果是心胸狭窄引起的情绪不快，就应开阔心胸，放宽度量；如果是因多愁善感引起情绪上的波动，就应着意培养开朗、豁达的胸怀。

(六)学会消释与克服不良的情绪

不良的情绪一旦产生，就要及时消释它，克服它。消释与克服不良情绪的方法很多，主要有以下几种。

(1) 学会通过正常的途径来疏导和排遣不良情绪。不良情绪的疏导其实质在于把危害身心健康的能量排遣出来，以减轻情绪的强度。否则，如果压抑太大，就会影响人正常的认识活动，甚至造成身心反应性疾病。但宣泄的方式要合理、适当，不能通过伤害别人来发泄自己的愤怒。宣泄的方式有很多，例如，采取转移的方法，去劈柴、去跑步，当人累得精疲力竭时，气恼之情就会基本平静，郁积的怒气也会消失一大半；也可以向某代用对象发泄，像在房内做无拘束的狂呼、猛喊等，或写信痛斥引起你不快情绪的烦恼制造者，然后再把信撕掉；甚至还可以大哭一场，痛哭之后，会使人的悲伤之情减少许多。

(2) 理智地消除不良的情绪。要想理智地消除不良的情绪，首先必须承认不良情绪的存在，不能对其持回避的态度。其次，在承认后分析产生这一情绪的原因，弄清楚为什么苦恼、忧愁与愤怒。这样，通过理智分析、正确认识客观事物，使不良的情绪消除。最后，如果的确有可恼、可怒、可忧的理由，就要寻找适当的方法与途径来解决。如果因考试焦虑不安，就应把精力集中到学习上，减少自己的忧愁。如果因人际关系没搞好而苦恼，就要认真分析原因，问题在自身，就要克服自身的毛病，问题在别人，可主动与别人交换意见，以消除误解，达到相互间的了解。

(3) 文学创作。文学创作也是排遣不良情绪的一种方法。中国历史上，许多爱国的仁人志士，忧国家之忧、愁人民之愁，既报国无门又无人诉说，如鲠在喉，不吐不快。于是把"不快"和"愤怒"升华成惊天地、泣鬼神的文字。例如屈原被逐，愁愤而作《离骚》；司马迁受辱，发愤著书，终成《史记》；辛弃疾壮志未酬而作《稼轩长短句》等。他们都以此使高尚的情感得以表达，饱受伤害的心灵得以慰藉。至于李清照的"莫道不销魂，帘卷西风，人比黄花瘦"，更是通过对词的创作表达思念丈夫，宽慰寂寞难耐之心的一种排遣。当然，作为作者并不一定意识到采取创作的方式能消除忧愁，但在客观上却起到了这样的作用。

(4) 通过心理活动进行适当的自我调节。当不良情绪产生的时候，还可以采取心理调节的方法。心理调节的方法有很多，其中常见的有以下几种。

① 自我鼓励法，即用生活中的哲理或某些明智的思想来安慰自己。要对自己说：犯错误不要紧，只要认识了能改正就好。实验失败遭到嘲讽，要对自己说：失败乃成功之母。改革遇到挫折，要对自己说：不经巨大的困难，不会有伟大的事业。一个人在痛苦与打击面前，只有有效地进行自我鼓励，才会感到有力量，才能在痛苦中振作起来，树立起生活的信念，驱除不良的情绪。

② 语言暗示法。语言暗示法对人的心理乃至行为都有着奇妙的作用。当人被不良情绪所压抑时，通过语言的暗示作用可以调节与放松心理上的紧张状态，使不良的情绪得以缓解。例如，你要发怒时，可以用语言暗示自己"不要发怒，发怒会把事情变坏的"；陷于

忧愁时，提醒自己"忧愁没有用，于事无益，还是想想办法好"；当有较大的内心冲突和烦恼时，可以用"不要怕，定下心，会好的"等给自己以鼓励与安慰。只要是在松弛平静、排除杂念、专心致志的情况下进行这种言语的自我暗示，对情绪的好转就会起明显的作用。进行语言调节时应注意暗示语应根据自己的目的而定，并且制作上要简短、具体、直接肯定；默念时要在头脑浮现出相应的形象且在心中反复默念，以加强自我暗示的强度。

③ 请人疏导法。不良的情绪光靠自身调节是不够的，还需借助于别人的疏导。心理学家认为，人的心理处于压抑的时候，有节制地发泄，把苦闷倾吐出来是有益的。当一个人被不良情绪困扰时，找个知心人谈谈，听听好朋友的意见是大有好处的。俗语讲："快乐有人分享，是更大的快乐，而痛苦有人分担，就可以减轻痛苦。"何况，当人的情绪压抑时，向朋友倾诉了苦恼，从朋友处得到的不仅仅是安慰，还有开导和解决问题的具体方法。

④ 环境调节法。环境对人的情绪、情感同样起着重要的作用。例如，安谧、宁静的环境，使人心情松弛、平静；杂乱、尖厉的噪声却使人急躁、焦虑。因此，改变环境，对不良的情绪调节会起到一定的作用。的确，当人被不良的情绪压抑时，出去走走，大自然的美景会使人旷达胸怀，欢娱身心。绿色的世界，蓬勃的生机，会令人心旷神怡，精神振奋，忘却烦恼，解除精神上的紧张与压抑。

⑤ 呼吸调节法。这种方法在气功、瑜伽的训练中一直很受重视，它在调节人的情绪方面也起着积极的作用。具体做法是：先闭上眼睛，努力使心情平静，然后深深吸气，吸时要慢，充分吸气后，几秒钟内停止呼吸，然后把气徐徐吐出，吐气要比吸气慢。一边做深呼吸，一边在每次吐气时心中数着"一、二、三……"数到十再回头重数，连续几次后，身心就会松弛，情感得到缓解。这种方法很容易将注意力从情感冲动转到自身的呼吸上，很容易将精神统一到呼与吸的行为上，从而达到控制冲动、平息激情、恢复理智、实现自制的目的。

本 章 小 结

情绪、情感是客观事物是否符合人的主观需要而产生的态度体验，它在认识的基础上产生，又推动人的认识过程不断深入。情绪、情感发生时会伴随着机体的变化，并有驱动、调节、信号、感染的功能。它还从性质上、强度上、激动性上、紧张度上表现出一定的两极性。人的情绪有快乐、悲哀、愤怒、恐惧四种形式。人的情绪分为心境、激情、应激三种状态，而人特有的、高级的社会情感包括道德感、理智感、美感。

情绪、情感在人的学习中起着十分重要的作用，教师要重视教学中的情感因素，努力发挥其积极作用，并且注重学生良好的情绪、情感的培养。

案 例 分 析

【案例】

言语表情的魅力

有一次，意大利著名的悲剧影星罗西应邀参加一个欢迎外宾的宴会。席间，许多客人要求他表演一段悲剧，于是他用意大利语念了一段"台词"。尽管客人听不懂他的"台词"的内容，然而，他那动情的声调和表情，凄凉悲怆，不由使人流下同情的泪水。但是有一位意大利人却忍俊不禁，跑出厅外大笑。原来，这位悲剧明星念的根本不是什么台词，而是宴席桌上的菜单。

【心理点评】

这则轶事说明在人际关系中，说话的声调本身具有沟通作用。一个人的态度是友好的还是充满敌意的，是冷静还是激动，是诚恳还是虚假……都可以从他的声调节奏、停顿等表现出来。俗语说"听话听声，锣鼓听音"。我们在判断一个人说话的情绪和意图时，固然要听他"说什么"，但更应注意他"怎样说"，即从他的声调高低、音量大小、抑扬顿挫及转折、停顿中领会其言外之意，而这些就叫辅助语言。同时还有那些发出来的无固定意义的呻吟、叹息、叫喊、哭泣、咳嗽等所谓的"类语言"。这些对语言的表达能起到"补充"和协调作用。例如"你真聪明"这句话，若运用了辅助语言和类语言，既能加强或改变词语本身的含义，既表示赞扬，还可以表示讥讽。在人际交往中，只有正确使用辅助语言，才能达到有效的沟通效果。

第九章 意 志

本章学习目标
- 意志的概念、特征及作用
- 意志过程分析
- 意志品质及培养

当学生围绕教学材料进行认知信息加工时，总会遇到各种各样的干扰、困难和挫折，学生正是在排除干扰、克服困难、战胜挫折的过程中才表现出主体实现有意识、有目的的行动的决心和力量。这就涉及心理活动的另一个重要方面——意志。意志是心理学研究中相对薄弱的领域，却又是学校教育中十分重要的心理现象。意志是什么？它有哪些特征？意志行动的过程是什么？青少年学生的意志特点何在？教学中如何培养学生的意志品质？这便是本章要阐明的主要内容。

第一节 意志概述

一、意志的实质

(一)意志

意志是人自觉地确定目的，并根据目的支配、调节行动，克服困难，从而实现目的的心理活动过程。例如，学生为了获取知识、发展认识能力而认真听课，刻苦学习；教师为提高教学质量、促进学生的发展而钻研教材，探索教学方式、方法；工人、农民为了提高劳动生产率而忘我地劳动；科技人员为了促进科技事业的发展而呕心沥血、刻苦攻关；战士为了保卫国家，不怕牺牲，英勇杀敌等。人在这些活动中所进行的确定目的，按照所确立的目的去调节、支配行动，并在行动中克服所遇到的困难，使预定目的得以实现的心理活动，就是意志的表现。

意志反映了人在认识和变革主、客观现实过程中的主观能动作用，是人的意识能动性的集中表现。人的意识的能动性表现在两个方面。一是人的意识能对来自客观现实的信息进行加工改造，以揭示其本质和规律，这是意识的抽象能力和推理能力的表现。二是人的意识能主动地调节和支配实践活动，并通过实践活动反作用于客观世界，即按照人的意志去改造客观世界。人的意识能支配和调节人的行动作用于客观现实，构成人所特有的意志行动。恩格斯说，"一切动物的一切有计划的行动，都不能在自然界上打下它们意志的印记，这一点只有人才能做到。"这说明意志是人类所特有的心理现象。

意志总是和行动联系在一起，意志调节与支配行动，又通过行动表现出来。受意志支配的行动叫作意志行动。意志与意志行动是两个既有区别又有联系的概念。首先，意志是人在头脑内部进行的心理活动过程，而意志行动则是显露于外的。其次，意志调节支配意志行动，意志行动必须包含意志因素，没有意志就没有意志行动。同时，意志又必须通过意志行动表现出来，没有意志行动的意志不是意志，只能是一种空想。

(二)关于"意志自由"问题

关于意志的实质，长期以来学术界存在着尖锐的争论，争论的焦点是人类究竟有没有所谓的"意志自由"。

西方行为主义心理学派完全否认意志的存在，他们把人的行为归结为"刺激—反应"(S—R)的简单公式，认为人的反应是机械地被外界刺激物所决定的。他们不但否认意识，而且否认人的意志自由，因而是错误的。

主观唯心主义者从另一个极端片面夸大"意志自由"，把意志看成是一种独立于客观现实的、纯粹的"精神力量"，看成是一种超越物质之上并不受客观规律制约的"自我"的表现。19世纪的德国哲学家尼采和叔本华就宣扬过唯意志论，认为人的自由意志主宰一切。19世纪末和20世纪初的英国心理学家麦独孤断言人的行为是由一种"内驱力"所决定的，而这种"内驱力"是基于肌体的神秘的本能。当代著名的澳大利亚神经生理学家艾尔克斯也把人的意识和大脑看作两个彼此独立的实体，认为意志是"第一性的实在"，其他一切是"第二性的实在"，否认人的意志对客观规律的依存性。这种观点同样是错误的。

辩证唯物主义确立了科学的心理观，认为人的意志是自由的，又是不自由的。说它自由，是因为在一定条件下，人可以根据自己的意愿自主地选择目的，发动或制止某种行为，按照某种方式、方法行事。说它不自由，是因为人的一切愿望，一切行动都必须符合客观规律，否则，将会在实践中碰壁，一事无成。正如恩格斯所说："自由不在于幻想中摆脱自然规律而独立，而在于认识这些规律，从而能够有计划地使自然规律为一定的目的服务。因此，意志自由只是借助于对事物的认识来作出决定的那种能力。"所以一个人掌握的知识越多，越善于运用客观规律，他对世界的改造也就越主动、越自由，而这种能力的获得又依赖于人的主观努力。由此可见，意志有巨大的能动作用，但这种能动作用绝不能违背客观规律和超越客观条件的限度。意志自由只是人对客观规律的认识和在行动中对客观规律的驾驭，那种违背客观规律的绝对自由是没有的。所以在相对和有条件的意义上，意志是自由的；从意志受客观规律的制约作用来说，它又是不自由的。

二、意志行动的特征

意志总是表现在人的实际行动之中，意志和行动是密不可分的，意志支配调节着行动，并在行动中表现出来。人们把受意志支配和调节的行动叫意志行动。意志行动有以下特征。

(一)自觉的目的性

自觉的目的性是意志行动的主要特征。意志行动和自觉的目的分不开，离开了自觉的目的,就没有意志可言,这也是人的意志行动与动物活动的根本区别。无论动物的动作多么精巧,都不可能意识到自己行动的目的和结果,不可能在行动之前就有明确的目的和意识。动物虽然也有类似目的性的行为,但这种行为都是"无意识地发生的,而且对于动物本身来说是偶然的事情"(马克思)。而人在从事任何活动之前,活动的结果已经作为行动的目的以观念的形式存在于人的头脑中,并且以此来指引自己的行动,使之达到预期的目的。这种先形成观念而后又把观念付诸行动,使内部意识向外部动作转化的过程,是有意识地进行的。人类活动的这种自觉的目的性,广泛地表现在认识自然,尤其是利用和改造自然的过程中。

意志行动有自主的目的性,但在实际生活中,并不是人的所有的有目的行动都是意志行动。例如,正常人口渴时会端起一杯水喝下以解渴,长时间站着工作感到疲劳需要坐下休息,这些行动虽然有自觉的目的,但也不能称为意志行动。

专栏9.1　目的性与意志力

意志对行动的激励和克制作用的力量源泉是对目的的明确认识和深切体验。一个人只有当他对自己的行动具有明确的、崇高的目的并深切地体验到实现这一目的的重大责任时,他才会以"不达目的誓不休"的劲头去实现预定的目的,并以坚强的毅力去克制与预定的目的相违背的行动。

在马努依连柯的实验中,单纯地要求学前儿童保持一定的姿势站立不动,儿童很难控制自己,过不了一会儿就动起来了。如果安排一个实验情景,让儿童扮演游戏中的角色(例如哨兵站岗)要求他长时间地保持不动的站立姿势,这时保持站立的时间比前者要长3~4倍。明确的目的对儿童坚持活动,克制无关动作具有明显的作用。

在美国心理学家费约的实验中,大学生被随机分成三组,三组受试者(大学生),都被要求用右手食指拉起测力计上悬挂的重达3.4公斤的砝码。对第一组受试者不说明任何理由(无特定目的组);对第二组,要求他们表现自己的最高能力;对第三组,告诉他们此项活动同电力输送到工厂、住宅的效果直接相关。结果如表9-1所示。在三种不同的目的下,所激起的行动的力量是不同的,其中社会性的目的激起了最大的行动力量。

表9-1　不同目的下所完成工作的平均指标(指能坚持的时间)

所完成的工作		
无特定目的	为了表现自己的最高能力	为了完成社会的重大任务
100秒	150秒	200秒

(二)与克服困难相联系

克服困难是意志行动的核心。因为在目的确立与实现的过程中,往往会遇到各种各样的困难。概括起来困难有两种:内部困难与外部困难。内部困难是指干扰目的的确立与实现的内在条件,它包括心理方面的困难和生理方面的困难。例如信念的动摇、情绪的冲动、能力的缺乏、知识经验的不足及相反愿望的干扰等,是心理方面的困难;健康状况不佳等是生理方面的困难。外部困难是指阻碍目的确立与实现的外在条件，例如社会生活环境恶劣，缺乏必要的工作条件；人员、设备过少；来自他人的讽刺打击等。外部困难和内部困难是相互影响的，一般说来，外部困难是通过内部困难起作用的。

人的意志行动只有在实现预定目的的过程中，遇到困难而又坚定不移地加以克服时，才能显现出来。意志的强弱是以克服困难的数量和大小来衡量的，克服困难的难度越大，数量越多，人表现出来的意志力越坚强。假如完成一项任务，达到一个目的，不费吹灰之力，那根本没有什么意志可言。只有当一个人内心有了矛盾，外界有了阻力时，他才能够控制自己，自觉地调节行动实现预定的目的，才能体现出他的意志力。因此，意志行动是与克服困难相联系的行动，而那些没有克服困难的行动是非意志的行动。

(三)以随意动作为基础

人的行动都是由一系列的动作组成的。动作可分为不随意动作和随意动作两种。不随意动作是指不受意识支配的不由自主的动作。例如无条件反射动作、某些习惯性动作、睡眠状态的动作等。这些动作发生之前没有确定任何目的，也不以人的意志为转移。随意动作是由意识指引的、具有一定的目的、方向性的动作，是学会了的较熟练的动作。例如穿衣、打球、上课记笔记及操作仪器等。

随意动作是意志行动的必要组成部分，如果没有掌握这些必要的随意动作，意志行动就无法实现，有了随意动作，人就可以根据目的去组织、支配、调节一系列的动作来组成复杂的行动，从而实现预定的目的。随意动作是意志行动的必要条件，这并不是说意志行动不含有相应的自动化动作，自动化动作能使人更好地完成随意动作，实现意志行动。例如短跑运动员的自动化起跑、加速冲刺动作也是实现目的的重要条件。自动化的习惯性动作和意志行动既有区别、又有联系。其区别在于：自动化的习惯性动作可能是不随意动作，而意志行动的动作必定是随意动作。其联系在于：两者可以相互转化，自动化的习惯性动作是由随意动作多次重复、逐渐熟练失去其自觉性转化来的；已经形成的自动化动作，碰到阻力或干扰时，动作失调，仍然可以转入意识状态，变成随意动作。

三、意志与认识、情感

意志与认识、情感是心理活动过程的不同方面，是意识的不同表现形式，它们之间有着密切的联系。

(一)意志与认识

1. 意志的产生以认识过程为前提

(1) 意志行动的一个重要特征是具有自觉的目的性，而人的任何目的都不是凭空产生的，都是在认识活动的基础上产生的。虽然目的是主观的东西，但它却来源于对客观现实的认识。人只有认识了客观现实的要求和规律，认识了自身的需要与客观规律之间的关系，才能提出和确立切合实际的目的。

(2) 在实现意志行动时，为了确立目的和选择行动的方法及策略，就必须运用已有的知识经验、探索事物的发展规律、分析主客观条件、拟定行动方案、编制行动计划，设想未来的后果。这一切都必须通过感知、记忆、思维和想象等认识过程才能实现。

(3) 意志行动与克服困难相联系，而任何困难的克服都离不开一定知识经验的指导作用。只有把意志行动建立在深思熟虑的认识基础上，才能有效地克服各种困难，实现预定的目的。因此，意志以认识过程为前提，离开认识过程，意志便不可能产生。

2. 意志对认识过程也有很大的影响

(1) 人在进行各种认识活动时，总会遇到一定的困难，要克服这些困难，就需要作出意志努力。例如，观察的组织、有意注意的维持、有意回忆的进行、解决问题时思维活动的展开，以及想象的形象化进程等，都需要意志的参与。

(2) 人的认识过程是在实践活动中进行的，而变革现实的实践活动也离不开意志的支配。所以，没有意志行动，就不可能有效地进行认识活动和各种实践活动。因此，积极的意志品质能促进一个人认识能力的发展，而消极的意志品质则会阻碍一个人认识能力的发展。

(二)意志与情感

1. 情感既可以成为意志行动的动力，也可以成为意志行动的阻力

当某种情感对人的活动起推动或支持作用时，这种积极的情感就会成为行动的动力。例如，一些学生热爱自己所学的专业，在学习专业知识时表现出极大的热情并能克服学习中遇到的各种困难，取得优异成绩。当某种情感对人的活动起阻碍或削弱作用时，这种消极的情感就会成为意志行动的阻力。例如对学习抱漠不关心的态度、学习中的畏难情绪、骄傲情绪、焦虑情绪等，都会妨碍意志行动的执行，动摇或削弱人的意志。

2. 意志可以调节、控制人的情感

积极的情感由于意志的支持，才能持久和巩固，而消极的情感则要依靠意志来克服和控制。意志坚强者可以克服和消除各种消极情感的干扰，使情感服从于理智，把意志行动贯彻到底。意志薄弱者可能被消极的情感所压倒，使行动半途而废。例如有些学生在学习中获得优异成绩时，虽然会产生激动的情感，但仍能保持清醒的头脑，找出自己的不足，使自己继续努力；在学习失败时，能找出自己失败的原因，作出意志努力，克服因失败带来的痛苦情绪的干扰，做到胜不骄、败不馁，这就是意志对情感的调节作用。

总之，认识、情感和意志是人在实践活动中对客观现实反映的不同方面，它们之间密切联系、相互渗透。意志过程包含着认识和情感的成分，认识和情感过程也包含着意志的成分。当我们对统一的心理过程进行分析时，必须从具体的人出发，把它们联系起来加以考察。

第二节　意志行动过程的分析

意志通过意志行动表现出来，意志行动有其发生、发展和完善的过程。这一过程可以分为两个阶段：采取决定阶段和执行决定阶段。采取决定阶段是意志行动的准备阶段，它决定着行动的方向，规定着意志行动的轨迹，是意志行动的动因。执行决定阶段是意志行动的完成阶段，它使头脑里的意图、内心的愿望、计划和措施付诸实施，以达到预定目的。所以，执行决定的阶段是意志行动的中心环节。

意志与行动.mp4

一、采取决定阶段

采取决定阶段一般包含动机斗争、确定目的、选择行动方法和制订行动计划等环节。

(一)动机斗争

人的意志行动是由一定的动机引起的，动机是推动和指引人的行动的内在原因。人的动机是在需要的基础上产生的。由于人的需要多种多样并且不断发展，所以在同一时间内往往存在多种动机。有的时候，几种动机相互矛盾，就形成了动机斗争。动机斗争可作以下分类。

1. 从形式上分类

从形式上看，可把动机斗争分为以下三类。

(1) 双趋势动机斗争。这是指同时并存两种能满足需要的目标，它们具有同等的吸引力，但只能选择其中之一时所产生的动机冲突。例如，周末的晚上放映两部有同样吸引力的影片而只能看一部时的心理矛盾，就属于双趋式的动机斗争。孟子说："鱼，吾所欲也；熊掌，亦我所欲也，二者不可得兼，舍鱼而取熊掌者也。生，亦吾所欲也；义，亦吾所欲也，二者不可得兼，舍生而取义者也。"其中，也包含着双趋式动机斗争。

(2) 双避式动机斗争。这是指同时遇到两个需要力图回避的威胁性目标，但只能避其一时所产生的动机冲突。例如，工人在做他厌烦的工作时，既不想做这个工作但又怕失业。其中干工作和失业对他都是一种威胁，但他必须选择其一，这时的心理矛盾就是双避式动机斗争。

(3) 趋避式动机斗争。这是指同一目标既有吸引力，又有排斥力。人既希望接近，同时又不得不回避，从而引起的动机冲突。例如，有些学生想当班干部，为同学服务，但又怕耽误时间影响自己的学习成绩；有些学生暑假想参加实践活动培养能力，但又怕耗费时间和钱财，从而产生矛盾心理等，都属于趋避式动机斗争。

2. 从内容上分类

从内容上看，可把动机斗争分为以下两类。

(1) 非原则性动机斗争。这是指与社会道德关系不大的动机斗争。例如，周末晚上是去看电影还是看小说。这类动机斗争仅属于个人的兴趣爱好，一般说来内心斗争不那么强烈，持续时间也不长，这些动机之间没有根本对立关系。

(2) 原则性动机斗争。这是指与社会道德准则相关的动机斗争。例如，师专毕业分配时，是考虑我国教育的需要，到最艰苦、最需要的农村中学去，还是单纯从个人愿望出发，到条件优越并不需要自己的大城市去。这种斗争涉及个人和集体，公与私之间的矛盾，这是原则性的动机斗争，它往往引起个人激烈的内心冲突。

在动机斗争中，怎样衡量一个人的意志水平呢？对于原则性的动机斗争，意志坚强者能坚定不移地使自己的行动服从社会道德标准，服从集体和国家的需要。对于非原则性的动机斗争，他们也能根据当时需要，毅然决定取舍。倘若一个人在遇到原则性的动机斗争时不能使自己的行动服从于社会道德标准，或者在对待非原则性的动机斗争时经常犹豫不决、摇摆不定，那么这肯定是其意志薄弱的表现。

(二)确定目的

目的是指意志行动所要达到的目标和结果。每一个人的意志行动首先以他最终要达到的目的为前提，目的越明确，人的行动越自觉；目的越远大，它对行动的动力作用越大；目的的社会意义越深刻，被这一目的所引起的意志力就越大，也就越容易制订出要达到的计划，意志行动也就越能顺利进行。

在意志行动过程中，一个人通常有许多目的。这时人必然按照自己的世界观、理想、信念、愿望，以及达到目的的客观条件进行权衡和比较，从而确定自己认为合适的、最需要的目的。如果每一种目的各有吸引人之处，或者它们都是必要的，在这种情况下，要选择并确定目的就比较困难。不同的目的越是有同等重要性，人对两种目的所抱的态度越是接近，这种困难就越大。在自己感到满意的目的和虽然自己并不满意，但为集体、国家利益所必需的目的之间所作出的选择，常常明显地表现出一个人的意志水平。

确定目的和动机斗争是两个既有区别又有联系的过程。在确定目的之前往往要经过动机斗争，克服内心的矛盾，而在目的逐渐确定的过程中也会进一步引起动机斗争，随后逐渐趋于统一。

(三)选择行动方法和制订行动计划

目的确立之后，必须考虑如何实现这个目的。为了实现目的，必须选择正确的行动方法和制订合适的行动计划。行动方法的选择和行动计划的制定对行动目的的顺利实现关系极大。切实可行的方法、策略及行动计划，能使意志行动事半功倍；不好的方法、策略及行动计划会使意志行动事倍功半，甚至导致行动的失败。

行动方法的选择有不同情况。在有些场合下，只要一提出行动的目的，就立刻意识到实现这种目的的方法或策略，而且对所采用的方法或策略也不会发生任何怀疑。这种情况通常发生在较熟悉的行动中。但是在许多情况下，达到同一个目的的方法可能不止一种。有时某种方法符合自己愿望，但却是不应当采取的；另一种方法是必要的，却又违背了自己的愿望。有时所要选择的方法很容易做到，但与道德准则不相容；另一些方法不容易做到，但与道德准则相符合。这就需要分析、比较各种方法的有效性和合理性，进行周密思考，权衡利弊后加以抉择。行动方法的选择受一个人的道德观念和品德修养所制约。道德品质高尚的人，会采取正当的、符合社会道德准则的方法或策略。道德品质低劣的人，则会采取不正当的、违背社会道德准则的方法或策略。

在复杂的意志行动中，为了达到预定的目的，还需要制订行动计划，详细地规划意志行动的步骤、每一步骤的目的、要求以及所应采取的具体措施，以便按步骤进行活动。意志行动的采取决定阶段以计划的制订而告终。

二、执行决定阶段

执行决定阶段是实施所作出的决定，实际去完成意志行动阶段。意志行动只有经过执行决定阶段，才能达到预定的目的。如果不执行所作出的决定，即使行动的动机再高尚，目的再美好，行动的方法再完善，行动计划再周详，也是毫无意义的。所以执行决定阶段是意志行动的关键环节。

从采取决定到执行决定有两种情况。一种情况是在行动的目的已经确立，行动的方法已经选定，实现意志行动的主、客观条件都已具备时，就要不失时机地立即执行。另一种情况是作出的决定是长期的任务或是未来行动的纲领，此项决定并不立即付诸行动，而要间隔一定的时间再执行，这就需要意志的坚韧性，等待条件许可时，再立即执行已经采取的决定。

在执行决定的过程中，意志对行动的调节表现在两个方面。一方面是采取积极的行动来达到目的。另一方面是制止那些不利于达到目的的行动。这两个方面的活动是对立统一的，如果一个人只善于作出决定，而不采取积极行动将决定付诸实施，或者在执行决定过程中不制止那些不利于达到目的的活动，他的目的就永远不会实现。即使作出的决定再完善，也没有什么意义。例如学生在上课时，一方面要积极组织自己的认识活动，注意听，认真记，仔细看，使注意力集中到课堂上；另一方面还要抑制各种分心因素和干扰课堂教学正常进行的举动，这两方面体现着统一意志行动。

执行决定阶段是在实际活动中完成的，所以往往会遇到更多、更复杂的困难。例如由于工作条件差、环境复杂而引起的信心不足；由于长期忍受巨大的智力或体力紧张而产生的精力缺乏；由于新情况、新问题的出现使人措手不及而产生的惊慌、彷徨等消极情绪；已经放弃的动机或目的重新出现而产生新的诱因以及不健康舆论的讥讽等。在这些困难面前，必须有面对困难的勇气和机智，迅速分析、判断困难的性质，确定克服困难的方法和策略，从而实现所作出的决定。

实现所作出的决定，除了克服所遇到的困难外，有时还需要改变原来的决定，修正原来的行动计划，根据新的决定采取行动。意志不仅表现在善于坚决贯彻既定的决定，也表现在善于果断地放弃原来不符合客观情况的决定，采取新的决定，或者当机立断，调整计划，继续前进。在执行决定的过程中，不管是遇到困难和挫折，还是获得成功和荣誉，都需要意志的努力。意志坚强者会胜不骄、败不馁，不断进行目标定向；意志薄弱者会在成功面前骄傲自满，会在失败面前垂头丧气，甚至发生意志的动摇，轻易改变原来的决定。

意志行动的两个阶段虽然都有自己的心理构成因素，但二者并不是孤立的，而是一环连着一环的统一结构。在实际进行中，这两个阶段常常是彼此紧密联系和反复交织着的。在采取决定阶段中，还有局部的执行决定，执行决定阶段中也有某些采取决定的意志心理活动。

第三节　意志品质与培养

一、意志品质的基本特征

人的意志品质存在着巨大的个体差异。人的主要意志品质有自觉性、坚韧性、果断性和自制力。

(一)自觉性

自觉性是指能否深刻地认识到行动目的的正确性和重要性，并主动地支配自己的行动使其符合目的的意志品质。具有高度自觉性的人能够按照自然界和人类社会的发展规律提出自己的行动目的，经常主动地使自己的行动服从于该目的，他既不会鲁莽行动也不会盲目附和。

与自觉性相反的意志品质是盲从和独断。盲从就是盲目地受他人的暗示或影响。高度盲从的人没有主见，不了解自己行为的意义，因而极易受他人的影响和怂恿，极易轻信他人。独断就是盲目地拒绝他人的意见或劝告，不论正确合理与否，一概顽固地拒绝，对于自己的决定总是坚信不疑、一意孤行而不顾主观及客观条件的变化。盲从和独断表面上不同，实质上都是缺乏自觉性的表现。

(二)坚韧性

坚韧性是指完成艰巨任务时坚持不懈地克服困难的意志品质。具有高度坚韧性的人，有顽强的毅力，充满信心地为正确的目的而奋斗，不怕困难，不怕挫折，善于总结经验教训，既不被无效的愿望所驱使，也不被预想的方法所束缚，为了达到目的，坚毅有恒，百折不挠。

与坚韧性相反的意志品质是动摇性和刚愎、执拗。动摇性是遇到困难便怀疑预定目的，不加分析地放弃对预定目的的追求。这种人不善于迫使自己去达到预定目的，偶遇挫折便望而却步，做事见异思迁、虎头蛇尾。刚愎、执拗是对自己的行为不作理智的评价，总是独行其是。这种人不能客观地认识形势，尽管事实证明他的行动是错误的，但仍然是一成不变，自以为是。动摇性和刚愎、执拗表面上不同，实质上都是对待困难的错误态度，是消极的意志品质。

(三)果断性

果断性是善于迅速地明辨是非，坚决地采取决定和执行决定的意志品质。果断不同于轻率，它是以周密思考和勇气为前提的，果断的人对自己行动目的、行动方向和可能后果，都有深刻的认识和清醒的估计，所以当事态发展到最紧急的关头时，就能当机立断、及时行动、毫不动摇、毫不退缩。

与果断性相反的意志品质是优柔寡断。优柔寡断者的显著特点是无休止的动机冲突。在采取决定时，他迟疑不决，三心二意；到了紧急关头，又不假思索，仓促决定；作出决定后又后悔，甚至开始行动之后，还怀疑自己决定的正确性。优柔寡断就是缺乏勇气、缺乏主见、意志薄弱的表现。

(四)自制力

自制力是善于控制和支配自己行动的品质。

意志具有自制力的人，在任何情况下都能保持清醒的头脑，能控制自己的情感不受外界干扰的影响，坚持完成意志行动。他们善于约束自己的言论，能有分寸地考虑各种影响，不信口开河；能克制自己的行为，于是三思而后行，坚持执行已经采取的决定。"富贵不能淫，贫贱不能移，威武不能屈"，就是意志自制性的表现。

与自制性相反的品质是任性和怯懦。任性的人不能约束自己的言论和行动，不能控制自己的情绪，行为常常被情绪所支配。怯懦的人胆小怕事，遇到困难时惊慌失措，畏缩不前。任性和怯懦的共同特点是不能有效地调节、控制自己，自我约束力差，这也是意志薄弱的表现。

二、青少年意志品质的特点

意志品质的发展，既有个体差异，也有年龄特征。一般来说，青少年尤其是中学生的意志品质有下列特点。

(一)自觉性与易受暗示性相结合

意志的自觉性从小学三四年级开始发展，这时，学生一般都能够自觉遵守纪律，自觉独立地学习和参加集体劳动，但受暗示性严重。到了初中阶段，青少年的自觉性有了较大发展，但仍有较大的受暗示性，其行为易受到家长、班主任、校风、班风、同学伙伴的影响。例如，林崇德等曾调查了北京市一些学校的玩弹弓、练飞镖等"流行性"活动，发现这往往是"一处点火，四处蔓延"。10%～20%男生相互"启示"，很快玩开，而且不计后果，常造成不良品德行为的出现。又如，中学生对歌星、偶像的追逐，也是同学间相互鼓动的结果。

初中三年级之后，学生的这种受暗示性逐步减少，意志的自觉性不断发展，但高中阶段学生意志的自觉性品质容易出现独断性，突出地表现在喜欢争论、争强好胜，而往往是理由不足，坚持错误意见，却不能自制。

(二)果断性与踌躇性相结合

果断性在小学四年级学生身上就开始有所表现，但在整个小学阶段和初中阶段，果断性的水平都不高，即在必要时能排除一切不必要的疑惑或踌躇，作出决断的能力还是较低的。同时，轻率和优柔寡断在初中生的意志行动中还都有表现，而且轻率比优柔寡断更为突出。轻率从事，不仅是初中生学习的障碍，而且也常常会导致中学生的品德不良。

高中阶段的学生由于认识能力得到发展并趋于成熟，生活经验不断丰富同时又面临着未来生活道路的选择，他们才逐渐能够按照一定观点、原则，经过深思熟虑去抉择并处理一些充满矛盾斗争的问题，果断性的意志品质才真正形成起来。

(三)坚韧性相对比较稳定

研究表明，小学三年级学生坚韧性已经可以变成比较稳定的意志品质了。但是，在中学阶段，青少年之间明显地表现出坚韧性的个体差异。青少年坚韧性的好坏，取决于两个方面的因素。客观上，坚韧性是由所执行的任务其要求是否合理而决定的，同时还取决于任务的难度。当然，这难度又包括好多因素，其中一个重要的因素是时间因素。观察表明，执行相同性质的任务，所坚持的时间，往往与年龄有关。一般来说，年龄越大，年级越高，所坚持的时间就越长。主观上，坚韧性取决于这些因素：兴趣和需要的程度；动机和目的的水平；对所执行任务的意义的理解程度；习惯的稳定水平。

(四)自制力逐渐成熟

小学三年级，儿童的自制力就有显著的进步和发展，但在整个小学阶段，少儿的自制力还是初步的。往往易兴奋，带有一定程度的冲动性。中学生自制力的发展有一个过程，初中生自制力仍较差，行为举止较难控制；高中生自制能力较强，自我控制与自我调节行为的表现也比较突出。这个发展过程与情感稳定性的发展是相一致的。初中阶段所表现出来的青春期的激情比高中阶段要强得多，使意志力难以控制，随着感情的稳定性的发展，初中三年级至高中一年级这一阶段，他们的意志行动和自制力也逐步加强。因此，为什么初一、初二年级容易出现"乱班"，为什么高中生的自觉自律较强，为什么初三第二学期至高一年级学生的品德会趋于初步成熟，其中的意志方面的一个较突出的原因是学生的自制力获得了迅速发展。

三、良好意志品质的培养

人的意志品质不是天生的，而是在后天生活实践中逐步完成的。培养青少年良好的意志品质，其主要做法有以下几个方面。

(一)加强正确的世界观教育

世界观是人的认识活动的定向工具和行为的最高调节器。用科学的思想武装青少年是培养他们良好意志品质的基础条件，因为只有树立了科学的世界观，才能使学生确立正确的行动目的，并对一切个人的、团体的思想和行为做实事求是的正确评价，使其明辨是非、善恶和荣辱。只有树立了科学的世界观，才能使学生具有高度的责任感、明确的生活目的和对崇高理想的追求。

在对青少年进行共产主义世界观教育、培养意志品质时，教师应当十分注意：教育学生把崇高的理想同眼前的学习、工作、生活有效地结合起来，用理想来指导自己的行动。只有把崇高的理想融化在学生的行动中，渗透在他们日常生活中，成为他们行动的目标，才有助于学生意志品质的培养。提高学生行为的自觉性，教师还应根据不同基础、不同年级的实际情况，设法帮助学生克服受暗示性和防止独断性，不论是学习、作业、劳动和工作，多启发他们自觉制订计划和独立完成，不要过多加以"督促"和"帮助"。

(二)进行实际锻炼

俗话讲"百炼成钢"，坚强的意志是在克服困难的实践活动中发展起来的。教师除结合教学内容或通过主题班会等方式向学生讲述意志锻炼的意义、锻炼的方法之外，还应当组织好学生的各种实践活动。在组织学生的实践活动时，教师应当注意以下几个方面的内容。

(1) 向学生提出的活动任务要有一定的难度，同时又是他们力所能及的。例如，要求他们坚持独立完成各种作业，坚持参加科技小组的活动，坚持各种体育锻炼，坚持为集体做好事等。对青少年来说，这些要求都有一定的难度，但又是他们能够做到的，因而对于培养他们意志力的坚韧性和自觉性很有好处。

(2) 根据学生意志品质上的差异，采取不同的锻炼措施。例如，对于容易盲从、轻率行事的学生，教师应当多多启发他们的自觉性，培养他们对社会、集体和劳动的义务感和责任感；对于怯懦的学生，教师应多多鼓励他们树立克服困难的信心和勇气，并对克服困难的方法和技术给予指导；对于依赖性强的学生，教师应多鼓励他们独立完成任务，不要越俎代庖；对于自制力差的学生，教师要让他们学会善于调节和控制情感的本领，要让学生逐步学会预料到挫折和失败带来的后果，使他们有足够的接受挫折和失败的思想准备，从而减弱激情反应。同时，既鼓励他们的勇敢行为，又要克制他们的冒险和蛮干的行为。

(三)发挥班集体和榜样的模范作用

在具有良好班风的集体里，同学们团结互助，每个人都珍惜自己所属的集体，尊重集体的意见，执行班委会委派的任务，努力为集体争光而不损害集体的荣誉。学生对集体的义务感和荣誉感有助于自制、刚毅、勇敢等意志品质的形成。在具有良好班风的集体里，必定有执行严格纪律的氛围。学会严守纪律，坚决不做违反纪律的事，这本身就是最好的意志锻炼。因此，教师应当努力使自己带的班级形成良好班风，充分发挥集体的作用，帮助学生养成良好的意志品质。

在培养学生良好意志品质的过程中，榜样的作用始终占着特殊重要的地位。教师除了用科学家、发明家、劳动模范、革命先烈以及文艺作品中的优秀人物来陶冶学生的情操并磨炼意志外，还要善于从学生周围的生活中，从学生熟悉的人中，特别是从他们的同龄人中选取典型，为他们树立坚强意志的榜样。在这样的榜样面前，因为心理距离小，学生感到亲切而容易接受。教师自身的榜样作用也很重要，教师如果只是要求学生有坚强的意志，而自己却经常优柔寡断，做事虎头蛇尾，这就难保意志教育的效果。

(四)启发学生加强意志的自我锻炼

在培养学生良好意志品质的过程中，周围人的影响、集体委派任务、榜样的教育等，都必须通过学生的自我锻炼才能真正起作用。青少年的自我意识已经逐步形成，他们逐步能够认识自我，评价自己的个性品质，这就为学生意志的自我锻炼提供了前提条件。研究表明，学生能够进行意志的自我锻炼。例如，他们在学习自觉性、坚持性方面的自我锻炼通常采取一些方法：经常用名言、格言、榜样来对照自己、检查自己、督促自己；经常同周围一些比自己学习强的人比较，找出差距，奋力追赶，直到赶上或超过为止；坚持制订学习计划(包括学期、月、周的计划及每天的安排)，严格执行计划，无论遇到什么情况，都强迫自己去完成；每天坚持写日记，检查当天的活动，发现缺点立即改正等。所以，教师应当教育学生加强意志的自我锻炼，使他们养成自我检查、自我监督、自我鼓励等习惯。

本 章 小 结

意志是人自觉地确定目的并支配行动去克服困难以实现预定目的的心理活动过程。意志是人特有的心理现象，是意识能动性的集中体现。意志行动有三个特征：明确的目的性、与克服困难相联系、以随意动作为基础。

意志行动可分为两大阶段，一是采取决定的阶段，二是执行决定的阶段。执行决定阶段是意志行动的核心。人的意志品质有自觉性、果断性、坚韧性、自制力。教师要根据学生意志品质的特点，有针对性地培养学生的意志力。

案 例 分 析

【案例】

自信是成功的秘诀

海伦·凯勒(1880—1962)，美国著名女作家，生于亚拉巴马州的小镇塔斯康比亚。一岁半时她突患急病，致其既盲又聋且哑。在如此难以想象的生命逆境中，她踏上了漫漫的人生旅途。人们说海伦是带着好学和自信的气质来到人间的，尽管命运对幼小的海伦是如此地不公，但在她的启蒙教师安妮·莎莉文的帮助下，顽强的海伦学会了写，学会了说。小海伦曾自信地声明："有朝一日，我要上大学读书！我要去哈佛大学！"这一天终于来了。哈佛大学拉德克利夫女子学院以特殊方式安排她入学考试。只见她用手在凸起的盲文上熟练地摸来摸去，然后用打字机回答问题。前后9个小时，各科全部通过，英文和德文得了优等成绩。4年后，海伦手捧羊皮纸证书，以优异的成绩从拉德克利夫学院毕业。海伦热爱生活，她一生致力于盲聋人的福利事业和教育事业，赢得了世界舆论的赞扬。她先后完成了《我生活的故事》等14部著作，产生了世界范围的影响，她那自尊自信的品德，她那不屈不挠的奋斗精神被誉为人类永恒的骄傲。

【分析】

　　一岁半就既盲又聋且哑的海伦，若没有强烈的与命运挑战的勇气和信心，不可能成长为受世人赞誉的作家。人生会面对一个接一个的挑战，我们如何面对挑战？倘若自我毫不畏缩，知难而上，并且最终战而胜之，那么，自我将会更加完善和成熟。在挑战面前，首先肯定自己。肯定就是力量，就是对自己充满信心。自信可以促使人自强不息，迎难而上，可以发掘深藏于内心的自我潜能。海伦就是一个强有力的实证。海伦曾说，"信心是命运的主宰"，培养自信的气质十分重要。但自信并非天生的，它是在个人生活、实践中逐渐形成的，认真地总结我们的成长、成功经历吧，让自信给我们力量去迎接人生的挑战，向海伦学习。

第四部分 个性心理篇

第十章 个性倾向性——个性的动力系统

本章学习目标

- 个性的概念、特征及结构
- 需要的概念、种类
- 马斯洛关于需要层次的理论
- 动机的概念、功能与种类
- 学习动机的激发
- 需要的形成与培养

在个性的整体心理结构中，个性倾向性是一个动力系统，处于核心的地位。它是人的个体意识的积极性的表现，它能充分反映出人的社会行为和活动方式。这个动力系统包括需要、动机、兴趣、信念及世界观等心理成分。本章将首先对个性进行综述，然后对需要、动机和兴趣进行详尽的介绍。

第一节 个性概述

一、个性的概念与结构

(一)个性的定义

在心理学中，个性是个分歧最大的概念。个性(或人格)这一概念是 19 世纪由德国唯心主义心理学家斯特恩首先提出来的，他认为"心理学是一门关于具有体验的个人的科学，其中，每一体验都有相应的模式，即有目的性的人格。"可是，究竟什么是人格？它的性质是什么？应包括哪些内容？在心理学上至今仍是争论不休的问题。综合国内对个性的不同理解，我们把个性概念解释为"个性是指一个人的整个精神面貌，即具有一定倾向性的心理特征的总和。"人的认识、情感、意志等心理现象，当它们结合在一起，完整地体现在一个人身上的时候，其表现形式、基本品质、发展水平都呈现着个人的特点，这种在个人身上具有独特倾向、比较稳定的心理特征的总和就是人的个性。

(二)个性的结构

个性是一个复杂、多侧面、多层次的系统，它由个性倾向性、个性心理特征和自我意识三个密切联系、不可分割的子系统构成。

1. 个性倾向性

个性倾向性是指决定个体对待客观事物的态度与行为的内部动力系统。由需要、动机、兴趣、信念和世界观等多种心理成分组成。其中，需要是个性倾向性的源泉和基础；动机是个性发展的内驱力；兴趣是认识倾向的表现形式，是个性发展最现实、最活跃、最能动的因素；理想、信念、世界观是个性倾向性的集中表现，是个性心理的核心，它指导着人的行动，影响着人的整个心理面貌。

个性倾向性中各种心理成分从不同的层次和水平上，对人的心理活动进行组织和引导，使心理活动有目的、有选择地对客观现实进行反映，共同决定个人行为的动力。因此，个性倾向性也叫个性的动力系统。

2. 个性心理特征

个性心理特征是指个体身上经常表现出来的本质、稳定的心理特征，主要包括能力、气质、性格等。它们最直接地表现了人与人之间差异的具体内容，因而也叫个性的特征系统。

3. 自我意识

自我意识是自己对自己、对他人关系的意识，其主要表现形式是自我认识、自我体验和自我调节。它是个性结构中重要的组成部分。人正是通过自我意识控制、调节自我、发挥主观能动性影响促进着个性的发展、完善与成熟。因此，自我意识也称个性的自我调节系统。

二、个性的特征

(一)社会制约性和生物制约性的统一

人具有生物属性，也具有社会属性；人既是一个自然实体，也是一个社会实体。因此，人的个性不仅要受其生物性因素的制约，也要受其社会性因素的制约。

作为一个自然实体，人通过遗传所获得的先天素质，例如身体的构造、形态、感官及神经系统的特性等，这些会影响一个人的个性。例如，一个人的神经类型的特点是灵活性好，但忍受性较弱，那么这个人的自制力性格特点的形成就较困难。可见，生物性因素为某些个性特点的形成提供了前提条件，并影响着某些个性特点形成的快慢难易。

作为一个社会实体，人处在各种社会关系中，参加一定的社会实践，总是通过接受各种社会影响来协调自己的心理与行为，逐步形成了一个人的个性。理想、信念、世界观是如此，性格特点也是如此。即使是一个人的能力，也必须在一定的社会条件下，通过教育和实践活动才能形成。因此，形成什么样的个性不取决于遗传素质本身，而取决于社会环境。人的生物性因素和人的社会性因素虽然对人的个性形成与发展共同起作用，但二者比较起来，生物性因素属于次要地位。正因为如此，人的个性是人社会化的产物，个性就其本质来说是社会的，而不是自然的。

(二)个别性和共同性的统一

个性的个别性，是指人的心理特点的独特结合。不同的遗传、生存及教育环境，形成了各自独特的心理特点。人与人没有完全一样的个性特点，每个人的个性不论从其结构还是从内容上衡量，都具有独特性。所谓"人心不同，各如其面"，正说明了人的个性是千差万别、千姿百态的。

个性的共同性，是指人的个性具有共同的特征。这些共同的个性特征，是由于人受共同的社会经济、政治和文化生活环境影响而形成的，例如民族性、阶级性等。在阶级社会中，由于每一个具体的人总是处在一定的阶级地位之中，生活在一定的民族文化的影响之下，因而就使得人的个性总是在体现个人独特的心理特征的同时，又体现出本阶级、本民族所共同具有的精神面貌。从这个意义上讲，人的个性是个别性与共同性的统一。

(三)稳定性与可变性的统一

个性的形成都经历了一个长期反复的过程。它是个体在家庭、社会潜移默化的影响下，在学校教育的熏陶以及自身的实践活动中逐步塑造而成的。因此，个性一旦形成就比较稳定，而那些暂时的行为、偶尔的心理表现，则不能构成个性的组成部分。只有那些经常体现一个人的精神面貌的心理因素才是个性的组成部分。例如一位性格内向的大学生，在各种不同的场合都会表现出沉默寡言的特点，这种特点从入学到毕业不会有很大的变化。

个性具有稳定性，并不表明人的个性是一成不变的。任何一个人生下来只是一个自然实体，并不具备什么个性。人的个性是在社会生活过程中形成的，并随着社会生活的改变而发展变化。教育和环境的要求、生活中重大变化，都有可能改变一个人的个性。可见，个性是稳定的，又是可变的，是稳定性与可变性的统一。

第二节　需要与动机

一、需要概述

(一)需要的概念及特点

1. 需要的概念

需要是个体和社会生活中必需的事物在人大脑中的反映。个体为了生存和发展，必须从自然环境和社会环境中取得某些东西，当有机体缺乏某种重要刺激时，就会引起有机体的紧张，在有机体与环境之间形成不平衡状态。有机体所缺乏的某种必要的事物在人大脑中的

需要层次理论.mp4

反映就是需要。需要常常在主观上以一种不满足感被人们感受和体验，是个体积极性的源泉。

2. 需要的特点

需要是在个体反映有机体内部环境和外界生活条件的要求时产生，并为自己感受和体验到的一种内心状态。这种内心状态常常通过外观方式被人间接地认识。需要有以下四个特点。

(1) 对象性。需要总是指向某种对象，追求某种对象，并从对象得到需要的满足。没有对象的需要是没有的。例如，饿了有进食的需要，其对象是食品；渴了有解渴的需要，其对象是水。可见，需要总是对一定对象的需求。

(2) 紧张性。需要是有机体内部的一种不平衡状态。一种需要的出现会使人产生某种"欠缺感"。人在力求获得满足而又未得到满足的过程中常会体验到一种特有的紧张感、不适感或无法实现的苦恼感等。例如，儿童因饥饿而啼哭，成人因工作受挫而烦恼、焦虑等，都是这种紧张性的表现。

(3) 动力性。需要是人活动的基本动力。人的各种活动，从饥择食、渴择饮，到从事物质资料的生产、文学艺术的创作和科学技术的发明创造等，都是在需要的推动下进行的。需要一旦出现，就会成为支配人的行为的力量，推动人从事各种活动，以满足需要。需要越强烈、越迫切，其产生的动力就越大。

(4) 起伏性。已经形成的需要通常不会立即消失，它作为一种实际上起作用的力量总是断断续续的，有时呈活跃的动态，有时转入潜伏的静态。需要的这种起伏性在生理需要方面表现得最明显。例如，人饿的时候会寻找食物充饥，人在饱食之后，纵然有美味佳肴也难以引起食欲。

(二)需要的种类

人的需要是多种多样的，可以从不同的角度对其进行分类。

1. 根据需要的起源，可以把需要分为生理需要和社会需要

生理需要是维持个体生存和种族延续所需求的事物的反映。它包括对饮食、休息、运动、病痛、排泄及繁衍后代等的需要。生理需要是人与动物共有的。但人的生理需要和动物的生理需要有本质不同。动物直接从自然界摄取物质满足需要，而人以使用工具改变自然物品的形式，并创造新的物品满足需要。

社会需要是维持社会生活所需求的事物的反映，是与人的社会生活相联系的需要。对交往、劳动、认识等的需要都是社会需要。社会需要是后天习得的，是人所特有的高级需要。这种需要是从社会要求转化而来的，当个人认识到社会要求的必要性时，社会要求就转化为个人的社会需要。

2. 根据需要的对象，可以把需要分为物质需要和精神需要

物质需要是指个体对物质对象的欲求，例如对衣食住行的需要，对工作和劳动条件的需要等。这些需要既包括维持生命机体的自然需要,也包括人的高级的社会物质的需要。

精神需要是指个体精神文化方面的欲求,例如认识的需要、交往的需要、道德的需要、劳动的需要、美的需要等。精神需要在人的社会生活中具有重要意义。

上面所说的这些不同类型的需要不是截然分开的,而是相互交叉的。

(三)马斯洛需要层次论

美国心理学家马斯洛在其《人的动机理论》一文中,阐述了人的基本需要可以分为五个层次,扼要地说,这就是生理、安全、爱、尊重和自我实现的需要。

1. 生理需要

生理需要是直接与生存有关的需要,它具有自我保存和种族保存的意义。例如人对食物、水、空气、睡眠、性的需要就属于这类需要。马斯洛认为,生理需要在人类各种需要中具有最强的优势,如果一个人的生理需要得不到满足,其他的需要均会被推到次要的地位。

2. 安全需要

马斯洛认为,人喜欢一个安全的、有秩序的、可以预测的、有组织的世界,在那里他有所依靠,不会发生意外的、难以控制的或其他危险的事情。安全的需要的含义是广泛的,从世界和平、社会安定直至个人的安全。

3. 爱与归属的需要

马斯洛认为,爱的需要是指个人对爱、情感和归属的需要。个人在生活中感到需要朋友、爱人、孩子,渴望与同事之间有着深厚情谊。爱应该包括两方面,给别人的爱和接受别人的爱。现实社会中,要搞好人际关系,不能简单地就事论事,组织服从,而应该有感情与爱的因素。

4. 尊重需要

马斯洛认为,社会上所有的人都希望自己有稳定、牢固的地位,希望得到别人的高度评价。尊重需要包括希望别人尊重自己,自己也表现得非常自重、自尊。尊重需要分为两类:一类是希望有实力、有成就、能胜任、有信心以及要求独立和自由;另一类是要求有名誉或威望,受到别人的赏识、关心、重视或高度评价。

5. 自我实现的需要

马斯洛认为,自我实现的需要是指促使人的潜在能力得以实现的趋势。这种趋势就是希望自己越来越成为所期望的人物,完成与自己的能力相称的一切事情。为此,音乐家必须演奏音乐、画家必须绘画、诗人必须写诗,是什么样的角色就应该干什么样的事,这样才会使他们感到最大的快乐。我们把这种需要叫作自我实现。

在马斯洛看来,人类价值体系中存在两类不同的需要,一类是沿生物谱系上升方向逐渐变弱的本能或冲动,称为低级需要和生理需要;一类是随生物进化而逐渐显现的潜能或需要，称为高级需要。这两类需要的关系表现为：①这五种需要像阶梯一样从低到高，但这种次序不是完全固定的，可以变化，也有种种例外情况。②一个层次的需要相对地得到满足，就会向高一层次发展。这五种需要不可能完全满足，越到上层，满足的百分比越少。③同一时期内，可同时存在几种需要，因为人的行为是受多种需要支配的。但是一定时期内总有一种需要是占支配地位的。④需要得到满足就不再是一股激励力量。

马斯洛的需要理论对教育工作有一定的参考价值，教育工作者要分析和满足学生的需要，因为只有在满足了学生的基本需要后，他们才会发奋学习。教师还应注意培养学生的高级需要，并创造条件，使学生的自尊心、集体感、荣誉感得到相应的满足，促使学生向自我实现的方向发展。

马斯洛的需要层次论也有其局限性。首先，他只强调个人的需要，没有考虑到社会实践对人的需要的制约性以及人的需要的社会性。其次，他过于强调个人的内在价值，他的自我实现论并没有突破西方个人本位的意识形态的束缚。再次，马斯洛把人的需要统统说成是先天的，与生俱来的，这就模糊了人的生理需要与社会需要的差别，降低了后天生活环境和教育对人的需要的发生发展所起的作用。

二、动机

(一)动机概述

1. 动机的概念

动机是推动和维持人活动的内部原因和动力。要研究人的行为，必须揭示其行为的动机。只有这样才能比较准确地判断一个人的某种行为是偶然的，还是合乎规律的，并对其活动作出预测或控制。

2. 动机的形成

人的绝大部分动机都是需要的具体表现，或者说是需要的动态表现。因此，动机是在需要的基础上产生的，但必须具备以下两个条件。

(1) 需要的强度。只有当需要的强度达到一定水平之后，才能转变为动机引起活动。萌芽状态的需要，能够使机体产生不安之感。随着强度的增加，人就会很快地明确是什么使他感到不安，并意识到可以通过什么手段去满足需要。

(2) 诱因。凡是能够引起个体动机并能满足个体需要的外部刺激称为诱因。人有了明确的需要和满足需要的手段，还不等于就能为满足需要而采取行动。只有与需要相适应的客体出现时，才能形成活动动机。

当然，由需要转化为动机的两个条件并不是绝对的。当其中一项达到足够强度时，另一条件即使不具备或不充分，也能引起人们的动机行为。所以，一般认为人的动机行为既可由需要引起，也可由外界事物引起，但往往是内在条件与外在条件交互影响的结果。

3. 动机的功能

动机的功能包括以下几个方面。

(1) 始发功能。人的活动总是由一定的动机引起的,有动机才能唤起活动欲望,它对活动起着启动的作用。动机的性质和强度不同,引起和推动作用的大小也不一样。

(2) 指向功能。在动机的支配下,人体的活动总是指向一定的目标或对象,行动朝着预定的目标进行。动机不同,个体活动的方向和追求的目标也不同,例如在交往动机的支配下,人可能去看望老朋友,也可去结交新朋友。

(3) 强化功能。活动产生以后,个体是否维持这种活动,同样受动机的支配和调节。当活动指向个体所追求的目标时,相应的动机便得到强化,个体的活动也会坚持下去。相反,当活动背离了个体所追求的目标时,相应的活动动机就不断减弱,活动的积极性也随之降低,甚至使活动完全停止。将活动的结果和个体原有目标进行对照,是实现动机的维持和调整功能的重要条件。

(二)动机的种类

动机是多种多样的,可以从不同的角度和侧面对动机进行分类。

1. 根据需要的种类,可以把动机分为生理性动机和社会性动机

生理性的动机是以机体的生理需要为基础的、天生的、比较低级的动机。这类动机的内驱力包括饥饿、口渴、缺氧、性欲、排泄及回避痛苦等。

社会性动机是人在一定社会文化生活中,在生理性动机的基础上发展起来,并推动人从事各种社会行为的高级动机。社会性动机的内驱力有:在人与人和睦相处中,求得安定生活和相互依赖;希望得到社会承认与赞扬;要求独立自主,期望获得成就等。研究证明,具有社会性意义的动机的力量最大。

社会动机又可分为交往动机和成就动机。交往动机是一种基本的社会性动机,是指一种需要与人亲近的内在动力。成就动机是一种较高级的社会性动机,是指个人对自己认为重要或有价值的工作,不但愿意去做,而且能达到完善地步的一种内在推动力量。

2. 根据动机的动力来源,可以把动机分为内部动机和外部动机

内部动机是指由个体自身激发的动机。动机的满足是在活动之内,不在活动之外。活动本身就能引起人的兴趣,是活动者追求的目的。例如,学生认真学习是因为学习本身能给他带来满足和愉快,而不是为了得到他人的赞扬。可见,内部动机中的成功感或兴趣比外部动机中单纯为了金钱或物质的利益更经济,更富有积极作用。

外部动机是指外部诱因所引起的动机。例如,工人为了获得奖金而工作,学生为了得到老师和家长的赞扬而学习。这些活动的推动力均来自活动外部的刺激,都是外部动机。一般情况下,外部动机的内驱力较小,维持时间也不长;激发起某种动机的外在条件一旦"消失",被激发起来的外部动机也就较难维持了。但是,在学习过程中,人单靠外部动机或单靠内部动机都不行,而应适当地交替使用这两种动机。教育实践证明,要提高学习积极性,必须使外部动机转化为内部动机,让学生从学习中产生学习兴趣,力求不断深入地探索事物的奥秘。

3. 根据动机来源的远近和起作用的时间，可将动机分为直接的近景性动机和间接的远景性动机

直接的近景性动机是指与学习活动直接关联的动机。它可能出自对学习的直接兴趣，觉得学的内容有趣、好玩，能训练人多动脑子，也可能出自应付教师的测验，为了博得教师的赞扬、避免责备等。这类动机比较具体，与学习活动本身有较密切的关系，实际效能明显，但是它不如已形成的间接动机稳定，容易受偶然因素的影响，易随情境的改变而改变。

间接的远景性动机与人对活动的社会意义的认识相联系，它是社会要求在人类活动中的反映，是人们的理想、世界观等在活动中的体现。例如我国大部分学生能把学习和祖国现代化建设事业联系起来。这类动机一旦形成，就具有稳定性和持久性，不易被情境中的偶然因素所改变，自然能在较长时间内起作用。间接的远景性动机是一种广义的、概括的动机。一般来说，它与当前进行的活动没有过多的直接联系，所以对当前活动的直接推动作用较小。尤其对年幼儿童来说，"将来"是一个遥远的时间概念，是若干年以后的事情，只能起比较间接的推动作用。

上述两类动机相互联系、相互补充。只有二者有机结合，才能形成推动学生努力学习的巨大动机。另外，根据动机所起的作用，可以把动机分为主导动机和辅助动机。根据动机内容的性质，可以把动机分为高级动机和低级动机。

(三)学习动机

1. 学习动机的概念

学习动机是推动学生进行学习活动的一种内部动因。

学习动机与学习目的，二者既有联系又有区别。一般讲，学习目的指学生为学习而设定的目标，学习动机是促进学生实现目标的动因。动机和目的的这种区别又不是绝对的，正如因果关系可以转化一样，学习动机和学习目的也可以互相转化。当学生把学习目的当成一种动力，用来指引、调节和推动学生学习活动时，学习目的就成了学习动机的组成部分。在实际工作中，教师们常常把学习动机和学习目的作为同义语来使用。

2. 学习动机与学习效果的关系

(1) 学习动机的性质影响学习效果。研究表明，学习活动中的主观及客观条件，只有与学习动机的性质基本上相适应，才会使学习动机与学习效果的关系保持一致。即一个学生在好的动机激励下，具有较高的学习能力，采用了有效的学习方法，才会获得良好的学习效果。反之，如果学习活动中的主观及客观条件与学习动机的性质不相适应，那么学习动机与学习效果的关系就不一致。我们经常看到：有的学生学习动机很强，但成绩却不好，而有的学生学习动机不强，但学习成绩不错。学习动机与学习效果之间既一致又不一致的关系，是学习动机变化的一条规律。这一事实告诉我们，为了提高学习成绩，激发正确的学习动机固然重要，但却不是唯一的充分条件，还应该尽可能改善制约学习活动的各种主客观条件。例如，改进学习方法、提高学习能力、加强辅导等。

(2) 学习动机的强度影响学习效果。美国的尤克罗格卢等人考察了大量的研究报告，分析了其中232项动机测量与学业成就之间的关系系数，发现其中98%是正相关(估计平均相关系数为+0.34)。这个调查意味着高的动机水平导致高的成就。反之，高成就水平也能导致高的动机水平。该调查覆盖面为1~12年级的学生共637000人，是有一定代表性的。

动机强弱对学生学习效果的影响，还可从美国洛厄尔的研究进一步说明。洛厄尔选择两组成就动机强弱不同而其他条件相同的大学生作为被试者，比较他们的学习效果。实验任务是要求他们用一些打乱了的字母去构成普通的单词(比如，用打乱了的 W、T、S 和 E 去构成 west)。以19名成就动机强的学生和21名成就动机弱的学生成绩作比较，实验结果表明：成就动机较强的被试者在这项学习任务中能够取得不断的进步，而成就动机不强的学生则没有取得明显进步。

(3) 学习动机与学习效果的关系是辩证的。动机影响效果，效果又反过来影响动机。大量事实和研究表明，学习效果对学习动机的作用主要表现在两个方面。一是学习活动的结果可以影响学习动机。学习成绩好，满足了原有的学习需要，学习动机进一步加强；反之，学习成绩不好，原有的需要得不到满足，就会削弱原有的动机。二是学习结果可以修正学习动机。当学习结果符合社会和自己的主观需要时，就会巩固加强原有的学习动机；当学习结果不符合预期目的和要求时，就会修正调整原有的动机，确立新的动机。

(四)青少年学习动机的发展

青少年学习动机的发展包括以下两个方面。

1. 由直接与学习活动本身相联系的学习动机占支配地位，向远大的与社会意义相联系的学习动机占支配地位过渡

在少年初期，直接与学习活动本身相联系的学习动机起主要作用，他们努力学习往往是为了得到别人的称赞，为了得到好分数。而在正确的教育下，少年后期的学生，远大的与社会意义相联系的学习动机日益发展起来。他们逐渐认识到自己的学习与祖国建设的密切关系，进一步明确了学习的社会意义，从而加强了学习的责任感。进入青年期，其学习动机则更加远大、深刻和稳定，与社会意义相联系的学习动机成为青年学生的主要学习动机。

2. 由不自觉和不稳定的学习动机，向自觉和稳定的学习动机的转变

在少年初期，学习动机还不自觉和稳定。但随着学习内容和学习方法的改变，少年后期的学习动机的自觉性就有了很大的发展，他们开始能够主动自觉地去钻研教材和独立思考。不过，这种自觉性还不很稳定，还容易动摇和变化。到了青年期，他们已经能够自觉地追求知识，顽强地学习，并且这种自觉性已相当稳定。

(五)学习动机的培养与激发

学习动机的培养与激发既有区别，又有联系。学习动机的培养是指学生把社会和教育的客观要求变为自己的内在学习需要的过程。学习动机的激发是利用一定诱因使已形成的学习动机由潜伏状态转入活动状态，使它成为推动学生学习的内部动力。

1. 学习动机的培养

(1) 进行学习目的教育。对学生进行学习目的的教育，帮助学生正确认识学习的社会意义，把当前的学习与祖国的建设事业联系起来，从而明确学习目的，端正学习态度，提高学习的自觉性。学习目的的教育要与设置具体的学习目标相结合，使远景的与具体的切实可行的目标结合起来，这样才能转化为学生自身求知的需要。

(2) 培养学习兴趣，增强求知欲望。学习兴趣是学习动机的重要心理成分。具有学习兴趣的学生，会把学习看成内心的满足，而不是把学习当成一种负担。因此，培养学生积极的学习兴趣和强烈的求知欲望，是学校教育工作的主要任务之一。

(3) 利用原有动机的迁移，使学生产生新的学习需要。一个班上往往有个别学生，学习目的不明确，缺乏学习的动力。有经验的教师经常会注意发现这类学生身上的积极因素，利用这些积极因素，使之得到发扬并与学习联系起来，从而使学生产生学习的需要。

2. 学习动机的激发

(1) 创设问题情境，激发学生的求知欲望。所谓问题情境是指不能直接用已有的知识处理，但可以间接利用已有知识处理的情境。教学中的启发式就是给学生提出一定的问题情境。在创设问题情境时，应注意以下几点。①教师要熟悉教材，掌握教材的结构，了解新旧知识之间的内在联系。②教师还要充分了解学生，了解他们已有的经验和智力水平，严格遵循循序渐进的原则。③问题情境的创设，在各个教程之间和一个教程的开始、进行中或结束时都要注意贯彻。它既可以用教师设问的方式提出，也可以用作业的形式提出，既可以从新旧教材的联系方面引进，也可以从日常经验引进。④问题情境的创设，不仅应用于课堂教学之中，也可以在课外兴趣活动中应用。从学生的兴趣出发创设问题情境，通过问题解决，使其求知需要得到一定的满足，从而强化其求知兴趣，进而将兴趣转化为探求更多新知识的动机。

(2) 及时反馈。让学生及时了解学习的结果，看到自己的进步和所学知识的意义，这种反馈信息，能够提高学生的热情，增加努力程度。同时，通过反馈的作用，学生可以了解自己的不足和缺点，改进学习方法，加强薄弱环节。运用反馈时应注意：①反馈有课堂质疑的反馈，课后练习的反馈，也有考试后的质量分析反馈。反馈内容主要是教师对学生作业的矫正、学生的自我检查及学生间的互相检查。②不仅使学生了解自己是否达到了目标，而且使其了解离目标还差多远，或在多大程度上是偏离了目标。③使学生知道什么是正确反应，比使其知道什么是错误的反应更重要。④尽可能早地让学生知道学习结果，对低年级儿童尤其如此。⑤对考试成绩不理想的学生，不能单纯看其分数的高低，还要从学习环节的不同层次上去发现他们的可取之处，并给予表扬与鼓励，让其看到自己的进步，以增强其自信心。

专栏 10.1 反馈的作用

在罗西和亨利的一个实验中，把一个班级的学生分成三组，每天学习以后接受测验。主试对第一组每天告知其学习结果，对第二组每周告知其学习结果，而对第三组则不告知其学习结果。如此进行 8 周后，改换条件，除第二组仍旧每周告知其学习结果外，第一组与第三组的情况对调，即对第一组不再告知他们学习结果，对第三组则每天学习和测验后就告知其学习成绩。这样再进行 8 周，结果发现在第 8 周后除第二组显示出稳定的进步以外，第一与第三两组的情况则有很大的变化，即第一组的成绩逐步下降，而第三组的成绩则突然上升。

从实验结果可以看出，反馈在学习上的效果是很显著的，尤其每天及时反馈，比每周的反馈效率更高；不知道自己的学习结果，缺少学习的激励，则很少进步。

(资料来源：章志光. 心理学. 北京：人民教育出版社，1992)

(3) 科学地使用表扬与批评、奖励与惩罚。实验证明，表扬与批评运用得当都可以对学生的学习起推动作用。但一般来讲，表扬、鼓励比批评、指责能更好地激发学生的积极学习动机。表扬起加强行为的作用，能给学生以好、对、应该这样做等信息，给学生指明方向，使其巩固自己的行为。批评起削弱行为的作用，能给学生以不好、不对、不能这样做等信息，会使学生知道应该怎样去做才好。批评过于严厉，反而会使他们产生恐惧心理与不安全感，从而对学习发生阻碍作用。因此，对学生进行表扬与批评时，要多表扬，少批评，表扬应该与严格要求相结合，批评中又应带有鼓励。从心理健康的角度，应注重奖励而不去注重惩罚，因为这样可以减弱失败给人带来的恐惧心理。但是，否认惩罚在激发学习动机中的必要性和有效性也是不现实的。惩罚的目的是让学生通过努力去避免惩罚，而不是让学生通过考试不及格去体验惩罚。

(4) 适当开展学习竞赛活动。竞赛是激发学生学习积极性和提高学习成绩的一种有效手段，在竞赛过程中，学习的成就动机更强烈，学习兴趣和克服困难的毅力增强，学习和工作效率一般都有很大提高。但是，对于能否运用竞赛方式来激发学生学习动机的问题，国内外学者进行过长期的争论。大量研究表明，在学生学习知识的过程中，适当开展合理的学习竞赛活动很必要，也是有益的。为了保证竞赛的适度性，应注意以下几点：①竞赛内容应多样化，以培养学生广泛的兴趣；②应考虑学生心理年龄特征和竞赛题目的难易程度；③竞赛的要求必须具体、合理；④按能力的高、中、低分组竞赛，使每个学生都有获胜机会；⑤竞赛活动要适量。竞赛本身在一定程度上会增加学生的心理紧张度，产生一定的心理压力。因此，竞赛不宜过于频繁。

(5) 使学生获得成功和失败的体验。教学实验表明，成功的学习体验有助于激发学生进一步学习的动机，对知识技能的顺利掌握在一定条件下会促进学生进一步努力学习，从而提高学习自信心和渴求在学习上有新的突破的愿望；屡次的失败会使学生产生焦虑、自卑感、兴趣低落、丧失信心，甚至逃避学习以致降低学习的效果。学生既需要有足够的成功体验，也要有学会克服各种障碍和控制失败的体验。也就是说，教师要培养学生经得起失败考验的能力，使之从失败中吸取教训，使失败成为激发学习动机的积极诱因。

第三节 兴 趣

一、兴趣的概念

兴趣是人力求认识、探究某种事物和从事某种活动的认识倾向。兴趣是动机的重要表现形式,也是动机中最活跃的成分。

兴趣是在需要的基础上产生和发展的。一个人只有对某种客观事物产生了需要,才有可能对这种事物产生兴趣。而且,他在满足某种需要的基础上又会产生新的需要,使原来的兴趣也得到丰富和发展。

兴趣和动机既有联系,又有区别,它们都起源于需要,都是需要的表现形式,都是行为的动力因素。但是,兴趣是动机的进一步发展。对某一事物产生了动机,还不一定能发展为兴趣,若一旦成为兴趣,就必然有与之相伴随的动机。兴趣以行动结果获得的满足感而巩固、加深,一个人虽有学习动机,若无学习行动,是不会产生兴趣的。如果有动机也有行动,但行动结果没有获得满足感,也难以产生兴趣。只有行动结果反馈回来获得满足感后,才会使学习动机得到强化,并使学习兴趣随之而生。这就是所谓的"学习动机—学习行动—结果满足—兴趣"的模式。

兴趣对人的各种实践活动具有重要的作用,因此它是人们从事活动的内在动力之一。研究表明,在学习过程中,学习兴趣有时能弥补智力发展的不足。例如,拉扎勒斯曾在语文教学中做过这样一个实验:他将高中生按照智能和兴趣分为两组,一为智能组,一为兴趣组。智能组学生的平均智商(IQ)为120,但对于语文的阅读与写作不感兴趣;兴趣组的学生的平均智商只有107,但是很喜欢阅读与写作。这两组学生都必修阅读和写作这一课程。在一学期内两组同学接受同样的测验,到学期结束时,两组的总成绩相比较,兴趣组成绩要好于智能组。

二、兴趣的种类

根据兴趣的倾向性,人的学习兴趣可分为直接兴趣和间接兴趣。直接兴趣是人对活动过程本身感兴趣,例如对看电视、小说等的兴趣。间接兴趣是人对活动的结果感兴趣,例如有的人对学习活动没有兴趣,但对学习结果(成绩、毕业证)非常感兴趣。直接兴趣和间接兴趣是可以相互转化的。一般说来,在学习过程中,只有把直接兴趣和间接兴趣很好地结合起来,才能充分调动人的学习积极性和学习的创造性。

(1) 根据兴趣的内容,可把兴趣分为物质兴趣和精神兴趣。物质兴趣是由物质需要所引起的兴趣,具体表现为人对某些物品的渴望和追求,例如追求舒适的生活、时髦的衣饰等。精神兴趣是由精神需要所引起的兴趣,具体表现为人对文化娱乐、社会交往等活动的兴趣。

(2) 根据兴趣发展的水平和深刻性,可把兴趣分为有趣、乐趣和志趣。①有趣,是兴趣的低水平阶段。这是指学生容易被一时的新异现象和新颖对象所吸引,从而对它们产生兴趣。这种兴趣为时短暂，具有直观性、盲目性和广泛性特点。②乐趣是在有趣的基础上发展起来的，向专一的、深入的方向发展，即对某一门学科或某一项操作活动产生了比较持久、稳定的兴趣。乐趣具有三个特点，即专一性、自发性和坚持性。③志趣是发展到高水平的兴趣。它与人的崇高理想和远大志向相联系，和坚强的意志分不开，由乐趣经过实践和锻炼发展而来。人的志趣具有社会性、自觉性和方向性三个特点。这是一种高尚的兴趣，对人的学习和工作有巨大的推动力。

(3) 根据兴趣维持时间的长短，人的兴趣又可分为短暂的兴趣和稳定的兴趣。稳定的兴趣是指对某种学习具有持久性的喜爱，不因某种活动的结束而消失。短暂的兴趣一般指偶尔或一时为某种事物或活动所吸引，随着某种事物或活动的结束而消失。

三、兴趣的品质

兴趣的品质是人在认识事物的过程中形成和表现出来的稳定的心理特征。一般说来，兴趣的品质可以概括为以下四个方面。

(一)兴趣的倾向性

兴趣的倾向性是指人的兴趣总是指向于一定的事物。每个人的兴趣指向什么事物，具有很大的个别差异。例如有人喜欢音乐，有人爱好美术，有人对文学情有独钟。

(二)兴趣的广阔性

兴趣的广阔性是指人的兴趣范围的大小而言。人的兴趣越广泛，知识也就越丰富，工作、学习上的造诣也会越深。优良的兴趣品质不仅应该是广阔的，而且应该在广博的兴趣基础上形成一个中心兴趣，只有在众多兴趣的基础上形成一个中心兴趣，一个人学识才能达到广博而精深的程度。

(三)兴趣的持久性

兴趣的持久性是指人的兴趣持续时间的长短。人只有具有持久而稳定的兴趣，才能推动人去深入地研究他所感兴趣的事情，从而获得系统而深刻的知识。反之，如果一个人缺乏兴趣的持久性，朝三暮四，那么这种暂时性的兴趣即使表现得很强烈，也不会产生很大的推动作用。

(四)兴趣的效能性

兴趣的效能性是指兴趣对人的活动推动作用的大小。兴趣效能大的人一旦对某事或某种活动感兴趣就会积极地去行动以满足自己的兴趣，这种人的兴趣对他的活动的推动作用大。兴趣效能小的人对某事或某种活动的兴趣仅仅停留在向往的水平上，他们是"临渊羡鱼""心向往之"，这种人的兴趣对他们的活动推动力量小，是低效能的兴趣。

四、学习兴趣的发展

(一)兴趣更加广泛

随着知识范围的扩大,青少年学生不仅关心课内学习,而且关心课外学习,对非学习内容的报纸杂志也很感兴趣。他们不仅喜欢文学艺术读物,而且喜欢科学技术读物及其科学技术活动,并喜欢探讨其中的理论问题。他们不仅关心周围的生活,而且关心国内外大事,喜欢深入探讨和思考社会问题。教师应在发展学生兴趣广泛性的同时,注意引导学生发展其中心兴趣。

(二)兴趣更加分化,更具选择性

少年学生对各种学科往往表现出不同的兴趣,他们开始特别喜欢某一(些)学科或特别不喜欢某一(些)学科,特别喜欢某一(些)活动或特别不喜欢某一(些)活动。不过,他们的学科兴趣受教师的教育质量和自己的学习成绩的影响很大,不太稳定。到青年期,兴趣的选择性则更加明显,并且这种选择性常常和自己未来的志愿相联系,此时他们一般对抽象程度高、需要多动脑筋的学科比较感兴趣。

(三)兴趣更加深刻

小学生一般只对具体材料比较感兴趣,而青少年学生逐渐开始对理论性问题、对需要开动脑筋积极思考的材料比较感兴趣。他们不仅对文艺作品中的叙述感兴趣,而且对人物的内心变化感兴趣。不过,少年期学习兴趣的实用性和肤浅性仍占重要地位。

五、学习兴趣的培养

(一)以丰富的内容和富有启发性的教学方法,激发学生学习的直接兴趣

在教学中以丰富有趣、逻辑性、系统性很强的学习内容,以及生动的教学方法来吸引学生,使学生通过学习得到精神上的满足,就可以进一步激发学习兴趣。

怎样才能激发学生的学习兴趣呢?教师的教学应使学生感到"有趣、有味、有奇、有惑"。所谓有趣,是指学生对教师所教的内容兴致勃勃地去学。所谓有味,是指学生觉得所学的知识内容精深,值得品味,甚至回味无穷。所谓有奇,是指教师的教学新颖有创见,每每使学生感到新奇,觉得出乎意料,体验到学习是一种乐趣。所谓有惑,是指教师讲解既有启迪又留有余地,使学生听讲之后,自己提出问题,从而产生继续探索的求知欲望。教学中的启发性,不只是提一些简单的问题,还要给学生提出一定的课题,使他们不能单纯利用已有的知识和习惯的方法去解决面前的问题,以进一步激发他们的学习兴趣。

(二)通过有目的的学习活动培养学生的学习兴趣

培养学习兴趣,把注意力吸引到学习上来,对少数毫无学习兴趣,懒于学习的学生特别重要。有经验的教师认为,对这类学生,只要设法使他们对学习稍微提高一点兴趣,从

内心产生改进学习的需要，其学习态度就会逐渐转变。

专栏 10.2　"满怀兴趣地学习"的实验

苏联学者西·索洛维契克曾对有这类情况的三千多名小学生进行过"满怀兴趣地学习"的实验，取得了良好的效果。实验过程如下：

①学习前做好充分准备，对自己一再说："我喜欢你，植物学(原来最不感兴趣的学科)！我将高兴地去学习！"②一定要努力去学习，要比平时更细心一些，要花更多的时间。因为，细心就是热爱学习的主要源泉。

实验进行了几个星期以后，测试者陆续收到参与实验的学生充满兴奋情绪的报喜信。绝大多数学生实验成功了，开始对原来最感头痛的课程产生兴趣了，而报告实验失败的信件只有 12 封。

(三)通过课外活动培养学习兴趣

教育实践表明，组织学生参加各种课外活动，对培养和发展学生的学习兴趣有重要意义。学生通过课外小组的活动不仅运用了所学的知识，而且扩大了知识面，加深了对知识的理解，这有利于学生的兴趣向着某一确定的方向发展。

(四)进行学习目的教育，培养学生的间接兴趣

学习是一种艰苦的脑力劳动，有许多学科，学生们觉得枯燥无味，很难产生直接兴趣，据此必须使学生明确知识的社会意义，培养其间接兴趣。当学生明确了学习某一学科的重要意义之后，相应的情感体验也就产生了，学习兴趣就会油然而生。

本 章 小 结

个性是指一个人整个的精神面貌，是具有一定倾向性的个性心理特征的总和。个性由个性倾向性、个性心理特征、自我意识三大部分组成。

需要是个体积极性的源泉，它具有对象性、紧张性、动力性、起伏性的特点。马斯洛的需要层次理论把人的需要分为五个层次，即生理、安全、爱、尊重和自我实现的需要。动机是推动人们活动的内部原因和动力，它具有始动、指向、强化的功能。教师应根据学生动机发展的特点去培养、激发学生的学习动机。兴趣是一种探求某种事物的认识倾向，兴趣的品质有兴趣的倾向性、广阔性、稳定性与效能性。学习兴趣的培养也是教学的一个重要任务。

案 例 分 析

【案例】

以"自我激励"为伴

1944年,美国洛杉矶郊区一个没有见过世面的15岁少年约翰·戈达德在《一生的志愿》的表上填写了这样一些项目:到尼罗河、亚马孙河和刚果河探险;登上珠穆朗玛峰、乞力马扎罗山和麦特荷恩山;驾驭大象、骆驼、鸵鸟和野马;探访马可·波罗和亚历山大以前走过的道路;主演一部《人猿泰山》那样的电影;驾驶飞行器起飞降落;读完莎士比亚、柏拉图和亚里士多德的著作,谱一首乐曲、写一本书……写完,他给每一项都编上号。当时别人都认为他疯了。可戈达德在经历了18次的死里逃生和无数次难以想象的艰难困苦之后,127个目标已经完成了106个。

戈达德的成功已超出了常人的能力和想象。这使人情不自禁地回想起他曾制定的那张奋斗蓝图。心中的目标在不断地激励着他,他几乎时刻都在做迎接新挑战的准备。用戈达德自己的话说:"一有机会到来,我总是已准备完毕"。

【分析】

戈达德那超出常人的能力和成功,其动力来源是他经常处于一种被目标所激励的状态。这在心理学上叫作"受激发状态"。强烈的愿望能激发人的潜在能力,如果你不断地激励自己,就能挖掘蕴藏于自身的神妙能力。"激励"是针对动机而产生的。动机是推动行为的原动力或指标。它不仅是驱动人们行为的能量,而且是引导人们力量指向的"目标"。怀着强烈的愿望去争取成功,你就没有时间去失败。在漫长的人生旅程中,无论你的相貌如何,际遇怎样,都需要有"自我激励"为伴;在追求某个目标时,要有信念和力量鼓励你迈步;当生活遇到不幸、事业遇到挫折时,都需要重新鼓励起生活的信心和勇气。扬起生命的风帆,需要不断地激励自我。自我激励不仅能够帮助你渡过难关,而且能够超常地发挥你的潜能,实现你心中的理想。

第十一章 个性心理特征——个性特征系统

本章学习目标

- 能力的概念
- 能力的发展和培养
- 气质的概念、特征与教育
- 性格的概念、结构与类型
- 性格的形成与发展

在个性的整个心理结构中,除个性倾向性外,个性心理特征是其重要的组成部分。它是个人身上经常表现出来的本质的、稳定的心理特征。个性心理特征主要包括能力、气质和性格,其中以性格为核心。这些特征影响着个体的言谈举止,反映出一个人的基本精神面貌和意识倾向,集中地体现了人的心理活动的独特性。它又与心理过程不可分割,以心理过程(知、情、意)为基础,反过来又影响着每个人的心理过程。了解能力、气质、性格的结构,懂得其形成原因,掌握其基本规律,将有助于正确鉴定学生的个性,培养良好的个性品质,从而提高育人工作的科学性、艺术性和实效性。

第一节 能　　力

一、能力及其分类

(一)能力的概念

能力是人们成功地完成某种活动所必备的个性心理特征。此定义可理解为能力总是与活动密切相连的。一方面,个人的能力总是在活动中形成和发展,也在活动中得到表现。例如,学生的口头表达能力和组织能力,总是在言语交流与群体活动中锻炼出来和表现出来。另一方面,从事任何活动,都必须以一定的能力为条件。例如,教师要想很好地完成教学任务,除了要有明确的立场、观点和专业知识之外,还需要有驾驭教材的能力与较好的口头语言表达能力等。

但是,人在活动中表现出来的心理特征并不都是能力。例如人在活动中的镇定安详与焦躁不安、谦虚与骄傲等,虽然都是心理特征,也对人的活动有一定的影响,但它们不是成功地完成某种活动所必备的因素,也不会直接影响活动的效率,因而不能称之为能力。

只有那些从事某种活动所必需的，缺了它们就不能顺利地、成功地完成活动的心理特征，才属于能力的范畴。

实际上，要想顺利完成某种活动，单靠某一种能力是不够的，需要多种能力结合为一个系统。这种在完成某种活动中的各种能力的独特结合，称为才能。例如，完成教学活动需要有言语表达能力、教材的组织能力、逻辑的思维力、敏锐的观察力及注意的分配力等，这些能力在教学中独特的结合就形成了教学的才能。高度发展的多种能力，在活动中最完备的结合，具有这样才能的人就称为天才。

(二)能力的分类

根据实验和观察研究，在不同种类的活动中，表现出来的能力既有共同性，也有特殊性。因此，我们把能力划分成一般能力与特殊能力。

1. 一般能力

一般能力是指人们从事各种活动所必需的最基本的能力。它是有效地掌握知识和顺利完成活动不可缺少的心理条件，即便最简单的活动，也不能离开这种一般能力。

一般能力就是我们通常所指的智力。它包括人的观察力、注意力、记忆力、思维力与想象力。这五种能力在智力活动中所起的作用是不相同的。其中注意力是智力活动的维持者与组织者；观察力是智力活动的核心与方法；想象力是智力活动的翅膀与富有创造性的条件。

2. 特殊能力

特殊能力是指从事某种专业活动所必须具备的能力，例如教学能力、绘画能力、飞行能力等。

人要顺利地完成一项活动，既要有一般能力的参与，也必须依赖特殊的能力。一般能力与特殊能力在发展中又是相互促进的，特殊能力建立在一般能力的基础上，因而一般能力的发展就为特殊能力的发展提供了良好的条件。而一般能力又包含在特殊能力之中，因此，在不同活动中发展相应的特殊能力的同时，也就发展人的一般能力。

二、能力与知识/技能的关系

(一)能力与知识/技能的区别

1. 表现为两者在概括化性质与迁移程度上的差异

能力是一种个性心理特征。从形成上看，它是在个体身上固定下来的概括化的东西，并且在反映客观现实中所获得的观察力、记忆力，以及分析及综合能力等，一旦成为一个人的特点时，它就会迁移到不同的场合中去，在极广的范围内起作用。一个人的知识、技能虽然也有一定的概括性，但是，它们概括化的深度与迁移的广度却比能力差得多。知识是对相应经验的概括，它只能在此经验范围内迁移；技能是对相应的行为方式的概括，其迁移范围也是极为狭窄的。

2. 表现为两者在生理机制与发展特点上的差异

知识、技能的生理机制是暂时神经联系和动力定型，而能力的生理机制是暂时神经联系在形成和巩固过程中表现出来的某种特性。在发展特点上，一个人的知识可以随年龄的增加而不断积累，一个人的技能也能在很大程度上随着年龄的增加而不断提高。但一个人的能力却不同，在人的一生中，能力并非都随年龄的增长而提高，到了一定年龄便会停滞、衰退。此外，能力是潜能，遗传素质对它的发展有较大影响，而知识、技能是后天学习的结果，它不受遗传素质的直接影响。

3. 表现为两者在发展速度上的差异

两者的发展不是同步的，一方面，在不同的个体身上，知识/技能可能相当，但他们不一定具有相同水平的能力，而且，能力水平相同的人也不一定获得相同水平的知识与技能。另一方面，对一个人来说，知识/技能的发展速度较快，而能力的发展速度却比较缓慢。

(二)能力与知识/技能的联系

1. 能力对知识/技能的掌握是必不可少的

首先，能力是掌握知识技能的必要前提。人如果不具备必要的能力，就无法获得知识，形成技能。例如缺乏感知能力的人，就无法获得感性知识；不具备抽象、概括、推理和判断能力，就不可能领会理性知识。智力落后的儿童之所以落后于同龄者，其原因就在于他们缺少这种必要的前提。其次，能力决定着知识掌握、技能形成的速度、难易与巩固程度，也影响着对知识/技能的运用。就此意义而言，能力比知识/技能更重要。

2. 知识/技能的掌握会促进能力的提高

知识/技能的掌握是能力发展中不可缺少的因素。人的大脑好比一个加工厂，这个"工厂"不能离开知识这个"原料"去凭空加工，知识/技能是能力发展的基础，离开这个基础，能力的发展将会变成无源之水，无本之木。正如苏联心理学家鲁宾斯坦指出的那样："任何能力的发展都是以知识为手段，以螺旋式的运动形态来完成的。"

但是，能力的发展不是在掌握知识的过程中自然实现的。生吞活剥的知识，不仅不能转化为能力，还会压抑能力的发展。因此需要在掌握知识的过程中，挖掘知识的能力因素，有意识地、自觉地去培养能力。

三、能力的测量

能力测量是运用经过精心研究，设计出的各种标准化量表对人的能力进行定量分析，并用数值表示其水平的一种方式。能力测量按照所测能力的类别，可分为一般能力测量、特殊能力测量和创造力的测量。

(一)一般能力的测量

一般能力的测量，也称智力测量。1905年法国心理学家比纳根据测量智力落后儿童的需要，与西蒙制成了第一个测量智力的工具，即比纳-西蒙量表。这个量表发表后，引起了许多国家的重视，翻译成许多文字，在许多国家推广。美国斯坦福大学心理学教授推孟修订了比纳-西蒙量表，制成了斯坦福-比纳量表。这个量表又经过 1957 年、1960 年、1972 年的几次修改，成为最有影响的一个量表。为了便于不同儿童间的智力比较，德国心理学家施太伦提出智力商数(简称智商)的概念，即智力年龄(MA)除以实足年龄(CA)所得的商数为智力商数。推孟在制定斯坦福-比纳量表中正式引用了智力商数并加以改进。推孟为去掉商数的小数，将商数乘以 100，用 IQ 代表智商，称为比率智商，其公式为：

$$IQ = \frac{MA(智力年龄)}{CA(实足年龄)} \times 100$$

在斯坦福-比纳量表中，每个年龄都有六个条目，每个条目代表两个月的智龄，这样根据儿童完成测验的条目就可以得出他们的智龄。如果一个 5 岁的儿童完成了 5 岁的全部项目，那么他的智力年龄与实足年龄都是 5 岁，其智商为：$IQ = \frac{5}{5} \times 100 = 100$，这表明他的智力是中等的。

如果一个 5 岁的儿童完成了 5 岁的全部项目，还通过了 6 岁的全部项目，那么他的智力年龄为 6 岁，实足年龄为 5 岁，其智商为 $IQ = \frac{6}{5} \times 100 = 120$，这表明他的智力高于一般的儿童。同理，如果一个儿童的 IQ 低于 100，就表明这个儿童的智力低于同年龄的一般水平。

用比率智商来比较人们之间的智力差异，会遇到一个无法解决的问题，即人的智力到一定的年龄便不再增长，而实际年龄却在不断地增长。于是，年龄越大，智商越小，这与实际情况是不相符的。为了解决这个问题，美国心理学家韦克斯勒根据智商正态分布的事实，提出了离差智商的概念。他认为，一个人智商的高低，实际上要看他在同龄分布中所占的位置，并且认为智商是以平均数字 100 和标准差 15 的正态形成分布的。于是他提出了以下公式：

$$IQ = 100 + 15\left(\frac{X - \bar{X}}{SD}\right)$$

其中，IQ 表示离差智商，X 为个人测验得分，$\bar{X}$ 为团体的平均分，SD 为标准差。

如果某年龄组的平均分数为 80 分，标准差为 10 分，甲学生得了 90 分，其离差智商是：

$$IQ = 100 + 15\left(\frac{90 - 80}{10}\right) = 115$$

如果乙学生得了 70 分，其离差智商是：

$$IQ = 100 + 15\left(\frac{70 - 80}{10}\right) = 85$$

离差智商的特点是：一个人的智力水平高低不是与自己比，而是与自己的同龄人的总体平均智力相比较。其优越性在于免除了智力年龄的局限，不再受智力发展变异性问题的困扰，不管智力发展到什么年龄，同龄人总可以和同龄人的总体平均智力相比较。而且，如果个人的离差智商值有了变化，便可以断定该人的智力有了变化。由于它比较科学，所以，国内、外智力测验大多数使用离差智商。韦氏制定的量表有三个：一是用来测量成人(16~

75岁)智力；二是测量儿童(6~16岁)智力；三是测量幼儿(4~6.5岁)智力。量表使用的试题与斯坦福-比纳量表的性质相差不大，但试题并不按年龄的大小来区分，而是以这些试题所测的能力来划分。它具体分为言语和操作两个分量表。言语分量表又包括常识、理解、词汇、记忆广度、算术推理及言语识别等分测验。操作分量表包括拼图、填图、图片排列、搭积木及符号学习等分测验。每个测验均可单独记分，智力的各个侧面就能够直接从测验中获得。

大规模的智力测验表明，人的智商基本上呈正态分布。即智力极低与极高的人都是极少数，绝大多数人属于中常。推孟曾用斯坦福-比纳量表，对2~18岁的2904人进行了测验，其结果如表11-1所示。

表11-1 智力分级表

智商/分	级 别	比例/%
>140	非常优秀(天才)	1
120~139	优秀	10
110~119	中上	16
90~110	中等	46
80~89	中下	16
70~79	临界智力	8
<70	心智不足	3

如果将表11-1中的智商与百分比分别作为横坐标和纵坐标，就可画成一条曲线，这条曲线基本上呈正态分布，如图11-1所示。

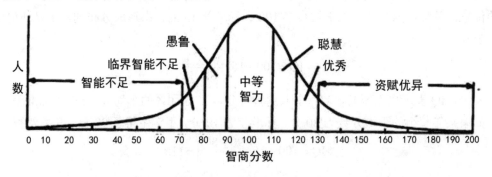

图11-1 智商分布曲线

(二)特殊能力的测量

要测定从事某种专业活动的能力，需要对某种专业进行分析，找出它所需要的心理特征，然后根据这些心理特征列出测验项目，设计测验方式，以便进行特殊能力的测验。例如，西肖尔的音乐能力测验，就是依据对音乐能力的分析，分别测量辨别不同音强、音高的能力，测量时间、和声、记忆、节律方面的能力。

特殊能力的测验具有较强的针对性，因而对职业定向指导、安置和选拔从业人员、发现和培养具有特殊能力的儿童有重要意义。但这种测验发展得较晚，因而测验的标准化问题尚未得到较满意的解决。

(三)创造力的测量

创造力即为产生新思想、发现和创造新事物的能力。它与一般能力的区别主要在于它具有独创性与新颖性，其中最重要的是发散思维。测定发散思维能力，在一定程度上可知创造力的高低。因而许多创造力的测验都是设法测量被试者的发散思维水平。20世纪60年代初，美国芝加哥大学首创了一套创造力测量表，这套测验由下列五个项目构成：词汇的联想、物体的用途、隐藏的图形、寓言的解释与问题的解答。这些项目要求被试者作出大量而富有创造性的回答，在一定程度上反映出一个人的创造力。

能力测量是一项专业性很强的工作，要由心理学工作者和经过专门训练的人员承担。一般人切忌乱编滥用，以防产生不良的社会效果。

四、能力的个别差异

人的能力存在着个别差异，这种差异可以表现在质、量和发展过程三个方面。从质的方面看，完成同一活动，不同的人可能采取不同的途径，或采用不同能力的组合，表现为能力类型的差异。从量的方面看，有的人能力水平高，有的人能力水平低，表现为能力发展水平的差异。从发展过程的方面看，有的人能力发展得早，有的人能力发展得晚，表现为能力发展表现早晚的差异。

(一)能力类型的差异

能力类型的差异，不表现一个人能力的优劣，只表现一个人能力的倾向。在任何能力的基础上，人都可以得到全面的、高水平的发展，只不过是不同类型的人，能力发展的内容与方式有所不同而已。

人在知觉、表象、记忆、言语和思维方面都表现出能力类型的差异。

在感知能力方面，有些人的知觉属于分析型，具有较强的分析能力，对事物的细节感知得清晰、鲜明，但整体性不强，对事物的全貌感知得不够完整；有些人属于综合型，对事物的知觉富于概括性和整体性，但是对事物的细节感知不够清晰，分析较弱；有些人属于分析-综合型，他们兼有上面两种类型的特点。

在记忆方面，有些人善于听觉记忆，有些人善于视觉记忆，有些人善于运动记忆，还有些人则在多种记忆结合时记忆效果最好。与此相应就可划分出听觉型、视觉型、运动型与混合型四种记忆类型。实验证明，一般人的记忆多属混合型。

在思维能力方面，表现在思维的方式上，有的人擅长于感知动作思维，有的人擅长于抽象逻辑思维，有的人擅长于具体形象思维。

在想象力方面，有的人想象的表象鲜明、生动、逼真，他们想象时似乎能看到、听到、摸到眼前并不存在的事物，表现为想象力较强；有人则想象的表象比较模糊暗淡，表现为想象力较弱。

(二)能力发展水平的差异

人的各种能力都有发展水平的差异。人智力水平的高低，通常表现为一种正态分布，一般可分为超常、中常、低常三级水平。智力的发展水平显著地超过同龄儿童叫超常儿童；智力发展有严重障碍的为低常儿童；智力发展水平相当于同龄儿童的是中常儿童。

1. 超常儿童的心理特点

超常儿童，古今中外都有。尽管他们在性格和能力类型上存有很大差异，但都表现出某些共同的特点。

研究证明，超常儿童的心理特点表现在以下几个方面。

(1) 有浓厚的认知兴趣与求知欲望。这些儿童一般较早表现出强烈的好奇心，爱问这儿问那儿，并追根究底，在很小的时候就对知识产生了浓厚的兴趣，且兴趣相当广泛。

(2) 注意力集中，记忆力强。这类儿童注意力能高度集中，对他们感兴趣的事情，注意力能集中几个小时而不受外界干扰，其短时记忆能力明显高于同龄儿童，记忆不仅快，而且能保持长久。

(3) 感知敏锐、观察仔细。在感知能力上明显高于同龄儿童，他们的视、听觉辨别能力发展突出，能清楚地辨别文字音形的细微差别。

(4) 思维敏捷，理解力强，有独创性。在概括和推理水平上，不仅超过同龄儿童，而且还超过了比自己大两三岁的儿童。他们的思维极为敏捷，理解力强，且具有一定的独创性。

(5) 自信、好胜、有坚持性。这类儿童都比较自信，有进取心，爱与别人比高低，处处不甘落后。他们有主见，不易受暗示，坚持性和自控力强，不受外界干扰坚持完成任务，有着优良的意志品质。

超常儿童被誉为"神童"，其实并不神秘。神的原因主要在于良好的先天素质为超常儿童奠定了物质基础，理想的早期教育与良好的个性品质为他们的成长提供了良好的环境与条件。

2. 智力落后儿童的心理特点

智商在70分以下的儿童为智力落后的儿童。智力落后并不是某一心理过程的破坏，而是各种心理能力低下，其明显的特点是智力低下和社会适应不良。具体表现为：知觉速度缓慢，范围狭窄，内容笼统、贫乏；对字词和直观材料的记忆都差，再现时歪曲和错误较多；在认知活动中缺乏概括力；严重丧失生活自理能力。

智力落后儿童一般分为三个等级。①轻度或可教育的智力落后儿童：智商为50～69分，生活能自理，能从事简单的工作，但不能应付新奇、复杂的环境，很难领会学校中抽象的科目，难以胜任小学高年级的学习。其智龄到成人时，不超过十岁的儿童。②中度或可训练的智力落后儿童：智商为25～49分，生活能半自理，动作基本可以或部分有障碍，在别人的帮助下可做简单的工作；在言语方面只会简单的生活用语，连贯叙述有困难，数概念缺乏或极简单。其智龄到成人时，不超过六七岁的儿童。③重度或需监护的智力落后儿童：智商在25分以下，生活不能自理，动作困难，缺乏语言或只会发单音，不识数。

智力落后一般属于病理范围，其病因有的是遗传的染色体畸变；有的是中枢神经系统受到损伤；有的是代谢疾病或毒性疾病；有的是产程中缺氧引起的；还有的是大脑受到感染和脑外伤所致。研究表明，日常生活中人与人的联系交往产生的社会刺激对儿童的智力发展是很重要的。如果增加社会刺激，及早地进行适当的教育和训练，中、轻度的智力落后儿童的智力会得以改善。

(三)能力发展表现早晚的差异

人的能力发展有表现早晚的差异。主要有才华早露、中年成才、大器晚成三种情形。

有些人很早就表现出了某些方面的优异能力，属于才华早露。例如，王勃6岁善文辞，9岁读《汉书》，10岁能赋诗，13岁写出著名的《滕王阁序》；李白"五岁诵六甲，十岁观百家，十五观奇书"；杜甫"七龄思即壮，开口咏凤凰"；德国数学家高斯3岁能纠正父亲账目上的错误，9岁创立级数求和的问题；莫扎特5岁作曲，8岁试作交响乐，12岁作歌剧。近年来我国又出现了一批智力超常的儿童，像中国科技大学招收的少年班的学员就属于早慧者。

有些人的才能直到很晚才表现出来，属于大器晚成。大器晚成的原因是多方面的，一般说来有这几种情况：其一是因为所专攻的课题比较复杂，没有长时间的研究不行。例如，英国生物学家达尔文从事生物学研究二十多年才有研究结果，写出了杰作《物种起源》，提出了进化论的伟大理论。当《物种起源》发表时，他已经50多岁了。其二是由于客观条件的限制，青少年时期没有学习与深造的机会，从而延迟了表现才能的时间。例如，我国著名画家齐白石先生，年轻时以当木匠为生，40岁时学画，50多岁才成为一代画师。其三，由于某些原因在学术上起步较晚，影响了出成绩的时间。例如古希腊著名哲学家亚里士多德17岁从教于柏拉图门下，前后学习20年之久，41岁着手积累资料，49岁创办吕克昂学院，并开始创作活动，杰出的才华直到晚年才得以表现。其四是有人智力平平，但由于付出了艰苦的劳动，最后终于成功。例如，我国清朝学者阎若璩，少时愚钝，记忆力差，并有口吃的毛病，但他不气馁，刻苦用功，比别人付出了更多的心血和汗水，终于在晚年写出了《尚书古文疏证》(也称《古文尚书疏证》)一书，成为著名的考据学家。

早慧与晚成的人毕竟是少数。大多数有成就的科学家都属于中年成才。美国学者莱曼曾研究了几千名科学家、艺术家和文学家的年龄与成就，发现25~40岁是成才的最佳年龄。中国学者张笛梅统计了从公元600年到1960年间1234位科学家的1911项重大发明，发现科学家发明的最佳年龄在35岁左右，与莱曼的观点基本一致。

科学家研究的最佳年龄在中年，这绝非偶然。要在科学上某个领域作出大的贡献，除了需要良好的品质外，还需要丰富的知识和成熟的经验以及符合该领域要求的高水平的专门能力与创造能力。这些条件正是人在中年所具备的。他们没有老年之保守，少年之幼稚，有成年人的老练、持重，又有年轻人的思想活跃、好奇探索之心，处于年富力强、精力充沛之际，且在记忆力、比较判断力方面呈最佳状态(见表11-2)，这些都有助于中年人作出杰出成绩。

表 11-2 不同能力的平均发展水平(根据麦尔斯的研究成果)

项目	年龄				
	10~17 岁	18~29 岁	30~49 岁	50~69 岁	70~89 岁
知觉	100	95	93	76	46
记忆	92	100	92	83	55
比较和判断	72	100	100	87	69
动作及反应速度	88	100	97	92	71

五、能力的形成与发展

影响能力形成与发展的因素很多，但归纳起来不外乎先天的和后天的两个方面。先天的因素指遗传素质，后天的因素指对遗传素质产生影响的环境教育和活动等。能力就是这两个方面相互作用的结果。

(一)遗传素质是能力产生的物质基础

遗传素质是指有机体与生俱有的某些生理解剖的特点，即表现在人的感觉器官、运动器官以及大脑的结构和机能方面的特点。它是人的能力形成的自然前提、物质基础，没有这个前提就谈不上能力的形成与发展。例如，先天的聋哑人，不能成为音乐家，生来就盲的人不能成为画家。但是，优良的遗传素质仅为能力的发展提供了物质基础，为儿童的发展提供了可能性，并不能决定人的发展，而且这种可能性要变为现实性，取决于后天的环境和教育。

(二)环境和教育对能力形成的影响

1. 营养制约着能力的形成与发展

胎儿和婴儿的营养状况会影响他们脑细胞的数量，进而影响其智力。研究表明，不仅胎儿期，而且在出生后的 6 个月内，脑内的神经细胞仍在继续增加。如果这一时期食物的营养水平低，脑细胞的分裂过程就不能很好地进行，大脑神经细胞就不会达到一般水平的数量，会严重影响大脑的功能和智力水平。至于小脑，它更容易受早期营养不良的影响，很晚才进行分叶分化。国外有人曾对 500 名学龄前儿童进行研究，挑选的甲组儿童是中产阶级的后代，乙组儿童和丙组儿童都是下层阶级的后代。三组儿童中有两组是在营养不良的条件下哺育的。智力测验的结果是甲组儿童和乙组儿童的智力测验结果相仿，智商在 80 分以下的占 3%，而丙组儿童的智力水平则很差，智商在 80 分以下的儿童达 40%。可见，营养因素在智力发展中起明显的作用。

2. 早期教育是能力发展的关键因素

在儿童成长的整个过程中，智力发展的速度是不均衡的，呈现着先快后慢的趋势。早在 20 世纪 20 年代，平特纳就提出了儿童从出生到 5 岁是智力发展最快的时期。这一论断与20世纪60年代布鲁姆在《人类特性的稳定与变化》一书中的结论相一致。布鲁姆通过对2000多名儿童长达30余年的跟踪研究发现,如果17岁所达到的智力水平为100分,那么儿童从出生到4岁的智力就能达到50分,4~8岁可增加30分,8~17岁9年的时间智力仅增加20分。虽然布鲁姆的研究结果有待于验证,但它证实了发展儿童的能力必须早期进行的观点。

早期教育的理论根据是人的能力的发展存在着关键期。所谓关键期是指人在某一时期对外界的刺激变化特别敏感,容易接受特定的影响而获得某种能力。这一现象是在动物研究中最早发现的。动物研究表明:动物能力的获得有一个关键期,在这个时期训练动物,某种能力很容易获得,如果错过了这个时期,就根本不能获得该种能力。例如,研究发现,猫出生后的第4~5天是获得形状和颜色的视觉的关键期。如果在这一时期将猫的眼睛蒙上,以后再拆开,小猫就不能区别形状和颜色,变成一只盲猫。如果是在关键期以前或以后将猫眼蒙上就不会出现上面的结果。研究还发现,小鸡"追逐母鸡"的能力关键期是在出壳之后的24小时之内,在这个时期,如果人为地将雏鸡与母鸡分开,雏鸡将形成对喂养人的追逐能力。

动物关键期的发现,给人以很大的启示,从而促进了对人类能力关键期的研究。许多心理学家提出了幼儿期,特别是5岁前是儿童智力发展的关键期。2~3岁是儿童口头语言发展的关键期;4~5岁是儿童学习书面语言的关键期;儿童掌握词汇能力的最佳年龄是5~6岁;掌握数概念的最佳年龄是5~5.5岁。关于人类各种能力关键期的研究,还处在开始阶段,结果也不太一致,但把幼儿期定为能力发展的关键期的观点是颇为一致的。

3. 学校教育对能力的形成和发展起主导作用

学校作为专门培养教育人的场所,不仅有目的、有计划、有组织地向年轻一代传授知识、技能,而且还通过知识、技能的传授,促进儿童智力的发展。教学内容的正确选择,教学过程的合理安排,教学方法的恰当运用,都对儿童能力的发展起主导作用。

(三)实践活动与个人的勤奋、爱好

1. 实践活动是能力形成和发展的必经途径

恩格斯指出:"人的智力是按照人如何学会改造自然而发展的。"人的能力发展离不开人的实践活动,实践活动是能力形成与发展的必经途径。实践活动要求具备相应的能力,实践活动又提供了锻炼和发展这种相应能力的机会。因此,雷达兵才有着敏锐的视力、惊人的记忆力和判断力,能通过荧光屏上的微小信号,判断敌机的活动情况。同理,绘画能力必须在绘画过程中形成与发展,创造能力也需在创造活动中才能形成与提高。

2. 个人的勤奋与爱好是能力形成与发展的内部动力

要充分发展能力,没有勤奋与爱好是根本不可能成功的。世界上有许多杰出的领袖、科学家与发明家,他们之所以能成为伟人,能取得巨大成就,是因为他们为自己的事业付出了艰辛的劳动。李卜克内西曾这样回忆过马克思:"曾经有人说,天才就是勤奋,如果这句话不完全正确,那么至少在很大程度上是正确的。没有非凡的精力与工作便不能成为天才……我们所知道的真正伟人都是极其勤勉与尽心竭力工作的,这种说法完全适用于马克思。"发明家爱迪生也强调:"天才,就是百分之一的灵感加百分之九十九的汗水。"因此,不要只羡慕别人的成就,要想培养自己具有某一方面高超的能力,最好参与到具体的实际活动中,为之付出辛勤的汗水。古语讲得好:"临渊羡鱼,不如退而结网。"

第二节 气 质

心理学中所说的气质,并非日常生活中所指的一个人的风度或仪表,而是俗称的"脾气"。每个人都有各自不同的性情脾气,例如有的人活泼好动、反应机敏;有的人安静沉稳、反应迟缓;有的人情绪容易激动、一点就着;有的人情绪柔弱、不露声色等。这都是人气质的表现,它体现了人与人个性差异的另一个侧面。

一、气质的概念

气质是指一个人与生俱有的、人的心理活动典型而稳定的动力特征。

(1) 气质是人的心理活动的动力特征。所谓动力特征是指心理活动的强度(情绪体验的强度、外显动作的强度、意志努力的程度等)、速度(知觉、思维反应的速度、情绪体验产生的速度等)、稳定性(注意的稳定性、情绪的稳定性等)、心理活动的倾向性(心理活动倾向于外部或内部)等。

气质.mp4

当然,任何人遇到有兴趣的事情,总会精神振奋、干劲倍增;对不感兴趣的事情,则精神不振、情绪低落。这种由活动的动机、目的及兴趣引起的心理活动的动力性表现不属于气质特点。气质的动力特征主要受个体生物性的制约。

(2) 气质具有天赋性。这是因为气质主要是人的神经系统基本特性的表现,是与生俱有的。人出生后就带来了个人气质的特点。例如,有的婴儿好动,有的则安详;有的婴儿活泼,有的则文静;有的婴儿灵敏,有的则迟钝等。因此,人生来并不是一张白纸,而是各有不同的底色,这个底色即为气质。

(3) 气质是人典型、稳定的心理特点。由于气质是个体出生时就固有的,且每人都有其不同的气质特点,因此,它给人的全部心理活动染上独特的色彩,所以它是典型的。由于气质的天赋性受高级神经活动的制约,所以它是稳定的,一旦形成就难以改变。俗话说"江山易改,本性难移",这里的"本性"就是指气质。尽管随着环境、教育的改变,个人自身修养的提高,人的气质也会发生某些改变,活泼好动的变得安详稳重了,好发脾气的变得能控制自己的情绪了。但这仅仅是外部表现的改变,是气质的掩蔽现象,其内部产生质的变化则是很难的。

二、气质的类型及特征

(一)气质类型及生理机制

根据气质在人身上的表现所划分的类型叫作气质类型。有关气质类型的理论很多,例如体液说、阴阳五行说、血型说、体型说、激素说及高级神经活动类型说等。在这些学说中，多数是片面的，缺乏科学的根据。这里仅就影响最大的两种学说加以介绍。

1. 体液说

体液说是在公元前5世纪由古希腊医生希波克里特提出的。他认为人体内有四种液体：生于脑的黏液，生于肝的黄胆汁，生于胃的黑胆汁，生于心脏的血液。这四种液体"形成了人的气质"。此后，罗马医生盖伦对气质进行了分类，并认为每种气质类型的特点的表现是由于四种液体中的某种液体在体内占的优势决定的。如果机体内四种液体混合，黄胆汁占优势称为胆汁质；血液占优势称为多血质；黏液占优势称为黏液质；黑胆汁占优势称为抑郁质。这种说法显然是缺乏科学根据的，甚至是反科学的，但由于他的提法比较典型，分析结果也基本符合事实，故此法一直沿用至今。

2. 高级神经活动类型学说

20世纪初，巴甫洛夫创立了高级神经活动学说。他认为气质类型是高级神经类型在人的行为方式上的表现。并指出高级神经活动有三个基本特性：强度、灵活性、平衡性。强度是指神经细胞及整个神经系统工作的耐力，表现为能否接受强烈的刺激或承受持久的工作，有强弱之分。灵活性是指兴奋和抑制更迭的效率，有灵活与不灵活之分。平衡性是指兴奋和抑制两种神经过程的相对关系和力量对比的均衡性，有均衡和不均衡的差异。巴甫洛夫根据三个基本特性的不同组合，把高等动物的高级神经活动划分为许多类型。其中基本的类型有以下几种。

(1) 强，不平衡型。这种类型的特点是：兴奋过程强于抑制过程，是一种易兴奋、奔放不羁的类型，也称为"不可遏止型"。

(2) 强，平衡、灵活型。这种类型的特点是：反应灵敏、好动活泼，能较快适应变化了的外部环境，也称为"活泼型"。

(3) 强，平衡、不灵活型。这种类型的特点是：较容易形成条件反射，但不容易改造，是一种坚毅而行动迟缓的类型，也称为"安静型"。

(4) 弱型。这种类型的特点是：兴奋和抑制过程都很弱，表现得胆小怕事，在艰难工作任务面前，正常的高级神经活动易受破坏而产生神经症。

巴甫洛夫认为，上述四种类型是动物与人共有的，因此，称为一般类型。神经类型的一般类型即为气质的生理基础。这四种类型相当于希波克里特对气质的分类，其关系如表11-3所示。

表11-3 高级神经活动类型与气质类型

高级神经活动类型			气质类型
强型	不平衡型(不可遏止型)		胆汁质
	平衡	灵活性高(活泼型)	多血质
		灵活性低(安静型)	黏液质
弱型	抑郁型		抑郁质

以上所述的四种类型是最基本的类型，具有典型性。除儿童时期单一的气质类型较多外，多数人属于混合类型。巴甫洛夫的学说不断地被后来研究者所证实，它是一种比较科学的气质生理机制理论，至今仍有权威性。

(二)气质类型的特征

在心理学史上大部分心理学家对气质类型都沿用了国外古老的"四分法"，即多血质、胆汁质、黏液质和抑郁质。这四种气质类型的人各自的特征如下：

(1) 多血质的人热衷于感兴趣的事业，他们热情，有能力，适应性强，精神愉快，但注意力易转移，情绪易变；他们富于幻想，办事凭兴趣，不愿做耐心细致的工作；他们活泼好动，敏感，喜欢交际，很容易适应新的环境，在集体中善于处事，显得朝气蓬勃。巴甫洛夫把多血质类型的代表称为热忱和具有显著活动效率的活动家。

(2) 胆汁质类型的人精力旺盛，性情直率，待人热情，容易激动，易感情用事，性急、暴躁、爱发火，在行为上表现出极大的不平衡性。心血来潮时不怕困难，工作热情很高，反之，情绪会一落千丈，心理活动具有迅速而爆发的色彩。

(3) 黏液质类型的人具有较强的自我克制力，生活有规律，不为无谓的事而分心，做事踏实认真，有耐久力，不喜欢作空泛的清谈，交际适度，不卑不亢，但反应缓慢，思维言语动作迟缓，很适宜从事有条理和持久的工作。巴甫洛夫称之为安详的、始终是平稳的、坚定和顽强的实际劳动者。

(4) 抑郁质的人忸怩、怯懦、多愁善感，办事犹豫不决，优柔寡断；反应缓慢，但细心、谨慎，感受力强。生活中遇到波折易产生沉重的感情体验。善于觉察别人行动中的细微变化，情感细腻，富有自我体验。

专栏11.1　四种典型的气质类型

你知道四种典型的气质类型吗？请看图11-2，相信你一定会对胆汁质、抑郁质、黏液质、多血质者四种气质类型有更深刻的理解。

图11-2　四种典型气质类型

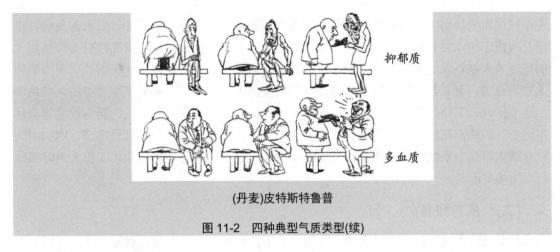

(丹麦)皮特斯特鲁普

图11-2 四种典型气质类型(续)

三、气质与实践活动

(一)气质对实践活动的价值

气质本身无好坏之分。在评定人的气质类型时，不能把某一类型评定为消极的而把另一种类型评定为积极的。每种气质类型都有其积极的方面和消极的方面。例如，胆汁质的人，精力充沛，耐受力强，但易怒急躁，难以自制；多血质的人，灵活机敏，反应迅速，容易适应新的环境又有较强的耐受力，但注意不稳定，兴趣容易转移，对事物的认识不深入，容易浅尝辄止；黏液质的人相对来讲，反应迟缓，行动缓慢，但有耐心，有恒心，考虑问题细致周到；抑郁质的人信心不足，雄心不大，耐受力差，容易疲劳，但精力集中，情感细腻，谨慎、细心。

气质的双重性还表现在一种气质类型在影响人的心理过程的进行和个性品质的形成上，都存在向好或向坏两个方面发展的可能性，在一定的情况下可能具有积极意义，而在另一种情况下可能具有消极意义。例如，胆汁质的人，兴奋性强，易冲动，当别人处于困难境地时，常常见义勇为，拔刀相助。但在人们闹纠纷时常常由出面劝阻而不由自主地加入纠纷之中，由旁观者变成参与者。

气质的价值会随着人的个性的其他品质而转移，特别是与性格的道德特征、动机、信念有密切的关系。例如，胆汁质的人，如果接受积极的教育会形成热情开朗、忠诚耿直、果断坚强、朝气蓬勃、有进取心的心理品质；如果接受了消极的影响就可能形成任性、暴躁、易怒、感情用事、毫无自制的心理品质。

气质不能决定一个人的社会价值与成就的高低。在任何一个领域内的杰出人物中都可以找出不同气质类型的人。例如俄国著名文学家普希金属于胆汁质气质类型，赫尔岑属于多血质气质类型，克雷洛夫属于黏液质气质类型，果戈理属于抑郁质气质类型。他们虽属不同的类型，但都在文艺领域内取得了杰出的成就。所以，当自己的气质类型对某项工作不适时，不要妄自菲薄，悲观失望，应积极进行自我的分析与观察，选择切实可行的方法，直到取得最后的成功。

气质虽然在人的实践活动中不起决定的作用，不能决定一个人的成就大小，但是对人在不同性质的活动中的适应性，甚至活动的效率却有一定的影响。例如，要求做灵活、迅速反应的工作，对具有多血质和胆汁质气质类型的人较为合适，对具有黏液质与抑郁质气质类型的人则较难适应。反之，要求持久、细致的工作对具有黏液质和抑郁质气质类型的人较为合适，而对具有胆汁质和多血质气质类型的人较难适应。不同气质类型的人在从事上述工作时，工作效率就会有差异，即使取得相同的工作效率，其各人的努力程度也会是不同的。因此，在选拔和培训某些特殊专业工作人员时应特别注意其气质特征。例如对飞行员或大型动力系统调度员要提出特定的要求，在选拔与训练特种职业的工作人员时要进行气质类型的鉴定。

(二)气质与教育

掌握气质的理论，研究每个学生的气质特征，有助于进行教学与教育工作，有助于教师做到因材施教。

1. 发扬气质积极因素，克服消极因素，培养良好的品质

每一种气质类型都有其积极因素与消极因素，都存在着向好或向坏两个方面发展的可能性。因此，教育者应根据学生气质特征，发扬气质的积极方面，克服气质的消极方面。例如，胆汁质的学生要充分发扬他热情奔放、勇敢顽强的气质特点，克服其粗暴易怒的消极的气质特点；多血质的学生，要充分发扬他活泼、热情、灵活机智的气质特点，克服其轻浮、懈怠、见异思迁的消极的气质特点；黏液质的学生，要充分发扬他稳重踏实、沉着自制的气质特点，克服其因循守旧、固执拖拉的消极的气质特点；抑郁质的学生，要充分发扬他真挚诚恳、谨慎细心的气质特点，克服其孤僻怯懦、萎靡畏缩的消极气质特点。在具体教育上，胆汁质的学生要以慈爱和理性对待他们，他们有了错误和缺点，要"冷处理"，可以进行严厉的批评，但不能损伤其自尊心。不能轻易激怒他们，以免"硬碰硬"产生顶撞现象。要提高他们以理智控制自己情绪的能力，以理念战胜消极的激情，促使他们遵守纪律，约束自己的任性行为。多血质的学生，应该给他们多提供活动机会，让他们在活动中满足自己的表现欲望，并且在活动中受到一定的教育。他们有了错误，要"热处理"，不能"冷处理"，批评要严厉、中肯、击中要害。布置任务后一定要有检查，防止他们见异思迁，不专一的倾向。黏液质的学生，教育时要更加耐心。在要求他们认识与改正错误或交代任务时要给予一定思考的时间，并通过活动、训练来培养他们反应机敏的能力，改正行动迟缓、拖拉的毛病。抑郁质的学生，要从爱入手，有了错误、缺点，切忌在公开的场合严厉地批评、斥责他们，要采取个别批评的方式，以免损伤他们脆弱的自尊，使心灵受到更大的伤害而导致更加自卑，应鼓励他们多参加集体活动，使其感到集体的温暖。

2. 气质虽不能决定一个学生掌握知识发展能力的水平，但却能影响学生掌握知识、发展能力的速度和方式，形成不同的认知风格

经验和研究表明，气质完全不同的学生虽然同样可以获得优异成绩，但认识活动的风格却是各异的。例如，属多血质气质类型的甲学生与属抑郁质气质类型的乙学生都是优秀生。甲学生学习精力充沛，乙学生则很容易疲劳；甲学生对学习新教材很感兴趣，思维敏捷，回答老师的提问时反应迅速，掌握难度较大的知识较为容易，但对课后复习旧材料的兴趣却淡薄，作业往往草草完成，质量不高。而乙学生上课听讲时，接受知识虽然不如甲学生快，回答老师的提问也往往是慢吞吞，但他的答案却深刻、周到与准确，课后喜欢花费更多的时间复习旧内容，认真完成作业，较少出现差错。因此，教师要根据学生的气质类型，不同的认知风格，去指导学生的学习。对具有胆汁质气质类型的学生，教师应要求他们在学习活动中计划周密、深入细致、有耐心，利用他们精力充沛、智力活动效率高的长处来补偿他们粗枝大叶的毛病。对具有多血质气质类型的学生，教师应要求他们独立思考，扎扎实实，利用他们注意力容易转移的长处来补偿他们注意力易分散、不求甚解的缺点。对具有黏液质气质类型的学生，教师应要求他们学习方法灵活多样，思路宽广，利用他们注意稳定的长处来弥补他们注意力转移迟缓、学习方法单一呆板的不足。对具有抑郁质气质类型的学生，教师应要求他们多与同学交流经验，多发表自己的意见，利用他们思维深刻、细致的长处来补偿他们反应缓慢、拘谨的缺陷。

3. 关心两种极端类型的学生，确保其身心健康

医学临床发现，属于胆汁质和抑郁质气质类型的人比较容易患神经系统疾病和精神病。对具有胆汁质气质类型的人来说，强烈的愿望，过度的紧张和疲劳常会使神经系统的抑制过程更加减弱，从而使兴奋过程和抑制过程更加不平衡。这样，就容易产生神经衰弱、失眠、头痛等疾病，严重的可能发展为时而狂暴、时而忧闷的躁郁性精神病。对具有抑郁质气质类型的人来说，艰巨的任务、剧烈的冲突、家庭与个人的不幸遭遇等，都会使本来就很脆弱的神经过程变得更加脆弱，从而使大脑皮层转入弥漫性抑制状态，对刺激感到无法忍受，情绪容易发生歇斯底里现象，严重的有可能发展成精神分裂症。因此，教师应特别关心这两种气质类型的学生。对具有胆汁质气质类型的学生，教师应该使他们多得到工作与休息交替的机会，做到劳逸结合，同时要注意培养他们安静、平衡的工作习惯，帮助他们增强抑制强烈反应的能力。对具有抑郁质气质类型的学生，教师要特别关心，倍加爱护、鼓励其勇敢大胆的精神，培养其自信心，使他们从自我压抑、自我折磨中解脱出来。气质类型特点与教育的方式如表11-4所示。

表11-4 气质类型特点与教育方式

类型特点与教育方式	胆汁质气质类型	多血质气质类型	黏液质气质类型	抑郁质气质类型
心理倾向	外倾明显	外倾	内倾明显	内倾
易形成的优良品质	热情、勇敢爽朗、有进取心、不怕困难	机敏、亲切、有同情心、兴趣广泛	稳重、坚定、踏实、有毅力、有耐心	细心、谨慎、守纪律、富有想象力
易形成的不良品质	任性、粗心、性急、暴躁	轻浮、散漫、不踏实、不诚恳、不专一	固执、冷淡、拖拉、缺乏生气	狭隘、多疑、优柔寡断、怯懦、缺乏自信心、自卑

续表

类型特点与教育方式	胆汁质气质类型	多血质气质类型	黏液质气质类型	抑郁质气质类型
教育要点	教师不要轻易激怒学生，应培养其自制力和坚持到底的精神，教师可对其进行有说服力的严厉批评	教师要使学生养成扎实、专一、克服困难的精神，防止其见异思迁，多给这类学生活动机会，也可对其严厉批评	教师要耐心，允许学生有考虑与作出反应的足够时间	教师应多关心爱护，不在公开场合指责学生，不能严厉批评学生，应鼓励学生参加集体活动增强自信心

第三节 性　　格

一、性格的概念

"性格"一词最初是由古希腊哲学家奥夫拉斯塔提出的。在当时，性格是用来描述人的道德品质的。它的希腊文的意思是标志、特征、模型、痕迹等。在以后的演变中其含义才逐渐丰富、拓宽、延伸，并成为个性中具有核心意义的成分。

心理学中，一般把性格定义为：性格是一个人在对现实的态度和行为方式中表现出来的比较稳定的，具有核心意义的个性心理特征。

对性格的概念可从以下三个方面来理解。

(1) 性格是表现人对现实的态度和行为方式的个性心理特征。"人的性格不仅表现在他做什么，而且表现在他怎样做"(恩格斯)。"做什么"涉及一个人活动的倾向——追求什么或拒绝什么，反映了他对现实的态度。"怎样做"说明一个人如何去追求或拒绝，表现了人的行为方式。这就是说，性格体现在人对现实的态度和行为方式之中。在行为方式中，它既包括行为的方式，也包括行为的动机和内容。行为的方式又包括实践活动的方式和思维、情感、意志等心理活动的方式。这些心理特征在类似的情境中不断地出现，有一定的稳定性，以至于习惯化，便形成了人们独特的性格。例如，有的人对工作总是任劳任怨、认真负责、富有创造精神；有的则总是挑三拣四、敷衍马虎、因循守旧。当人民的财产受到损失时，有的人心急如焚、挺身保卫；有的人则无动于衷、袖手旁观，甚至幸灾乐祸、趁火打劫。这都表现了人对现实的不同态度与不同的行为方式，都是性格的表现。

(2) 性格是个性中具有核心意义的个性心理特征，对其他个性心理特征起支配的作用。人的性格是后天获得的一定的思想意识及行为习惯的表现，是客观的社会关系的反映。因此，性格是一个人本质特征的体现。在性格中占主导地位的是思想与道德品质，它最突出、最鲜明地表现了人与人之间的差异，最集中地体现了个人的精神面貌。性格是个性中具有核心意义的部分，它直接影响着气质、能力的表现特点与发展方向。

(3) 性格是比较稳定而独特的个性心理特征。在某种情况下，人对事物的态度与作出的行为是一时的、情境性的、偶然的，不能构成人的性格特征，不是人性格特征的表现。只有那些经常性的、习惯性的表现才属于性格特征，才能称为性格。例如，一个人处理事情总是优柔寡断，偶尔一次他表现出非常果断的举动，不能说这个人具有果断的性格特征。性格具有一定的稳定性，这为我们根据人的性格特征去预测他的行为提供了可能性。

性格不仅是稳定的，又是独特的。性格总是为一个人所特有，而与别人有所不同。即使同一性格特征，不同的人也会有不同的表现。例如，同是性格鲁莽，张飞表现为"粗中有细"，李逵则表现为"横冲直撞"，不考虑行为的后果。

二、性格的结构及其特征

(一)性格的结构

人的性格是由各种特征构成的。但这些特征并非杂乱堆积而成，而是有机组合成为一个完整而有序的结构。这个结构包括以下几个方面的内容。

1. 性格的态度特征

性格的态度特征是指表现在对现实态度方面的性格特征。作为社会的人，总是不断地接受现实生活的影响，并且总是以一定的态度作出反应。由于客观现实的复杂性和多样性，因而人对现实的态度也是多种多样的。概括起来主要有以下几种。

(1) 对社会、集体、他人的态度的性格特征。属于这方面的性格特征主要有：爱国与不爱国；关心集体与无视集体；遵守纪律与自由散漫；助人为乐与自私自利；诚实与虚伪；礼貌与粗鲁等。

(2) 对劳动和工作态度的性格特征。属于这方面的性格特征主要有：勤劳或懒惰；奋发或懈怠；认真或马虎；务实或浮华；节约或浪费；有首创精神或墨守成规等。

(3) 对自己态度的性格特征。属于这方面的特征主要有：谦虚或自负；自信或自馁；自尊或自卑；严于律己或放任自流等。

2. 性格的意志特征

人自觉地调节自己的行为方式和水平显示出一个人性格的意志特征。具体表现在以下几个方面。

(1) 对行为目标明确程度的性格特征。属于这方面的性格特征有：有目的性或冲动性；有独立性或受暗示性；有组织纪律性或放纵性等。

(2) 对行为自觉控制水平的性格特征。属于这方面的性格特征主要有：主动性或被动性；自制性或冲动性等。

(3) 在紧急状态或困难情况下表现出的性格特征。属于这方面的性格特征主要有：勇敢或胆怯；镇定或惊慌；坚决果断或优柔寡断等。

(4) 对自己作出决定，执行过程中的性格特征。这方面的性格特征主要有：坚持或动摇；有原则性地灵活应变或顽固执拗等。

3. 性格的情绪特征

性格的情绪特征是指人在情绪活动中表现出来的性格特征。具体表现在以下几个方面。

(1) 情绪强度方面的性格特征。这种特征主要表现为情绪对人的行为活动的感染和支配程度以及情绪受意志控制的程度。

(2) 情绪稳定性方面的性格特征。这种特征主要表现为情绪起伏和波动的程度。

(3) 情绪持久性方面的性格特征。这种特征主要表现为情感保持时间的久暂程度。

(4) 情绪主导心境方面的性格特征。每个人都有主导心境，个人的主导心境鲜明地表现着他对客观现实的一般态度。主导心境方面的特征主要是指不同的主导心境在一个人身上稳定性的表现。

4. 性格的理智特征

性格的理智特征是指人在感觉、知觉、记忆、思维及想象等方面所表现出来的特征。其表现包括以下几个方面。

(1) 表现在感知方面的性格特征主要有：被动感知型和主动感知型；分析型和综合型；笼统型和精确型；描述型和解释型。

(2) 表现在记忆方面的性格特征主要有：主动记忆型和被动记忆型；有信心记忆型和无信心记忆型。

(3) 表现在思维方面的性格特征主要有：深刻型和肤浅型；形象思维型和抽象思维型；思维灵活型和思维固执型；思维敏捷型和思维迟钝型等。

(4) 表现在想象方面的性格特征主要有：幻想型和现实主义型；主动想象型和被动想象型；广阔的想象型和狭窄的想象型，大胆想象型和想象受拘束型等。

(二)性格结构的特点

1. 性格结构的完整性

性格各特征之间不是简单地堆积，而是有机地结合，它们相互联系、彼此制约，从而使一个人的性格表现出一定的整体性。例如，对工作或学习认真负责、踏实勤奋的人，往往在意志特征方面表现出较好的坚持性和自制力；一个在行动中一贯勇敢、顽强的人，其主导心境也往往是乐观、开朗的。由于性格特征之间存在着这种内在联系，因此，可以根据一个人的某种性格特征可以推知他的其他性格特征。

2. 性格结构的多面性与矛盾性

性格特征在不同场所有不同的组合，从而使一个人的性格表现出一定的多面性与矛盾性。例如，一个战士在战场上是勇敢的，无所畏惧的，但在平时的交往中却表现得非常腼腆与怕羞。

茅盾先生曾以作家特有的敏锐的观察力洞察了人的性格的多面性："一个人，他在卧室里对待他夫人是一种面目，在客厅接见他的朋友亲戚又是一种面目，在写字间见他的上司或下属又是一种面目，他独自关在一间房间里盘算心事的时候，更有别人不大见到的一种面目。"这都表现了人的性格在不同的场合会表现出性格的不同侧面。因此，只有在各种场合多方面考察一个人，才能把握其性格的全貌。

3. 性格的可塑性

人的性格是在长期的实践中逐渐形成的，它一旦形成就比较稳定。但这种稳定性是相对的，当环境与主观因素发生变化时，已形成的性格就会发生变化。例如，一个开朗、活泼的人，如果遭受了重大的不幸事件，可能会从此寡言、内向。性格的可塑性表明了塑造美好的性格是可能的。

三、性格的类型

性格的类型是指某类人身上所共同具有的性格特征的独特结合。由于性格表现的极端复杂性，在心理学中至今还没有一个公认的、有充分根据的性格分类原则。心理学家们曾以各自的标准和原则对性格类型进行了分类。现将几种有代表性的观点分别介绍如下。

(一)机能类型学说

机能类型学说是英国心理学家培因和法国心理学家李波提出来的。他们根据理智、情绪、意志在性格结构中占优势的情况把人的性格划分成理智型、情绪型、意志型。属理智型性格的人，依伦理思考而行事，以理智来衡量一切并支配行动。属情绪型性格的人，情绪体验深刻，不善于思考，言行举止受情绪左右。属意志型性格的人，活动目标明确，行为积极主动。除上述典型的类型外，还有一些综合的类型，例如理智-意志型等。

(二)向性说

向性说是由瑞士心理学家荣格提出的。向性说是按照人的心理活动倾向于外部或内部来划分的一种分类学说。凡是心理活动倾向于外部的叫作外倾型性格，心理活动倾向于内部的叫作内倾型性格。属外倾型性格的人对外部事物特别关心，思想开朗、活跃，情绪、情感丰富且外露，善于交际；属内倾型性格的人则较为沉静，善于思考，富于理智，反应缓慢，处事谨慎，应变能力较差，不善交际。大部分人兼有外倾型与内倾型的特点而属混合型。

(三)独立-顺从学说

独立-顺从学说是一种按一个人独立性程度来划分类型的学说。独立性强的叫作独立型，独立性差的叫作顺从型。具有独立型性格的人有坚定的信念，善于独立思考，能独立地发现问题与解决问题，不易为次要的因素所干扰，在紧急困难的情况下表现为沉着冷静，易于发挥自己的力量，往往喜欢把自己的意志强加于别人。具有顺从型性格的人易受暗示，容易不加分析地接受别人的意见，依别人的意见行事，在紧急困难的情况下表现为张皇失措。

(四)文化-社会类型学说

文化-社会类型学说是按社会生活方式来划分性格类型的一种学说。德国哲学家、教育家、心理学家斯普兰格根据人们生活方式的六种形式，相应地把性格划分为六种类型。

(1) 经济型：具有经济型性格的人以经济的观点看待一切事物，从实际的效果来判断事物的价值，追求实惠，以获得财产、追求利润为生活目的。

(2) 理论型：具有理论型性格的人能冷静而客观地观察事物，力图把握事物的本质，根据自己的知识体系来判断事物的价值，但遇到实际问题时，无法处理，以追求真理为生活目的。

(3) 审美型：具有审美型性格的人不大关心实际生活，而是从美的角度来判断事物的价值，珍视美的享受与创造，喜欢艺术活动。

(4) 宗教型：具有宗教型性格的人相信宗教，有感于圣人相救之恩，坚信永存的绝对生命，重视宗教活动。

(5) 权力型：具有权力型性格的人重视权力，并竭尽全力去获得权力，喜欢指挥别人或命令别人，又称为政治型。

(6) 社会型：具有社会型性格的人重视爱，以爱他人为最高的价值，乐于助人，有志于增进他人或社会的福利。

斯普兰格认为，纯粹某种类型的人是没有的，多数人都属混合型。

(五)特性分析说

特性分析说是按照性格的多种特征的不同结合，把性格分为不同类型的一种学说。吉尔福特以情绪稳定性、社会适应性和社会倾向性为指标，把性格分成12种特性。根据这12种特性的不同结合，他把人的性格区分为A、B、C、D、E五种类型。A型也称为行为型，这种性格类型的人争强好胜，爱占上风，赢得输不得；急性子，遇事易急躁，说话坦率，言不择词，常打断别人谈话；喜怒无常，情绪不稳定，带有外倾型特点。B型也称为一般型，这种性格类型的人情绪较稳定，社会适应性较均衡，智力、体力表现一般，主观能动性较差。C型也称为平衡型，这种性格类型的人情绪稳定，社会适应性较好，处事沉着有条理，但不善于交际，有内倾特点。D型也称积极型，这种性格类型的人积极主动，社会适应性一般，但善于交际，乐于助人，有较强的组织能力与管理才干，带有外倾型特点。E型也称逃避型，这种类型的人宁可独处，常沉浸在内心世界之中，有自己独特的兴趣与爱好，社会适应性差或一般。五种性格类型的情绪稳定性、社会适应性、心理倾向性情况，如表11-5所示。

表 11-5　五种性格类型

类 型	特 征		
	情绪稳定性	社会适应性	心理倾向性
A(行为型)	不稳定	较差	外向
B(一般型)	稳定	平衡	平衡
C(平衡型)	稳定	良好	内向
D(积极型)	稳定	平衡	外向
E(逃避型)	不稳定	较差或一般	内向

四、性格与气质、能力的关系

(一)性格与气质的关系

性格与气质是个性中既有区别又有联系的两个方面。其区别表现在：①从形成和发展的特点来看，气质是先天的，它体现着高级神经活动类型的自然表现，较多地受生物学的制约，因而可塑性较小，变化较难、较慢。而性格是"先天与后天的合金"，主要是后天的，它是在社会生活实践中逐渐形成的，因而可塑性较大，变化较易、较快。②从社会评价来看，气质无好坏之分，而性格有优劣之别。③从在个性结构中的地位与作用来看，年幼儿童的个性结构中，性格特征还未完全成熟，气质特征起着重要作用。成年人的个性结构中，气质成分的作用渐减，性格特征逐渐起核心意义和作用。

性格与气质又是互相渗透、彼此制约、紧密联系的。气质对性格的影响表现在：①气质影响性格形成与发展的速度。例如，胆汁质的人比黏液质的人更容易形成果断与勇敢的性格特征。②各种气质类型的人，即便形成同一性格特征，也保留着各自的色彩。例如，同是爱助人这一性格特征，不同气质类型的人的外部表现是各不相同的。胆汁质的人常常是满腔热忱、急切豪爽地去助人；多血质的人往往是兴高采烈、善说会道、利索地去助人；黏液质的人经常是不动声色、从容不迫地去助人；抑郁质的人带着怜悯、焦虑之心默默地去助人。

性格对气质的影响表现在：由于性格在个性中占据核心地位，因此，性格调节、支配着气质。在社会实践中，性格会在一定程度上掩盖和改造气质。如果性格与气质的发展方向相一致，性格就会掩盖气质。例如，多血质的人具有活泼好动的气质特征，容易形成爽朗、率直的性格。如果社会生活环境适合于这种性格的发展，即气质与性格的发展相一致，性格就会包容气质。此时，二者合而为一，性格即气质，气质通过性格表现出来，而看不到自己原始的气质特征。如果性格与气质发展方向不一致，性格就会改造人的气质，使其符合性格发展的要求。如果社会生活环境不适合或不允许爽朗、率直的性格发展，要求的是沉稳、寡言的性格，于是，性格便要求自己的原始气质加以改变以符合性格的发展，气质改变的生理机制就在这里。

(二)性格与能力的关系

性格和能力同属个性心理特征的不同侧面，它们之间有着十分密切的关系，发展能力和培养性格是人统一发展过程中相互联系、相互依存的两个方面，具体表现在以下几个方面。

(1) 性格制约能力的形成与发展。优良的性格特征促使能力的形成与发展。例如认真、勤奋、谦虚、责任感及事业心等都能促进能力的形成与发展。美国心理学家推孟对150名有成就的智力优秀者的研究结果表明：智力的发展不仅取决于智力本身，也与性格有关。为取得成功的坚持力、善于为实现目的不断积累成果、自信心、不自卑四种性格更是智力优秀者所必不可少的。此外，优良的性格特征还能弥补某种能力的不足，"勤能补拙"就是这个道理。反之，缺乏责任感、懒惰、骄傲、意志力薄弱等不良品质，则会阻碍能力的形成与发展，甚至使能力衰退。

(2) 能力对性格也有极大的制约作用。例如，观察力、预见力对个人果断性和勇敢性等性格特征的发展和表现都能起到促进作用。一个善于冷静地估计客观形势，及时觉察情况变化的人，可以使他们克服困难，在艰难困苦的逆境中表现出勇敢的举动，从而也发展了人这方面的性格。并且在多种能力形成与发展的过程中，其相应的性格特征也会得到发展。例如，历史上的政治家、发明家、科学家虽然实践的领域不同，但他们都有着高度发展的能力与坚强的性格特征。

五、性格的形成与发展

人的性格是在人的实践中逐渐形成的，影响人的性格形成与发展的因素是多方面的。主要表现在以下几个方面。

(一)性格形成与发展的生理因素

虽然一个人性格的形成与发展不是与生俱来的，主要是后天环境教育的结果，但是，性格的形成与发展不能不受生物学的影响，这种影响主要与人的神经系统的类型特征和内分泌腺的活动水平有关。例如，如果儿童甲状腺分泌不足，儿童的活动就表现为迟钝，难以持久。在植物性神经系统中，如果交感神经相对占优势，儿童就易兴奋。高级神经活动类型的差异对儿童的行为则有着更持久的影响，并且这种影响是多方面的。因此，从某种意义上说，性格以一定的生物因素为前提。另外，人的身高、体重、体型和外貌等生理特点，对性格的形成也有影响。因为这些特点经常会受到人们的品评，这无疑会影响一个人的性格。例如先天生理缺陷者，容易成为人们讥笑或怜悯的对象，很容易形成自卑及内倾的性格。

专栏 11.2　脑损伤和脑病变对性格的影响

> 美国有一位名叫盖奇的工长，在铁路施工中领着一批人向岩石里填充炸药时，铁钎撞击石头冒出的火花引燃了火药，发生爆炸，一条长度为1米、直径为2.5厘米的铁钎从他的面部刺入，穿过额部，从头顶飞出，使前额叶受到严重损伤。盖奇当时仅昏迷了几分钟便清醒过来，能说话，也能活动，同伴送他去医院时，他还能自己走进去。两个月后，体力已完全恢复，一切生理机能仿佛都很正常，他不但能自己料理日常生活，还恢复了工作。可是人们发现他在精神方面发生了很大的变化，受伤前后判若两人。受伤前，他是一个精明能干的人，和同伴相处得很好。受伤后，他变得偏执、粗野、优柔寡断、喜怒无常，对同伴们漠不关心，对任何事情都漫不经心，对人粗暴无理，再也不能胜任工长的工作。

(二)后天因素的影响

1. 家庭在性格形成与发展中的作用

家庭在儿童的性格形成中起着奠基的作用。马克思主义认为家庭是社会的经济单位，是社会中各种道德观念的集中点。社会对儿童的影响，首先是通过家庭对其发生作用。"家庭是孩子最初的学校，父母是孩子的第一任老师。"父母对儿童的影响，主要表现在父母对儿童的教养态度上。不同的教养态度会形成儿童不同的性格特征。例如，受溺爱的儿童就很难培养其不怕困难、热爱劳动的良好品质。相反，如果对儿童一味地训斥，要求过分严厉，就很难培养其独立性、主动性和首创精神。有人就这方面的研究成果作了概括，如表 11-6 所示。

表 11-6 父母的教养态度与儿童的性格

父母亲态度	儿 童 性 格
支配性的	消极、服从、依赖性、缺乏独立性
溺爱的	任性、骄傲、利己主义、缺乏独立精神，情绪不稳定
保护的	缺乏社会性、依赖、被动、胆怯、深思、幽默、亲切的
严厉的(经常打骂)	顽固、冷酷、残忍、独立的、怯懦、盲从、不诚实、缺乏自信心和自尊心
忽视的	妒忌，情绪不安，创造力差，甚至有厌世轻生的情绪
民主的	独立、直爽、协作的、亲切的、社交的、机灵的、安全、快乐、坚持、大胆有毅力和创造精神
父母之间有意见分歧的	易生气，警惕性高；或有两面讨好，投机取巧，好说谎话的作风

另外，儿童在家庭中扮演什么角色，处于什么样的地位也影响着儿童性格的形成。苏联心理学家科瓦列夫对一对孪生的女大学生进行了 4 年的观察。这对孪生姐妹从小一起长大，从小学一直到大学历史系都在同一学校，同一班级学习，但她们的性格却有着明显的差异。姐姐比妹妹好交际、善谈吐，也比较果断、勇敢和主动。在谈话与回答问题时，总是姐姐先回答，妹妹只表示同意或做些补充。造成姐妹俩在性格上差别的原因之一，就是其祖母从小把她们一个定为姐姐，一个定为妹妹，并责成姐姐照看妹妹，为妹妹作出榜样，首先执行长辈委派的任务。这样，姐姐就较早地形成了独立、主动、善交际、果断等特点，而妹妹由于一直受到姐姐的保护，就形成了缺乏独立性、被动、不善交际、犹豫、胆怯的性格特点。

2. 学校在性格形成中的作用

学校教育对适龄儿童的性格形成具有重要的作用。学校的生活扩大了儿童的生活范围，丰富了他们的活动内容，对他们也提出了更高的要求与更为实际的工作任务。这样，在知识传授的课堂教学中，可以训练学生习惯于系统地和明确目的地学习，让学生在克服困难的过程中培养勇敢、顽强、坚定的性格特征。

良好的班风能促使学生形成积极性、主动性、独立性和自觉纪律性的优良性格特征。共青团与少先队活动的生动性、趣味性与灵活性容易使学生形成好奇、探究、活泼、开朗的性格。

教师是学生学习的榜样，在学生性格形成中起着极为重要的作用。有人研究了教师的态度对学生性格的影响。研究表明：教师的态度若是专制的，学生就表现为情绪紧张、冷淡、带有攻击性、自制力很差；教师的态度若是民主的，学生就表现为情绪稳定、积极、态度友好、有领导能力；教师的态度若是放任的，学生就表现为无组织、无纪律、自由散漫。不仅如此，教师还会以全部行为和整个人格来影响学生。他的高尚人格，例如思想进步、强烈的责任心、富有同情心、谦虚及朴素等，都会对学生产生深刻而积极的影响。

3. 社会文化因素在性格形成中的作用

社会文化因素包括文化背景、经济地位等，它对儿童性格的形成和发展会产生深刻影响。

就一般文化背景而言，世界上有一百多个国家，我国有五十六个民族，这些国家和民族在风俗习惯、文化发展水平等方面都存在很大的差异，这些差异从小就影响着儿童的行为举止与道德规范，自然会影响儿童性格的形成与发展。例如，人们一般认为东方人顺从、柔和、温文尔雅，但趋向于保守，大多数人性格内向。西方人激情满怀，豪放不羁，富于创新，敢于冒险，大多数人性格外向。人类学家米德于1925年实地考察了嘉姆布利族，发现这个族的人在男女两性典型性格特征方面与其他民族不同。这个民族的女性角色相当于文明社会里的男性，所有的渔、猎、农耕、家事、育儿和社交等活动都由女性来完成，男性只负担家庭礼仪或装饰身体。女性主动求婚，以鉴赏男性的竞技和演技作为择偶标准。于是这个民族的女性显示出强壮、自立的性格特征，而男性显示出神经质、情感脆弱、情绪多变和依赖女性的性格特征。

就经济地位而言，富有者可能形成奢侈、浪费的性格，贫穷者可能形成勤俭节约的性格。因此，不同的时代、不同的民族、不同的社会生活条件和自然面貌，都会影响人的性格，从而形成不同时代、不同民族的典型性格。在阶级社会里，不同阶级的实践形成不同阶级的性格。当然，影响一个人性格形成与发展的因素是多方面的。即使是在同样的社会背景下，人所形成的性格也不尽相同。

4. 社会实践活动对性格的作用

人的社会实践是指社会活动、生产劳动、科学实验、文化及文学艺术等活动。社会实践最终决定人的性格的形成。人在社会实践中，会根据客观现实的要求改变自己的性格，并且会形成新的性格特征。例如，解放军战士的团结、紧张、严肃、活泼、敏捷性和纪律性等性格特点，是在部队中长期生活、训练而逐渐形成的军人的性格。同样，教师的活泼、机智、冷静、敏感、条理化、教育事业心；科研人员实事求是的态度，论证问题的逻辑性、严谨性、客观性与独创性；仪表工人的细心与精确；矿工的坚韧与顽强等，都是在实践活动中形成的性格特征。

5. 自我教育在性格形成中的作用

性格的形成与发展虽然取决于人的生活环境，取决于所受教育的影响与个人的实践活动，但任何外部条件的影响都必须通过个体心理活动的自我调节才能发挥作用。即使在相同的条件下，不同的人形成的性格特征也各不相同，有的可能变得坚强，有的可能变得怯懦。从这个意义上来说，每个人都在塑造着自己的性格，书写着自己的历史。

许多研究结果表明，良好性格的形成，是将接受与领会的外部要求逐渐转变为对自己内部要求的过程。理解与接受了外部的社会要求，并不是立刻就能调节自身的行为。最初，儿童必须在成人经常、具体的要求下才能实现这种行为，最后才能逐渐形成个人稳定的行为方式，才能成为个人的性格特征。当然，对外部社会要求的理解，及其对内部的要求，在不同的人身上的表现是不同的，这主要取决于个人的世界观、需要与动机。如果外部的要求与个人的世界观、需要与动机相冲突，不符合原来形成的比较稳定的行为方式，那么，就难以理解外部社会的要求，自然也就不能形成人的某种性格。

在儿童成长的过程中，自我意识明显地影响着性格的形成。儿童把自己从客观环境中区分出来是性格形成的开始，可见，儿童自我意识的发展与性格的形成几乎是同步的。从此儿童便开始努力地自己教育自己，自己塑造自己。随着自我意识的发展，这种自我教育的力量会变得越来越强烈。与少儿时期相比，青少年的这种自我教育的欲望表现得已经比较突出，他们会主动地寻找榜样，确定理想，并力图了解自己性格的优点、缺点，拟定自我教育的计划，或背诵一些警句，有意识地加强行为的锻炼。因此，教育者应该顺应青少年的这种需求，引导他们大力发展自我教育的能力，逐渐培养他们良好的性格特征。

本 章 小 结

个性心理特征是一个人比较稳定的、本质的心理特点。它包括能力、气质、性格三个方面。

能力是人们成功地完成某种活动所必备的个性心理特征。它分为一般能力与特殊能力。人的能力之间存在类型差异、能力发展水平差异和能力表现早晚的差异。影响能力形成与发展的因素很多，主要受遗传素质、环境与教育、社会实践与个人的勤奋、爱好的影响。

气质是人心理活动典型、稳定的动力特征。气质有多血质、胆汁质、黏液质与抑郁质四种基本类型。气质的生理基础是先天的神经活动类型，它本身无好坏之分。但气质影响着人的活动效率。因此，正确鉴定气质，对于选拔和培养人才具有重要的意义。在学校，教师若掌握与了解学生的气质特点，就有助于教师因材施教。

性格是表现在人对现实的态度和相应的行为方式中比较稳定的、具有核心意义的个性心理特征。性格结构包括性格的态度特征、性格的意志特征、性格的情绪特征、性格的理智特征。性格结构具有整体性、复杂性、可塑性的特点。性格从不同的角度可划分为不同的类型。影响性格形成与发展的因素可概括为先天的因素与后天的因素两大类，但主要受后天因素的影响，它在人的性格的形成中起着重要的作用。培养学生良好的性格特征是学校教育的重要任务。

案 例 分 析

【案例】

从"拾柴火"看性格模式

在心理学的研究中,曾有人设计"拾柴火"的自然实验,实验对象为保育院的40个学生。实验是在冬天晚上进行的。实验者把湿柴放在附近的棚子里,而把干柴放在较远的山沟里,要求学生在晚上去拾柴生火取暖,实验者则隐蔽在一旁观察孩子们的动静。冬天的黑夜是寒冷而可怕的,结果发现,有的孩子兴高采烈地到山沟里去了;有的边走边发出怨言;有的不敢走远,只是到附近的棚子里去取湿柴。后来实验者对他们讲了勇敢者的故事,于是到山沟里取柴的人渐渐多了。经过几个月的教育和观察,发现有20个孩子发生了较大的变化。由此了解到孩子们的性格差异,有的勇敢主动,有的畏缩图方便;有的动摇,有的胆怯。而他们的性格是可以通过教育改变的。

【分析】

由以上实验可以看出孩子们对待冬天夜晚取柴以便烤火取暖的客观事实,每个人的态度不一样。有人不怕黑、不怕冷,高高兴兴地到山沟里去取干柴;有人虽然也去山沟,却嘟嘟囔囔不愿意;有人怕黑又怕冷,为图方便就近取湿柴……可见,每个孩子对待相同的事情会产生不同的态度,因而采取的行为模式也不同。在心理学中将人这种稳定的态度和行为方式称为稳定的心理特征。所谓对现实的态度,反映了人们追求什么,拒绝什么,表明人活动的动机和方向。而行为方式即在其态度下与之相适应的行动,即人们如何去追求他所得到的事物,如何避免他所需要拒绝的事物,并且这种态度是稳定的,行为方式也是习惯化了的行为模式。以上述实验为例,说某个孩子是勇敢的,不仅是说他的态度,而且有其在寒冷的黑夜里跑到山沟去取柴的行动作依据,而这又是经常性的、稳定的。所以恩格斯认为:一个人物的性格不仅表现他在做什么,而且表现他怎样做。人的性格非常复杂,其模式也各式各样,了解人的性格特征,可以从其对待现实的态度和行为方式上着手。

第五部分　自我意识和心理健康篇

第十二章　自我意识——个性调节系统

本章学习目标

- ➢ 自我意识的概念、结构
- ➢ 自我意识发生发展的规律
- ➢ 自我意识的特点与培养

　　思想教育过程，并不是一个单纯的外部灌输过程，它更需要发挥学生的主体作用，实现主体的自我教育。我们知道，心理是客观现实的反映。这是从认识论的角度，从主客体的关系上提出的命题，而人的心理功能，不仅能反映客观现实，也能反映主体自身。自我教育的心理机制就是这样一种自我反映的心理功能。这就涉及如何个性化地调节系统中的自我意识的问题。自我意识究竟是什么？它有哪些规律？青少年学生的自我意识特点是什么？在教育中如何运用自我意识规律？学生又如何提高自己的自我意识水平？这就是本章要探讨的主要内容。

第一节　自我意识概述

一、自我意识的概念

　　自我意识是人对自身以及自己同客观世界的关系的意识。
　　自我意识是人的意识活动的一种形式，也是人的心理区别于动物心理的一大特征。动物也能反映它周围的客观环境，可是当动物心理演化到人类意识的阶段，就产生了一个全新的功能，即意识不仅能反映现实世界，而且能反映主体自身。人类个体能把自己和环境区分开来，把自己也作为反映活动的客体。这是心理演化过程中的一个重大的飞跃。自我意识能反映个体自身的意愿、态度和能力的倾向，能反映主体和客体之间的关系，大大发展了反映活动的能动性质，改善了人在同客观现实相互作用中的地位，增强了人改造客观世界的力量，从而使人类有可能成为现实世界的主人。

自我意识.mp4

　　自我意识是同人的注意力的状态密切相关的。动物的注意只能指向其周围的环境，充其量只能指向于自身躯体的某些有限的部位。而人的注意却有可能把注意指向自己的心理和行为。杜瓦尔曾把人类注意分为环境聚焦和自我聚焦两类。虽然这种二分法不尽完善，但的确只有注意处于自我聚焦状态时，人才能产生自我意识。无论是个体的自我认识、自我体验还是自觉的自我调节，只有把注意指向自己时才能实现。在人群中，环境聚焦和自我聚焦这二者分别出现的相对频率和方式有着个体差异，因而个体的自我意识发展的程度的表现也各不相同。

二、自我意识的结构

同对客体的意识一样，自我意识也可从知、情、意三个方面进行分析。知指自我认识，情指自我体验，意指自我调节。自我意识正是通过这三种形式表现出来的。

(一)自我认识

自我认识是自我意识的认知成分。它是人对自己身体面貌、个性品质、自身社会价值与周围世界关系等方面所进行的自我感觉、自我观察、自我分析和自我评价等。人的自我评价尽管是发展变化的，但自我评价毕竟是个体在一定时刻对自身作自我感觉、自我观察和自我分析的结果，它集中体现着自我认知的一般状况和发展水平，它是自我意识的核心部分，也是自我体验和自我调节的基础。目前心理学关于自我意识的研究，大量地集中在自我评价方面。

(二)自我体验

自我体验是自我意识的情绪成分。它其实就是人对自己的情绪状态的体验。如果说，对客体的情绪体验是他对客体的认知同其主观需要之间关系的反映，那么自我体验就是他对自身的认知同其主观需要之间关系的反映。一个人希望在某件事上取得成功，但在实际中他失败了；他认识到行动的失败同他成功的需要相悖，他就会对自己产生不满的情绪体验。自我体验可表现为自尊、自豪、自爱、自卑和自怜等情绪状态。人的自尊程度直接维系着他的自我评价状况，通常同自我评价成正比关系。如果个体自我评价越积极、越肯定，它就越能接受自己、尊重自己，从而促使个体自我积极进取、不断更新。在自我体验中，自尊和自信是最重要的成分。自尊、自信的程度也会影响个体自我调节的方向和力度。

(三)自我调节

自我调节是自我意识的意志成分。这里的自我调节指的是个体自觉的过程。人的某些能力，尤其是某些简单行为可实现无意识的自动调节，不在此处讨论的自我调节之列。自觉的自我调节是对自己的主观世界，包括自己的行为、心理活动、个性品质及自身与他人、与社会的关系等方面的调节。正常的人都是凭着自我意识来调节自己的思想和行为，使之适宜恰当。例如在课堂上教师不会讲与教授内容不相干的东西，学生不会随便大声喧哗、打闹、开玩笑。自我调节包括自我检查、自我监督、自我激励、自我控制、自我奋斗、自我暗示及自我教育等形式。其中主要的调节方式是自我控制和自我教育。所谓自我控制是个体为达到自己的某种目标对自身和行为的主动掌握、约束和控制。体现了意志力量的"自制力"。所谓自我教育是指个人主动提出道德修养目标，并以实际行动努力完善或培养自己人格品质的过程。自我教育作为自我调节的最高级形式，集中体现了意志品质中的自我激励力量。

自我调节的实现受着自我认识、自我体验的制约。在生活中可以看到，某些人自我评价甚高，而他心中理想自我的标准又极低，于是这种人"自我感觉"特好、自得自傲，他们在自我调节方面往往不大在意，表现在行动上是纵容自己、我行我素，难以做到严格律己、审慎待人。当然，个体自我调节的状况也可以反过来通过心理和行为的调节而影响他的自我认识和自我体验的过程。既然自我调节是自我意识中直接作用于个体行为的环节，它就是一个人自我教育、自我发展的重要机制，自我调节的实现是自我意识的能动性质的集中表现。

由上所述，自我意识的结构包括自我认识、自我体验、自我调节。三者有机统一，构成个性心理特征的一个重要组成部分。通过自我认识，使人明确"我是一个怎样的人？"；通过自我体验，可以解答"我这个人怎样？"以及"我是否接受自己？"等问题；通过自我调节，特别是自我控制和自我教育，可以最终解决"我应当成为一个怎样的人"的问题。

三、自我意识的作用

自我意识的作用巨大。从种系发展看，人类心理具有的自我意识，大大地优越于任何高等动物；从个体发展看，人类个体进入青年期，其自我意识发展成熟，已脱离少年儿童的幼稚，进入成人阶段，真正具有了人的责任感和义务感。

(一)自我意识大大地提高了人的认识功能

自我意识使人能把自己的心理活动也当作客体加以反映，这就大大提高了人的认识活动的效能。人的认识活动不论感觉、知觉、记忆、想象和思维等，都由于自我意识的存在而更加自觉、更加合理、更加有效。近年心理学界对于元认知的研究日益关注。简单说来，元认知就是对认知过程的认知。人不仅能对外部世界的对象进行感觉、知觉、记忆、想象和思维，人还能对自己的这些认识过程本身进行认知，即对这些过程加以分析、监督和调整。通过对自身认识过程的认知，人就有可能发现原有认识活动的不足，可能选择和运用更好的认知策略，从而使认知活动更加完善，更加有效。不难看出，个体对自身认知过程的监控和改善，意味着人在认识和改造客观世界的同时，也可以改造自己的主观世界。

(二)自我意识使人形成一个丰富的感情世界

高等动物例如猫、狗等虽然已具有某些原始的情绪反应，但那只是动物对外部刺激(如危险)所作出的直接的生物学意义上的反应(如恐惧反应在生理上有利于动物的逃跑或自卫)，它们不可能体验自身的情绪。对于儿童来说，他们所意识到的现实只是外部世界，还不能意识到自己的内心世界。只有进入青少年期，自我意识发展逐渐成熟，心中"自我"概念逐渐明晰和稳定，青年人才发现自己新的情感世界。他们意识到"自我"的独一无二、与众不同，才会逐渐产生"孤独"之感；他们体验到自尊的需要，才会产生与自尊感相联系的"羞赧感"和"腼腆感"。由于他们发现了一个自己的内部世界，他们才时常感到"内在"自我和"外在"行为的种种不符或冲突，从而产生苦闷、彷徨等新的情感。青年人能把感情世界作为自己意识的客体，才忽然发现大自然的美丽，发现人类创造的艺术品(音乐、绘画等)的美丽，从而体验种种美感。总之，是自我意识的存在和发展，才使得人的情感生活变得日益丰富、细致而复杂。

(三)自我意识大大地促进人的意志的发展

意志以人确定自觉的行为目的为开端。而自觉目的的提出又是以自我意识的存在为前提的，因为任何自觉行为总有自觉的主体，那就是"自我"。自我的自主性的实现需要个人监督，需要意志的力量，无论其表现形式是施力于外部，促使环境服从主体的要求，还是施力于内部，促使自身特性与需求适应环境，都离不开自我意识的作用，离不开在意识中对自我和环境的明确的区分。

个体意志力的表现同动机的性质和力量密切相关。在诸多动机之中，个体自尊的维护和自尊的水平，是影响意志力的重要因素。而自尊的水平及其发展，是直接同自我意识的水平和发展密切相关的，前者是后者的表现形式之一。谈到动机的性质，心理学早已指明，社会意义丰富的动机通常比社会意义贫乏的动机更能支持人的意志行为。但社会意义的丰富与否，是要通过行为者的个体意识从主观上加以认定的。个人主观上如何判断他的"自我"同客观社会利益的关系，则涉及个体的价值取向，涉及他的道德面貌。

(四)自我意识是道德的必要前提

康德曾经指出，人的自我意识是道德和道德义务的必要前提。他说："人能拥有自己的自我表象这一点，使人大大高于地球上的一切(其他)生命体，因此人才是人。又由于意识在人可能发生种种变化的情况下具有统一性，人才始终是个人，即有身份和尊严的、不同于物——例如，无理性的、可以任意处置和支配的动物的存在物。"这里说的自我表象，就是个体心中的"自我"概念。人的"自我"概念不仅包含现实的自我，还包含着理想的自我。当个体被问到"我是谁"时，不仅要回答"我现在是谁"，还要回答："我将是谁"和"我应当是谁"的问题。由于人不是游离于社会之外的抽象的个体，他的自我概念就不能不受到他生活于其中的社会规范的制约。每个个体都在社会体系中处于一定的角色地位，社会对他有着一定的角色期望，这些角色期望承载着社会规范，去要求、约束个体的心理和行为。因此，社会道德就在个人的自我意识中找到了可以存在的处所，也找到了可以调节、激发(或抑制)个体心理与行为的杠杆。就个体方面来说，一个人的自我意识里包含了道德、信念和道德体验，以及与之相联系的诸如责任、义务、使命、荣誉等价值观念的内容。由此看来，自我意识不仅极大地促进了人类个体的认识、情感和意志等心理功能的发展，而且使人成为拥有道德意识和道德行为的个体，从而极大地丰富了人的社会属性。自我意识不仅提高了人类认识客观世界的效率，而且开拓了人类认识和改造主观世界的可能性，从而极大地增加了人类意识的主观能动性，提升了人的意识的反映层次。

(五)自我意识是心理健康的重要标志

个体具备良好心理素质最重要的标志是对自我的接受和认可,即有成熟的自我意识和健康的自我形象。自我意识是心理健康的重要标志,理查德博士(Richard T. Kinnier)1997年在总结归纳前人大量关于心理健康标准研究成果之后,提出心理健康的九条标准,其中二分之一以上都是关于自我意识:自我接纳(但不是自我陶醉);自我认识;自信心和具有自制能力;清晰洞察(带点积极乐观)现实情况;勇敢,有挫败时不会一蹶不振,具有复原力;平衡和进退有度;关爱他人;热爱生命;人生有意义。

许多西方和东方的心理学家在界定心理健康标准时,不约而同地将自我认识作为主要的指标。可见,心理健康的人必然是对自己有客观认知,能够接纳自我,有很强的自尊。但那不是自以为是或自我陶醉。人必须首先去爱和尊重自己,才能真正地爱其他人。心理健康的人能清楚地认识自己,尤其是在自己的感觉和意图方面,自我觉察力特别强。大学生自我意识的发展状况既是以往心理发展和健康状况的集中反映,也是现阶段大学生心理健康、人格发展的新起点。根据对大学生自我意识的研究发现,大学生在不同阶段所表现出的各种心理障碍往往与其自我发展的特点存有某种联系。只有客观、准确地认识和了解自我,并对自己的经验持一种接受和开放的态度,才有可能保持心理健康,才有可能快乐幸福地生活,才有可能充分发掘自己的潜能以助成才。如果对自我认识不清,或对与自我不一致的经验持否认、回避、拒绝的态度,就会影响到身心健康和个人发展。因此探讨自我意识的发展,学会认识自我,树立自信心与独立性,不仅是大学生也是所有人终生追求的课题。

第二节 自我意识发生、发展的规律

一、自我意识的发生

自我意识不仅是种系发展的高级阶段,即到了人类阶段才形成的,而且在人类个体发展中,也不是与生俱来的。婴儿在与外在世界的相互作用过程中,特别是在同社会的人的相互作用中才能逐渐形成自我意识的能力。

新生儿不具有自我意识。婴儿最初是先能辨认客体的属性,而后才逐渐认识自己的。出生两个半月至3个月的婴儿,已可辨认面前物体的大小和距离;4个月时,能辨别呈现给他们的正常人脸图形和嘴鼻错置的人脸图形。但此时的婴儿却全然意识不到自己的存在,更不能分辨主客体的区别。他把手指伸进嘴里吮吸,并不知道那就是他"自己的"手指。

1岁的婴儿,开始能把自己的动作和动作的对象加以区别,初步意识到自己是动作的发出者。但这种意识仅同个别的活动相联系,尚没有把自己作为一个整体同外部事物区分开来,故还不能称作明确的自我意识。

1岁半的幼儿,从成人那里学会使用自己的名字(假设孩子叫敏敏)。当成人问她"这是谁的布娃娃?"她能回答:"敏敏的。"表明她能把自己的东西和别人的东西相互区分。当成人指着他的鼻子问:"这是谁?"她能回答:"是敏敏。"表明她能把自己同别人相区别。幼儿会使用自己的名字，是自我意识发展中的巨大飞跃，他们似乎已把自己当作一个固定的整体了。

两岁以后的幼儿，在语言学习中掌握了物主代词"我的"和人称代词"我"就实现了他们自我意识发展的又一次飞跃。他们能够用"我"字(概念)来代替自己的名字以指称他自己，把自己同自己以外的他人和他物明确地区分开来，把自己当作不同于他人与他物的"我"，标志着真正的自我意识的出现。及至儿童期独立性渐渐增强，开始喜欢说"我自己来"，表现出一定的反抗性。随后，儿童的自我意识在家庭、学校、社会的共同教育和影响下继续发展。

二、自我意识发展的一般规律

(一)自我意识发展的一般形式

自我意识发生之后，一直持续地发展着。但在整个儿童期，自我意识的发展是平缓的、渐进的、自我上是一个笼统的整体，自我意识的内容反映自我的外部行为特征以及外部周围世界，很少或没有触及自己的内心世界。进入少年期后，自我意识急剧发展，出现了"分裂—矛盾—统一"的基本形式。

1. 自我意识的分裂

进入少年期，个体的抽象思维能力发展起来，认识能力大大地提高。同时，生理方面出现了第二个发育高峰，促使少年增强了自我存在的意识。据调查研究，12～14岁是自我意识急剧发展的关键时期。这时的少年像哥伦布发现了新大陆一样，好像突然发现了自己，令其激动、兴奋，同时又紧张、焦虑。他们热衷于探索自己内心深处的心理奥秘，逐渐在头脑中窥视到自己的内部心理活动和个性品质。于是，自我意识发生了裂变，打破了惯有的笼统和混沌，原有整体的"我"一分为二，一个是主体的我，观察者、认识者的我；一个是客体的我，即被观察者、被认识者的我。自我意识的分裂，使少年的内心活动日益复杂，他们表现得好反思、内省，常常伴随着困惑和焦虑，喜欢以日记作为自己倾诉衷肠的"伴侣"，他们在日记中表达的往往就是主体的我对客体的我的认识、观察和评价。自我意识的裂变，使得自我意识的发展进入了一个崭新的阶段，并使主体改造主观世界成为可能。

2. 自我意识的矛盾

自我意识未分裂前，整个自我是笼统的、一体化的，无所谓矛盾产生。儿童很少有激烈的内心冲突以及由此产生的苦闷和彷徨等深刻的情绪体验。一旦自我发生裂变，主体的我和客体的我就要发生矛盾斗争，这种矛盾突出地表现为"现实的我"和"理想的我"之间的矛盾。"理想的我"，它与主体的我相联系，反映了个体希望成为什么样的人，具有什么样的形象，它作为个体奋斗、成才的目标而存在。另外，与客体的我相联系的便是"现实的我"，它反映个体实际上是什么样的人，具有什么样的品质，它作为个体的现实坐标而存在。正由于"理想的我"和"现实的我"不可能完全吻合、统一，那么它们之间的矛盾和冲突将永远存在。在青少年时期，由于自我意识的矛盾，个体经常表现出激烈的思想斗争和冲突，内心动荡不安，常常伴随着强烈的情绪体验。

3. 自我意识的统一

任何事物的发展都是由矛盾的双方相互依存、相互斗争而推动的。青少年自我意识矛盾的存在，使主体的内心产生冲突，主体就要设法寻找某些方法和途径使"现实的我"和"理想的我"在新的水平和方向上达到协调统一，从而消除冲突感、紧张感。自我意识的统一，是自我意识发展的关键环节。青少年的自我意识经过不断的"分裂—矛盾—统一"的螺旋式上升过程，得到发展并逐渐成熟，自我形象逐渐树立，自我观念逐渐形成。当然，这是一个充满艰辛、曲折甚至痛苦的过程，需要有一个优良的外部教育环境的引导，更需要个体发挥主观积极性，形成自我教育机制。

(二)自我意识的发展过程

自我意识的发展表现为自我意识内容的发展以及自我意识各成分的发展，它们分别有自己的发展过程。

1. 自我意识内容的发展

自我意识的内容，即主体从哪些方面观察、认识客观的我，从而形成自我形象。在自我意识尚未分化前，儿童主要意识到自己与周围人的关系，自己在家庭、学校中的角色，自己的外部行为特征。自我意识的内容相对来说较贫乏和狭窄。在自我意识急剧发展分化的少年时期，由于身体的急剧变化和第二性征的出现，男女少年都会对自己的外貌和身体仪表表现出异乎寻常的关心。青少年对自己的容貌仪表的评定非常苛刻，往往以自己所崇拜的偶像为标准。随着年龄的增长，个体对身体外表的关心才渐渐降温，转而热衷于探索审视自己的内心世界。心理学家们曾多次在不同国家和不同的环境中让不同年龄的儿童续写尚未完成的故事或照图编故事，结果往往是一致的，儿童和少年初期常常是描写外貌、动作、事件，少年晚期和青年初期主要描写人物的思想和情感。少年的年龄越大，他就越易被故事的内容所激动，而"事件"的外部结构就越对他失去意义。由此，可以说自我意识的内容有一个从外部到内部的发展过程。自我意识发展到比较成熟的阶段，个体尽管对自己的外貌仪表等还表现出一定的关注，但自我认识的侧重点已逐渐转移，个体不再满足于对自己内心世界片面、零星、肤浅的了解，而希望对自己的心理活动及个性品质有一个全方位深入的认识和了解。他们非常注重自己的能力、特长、性格和气质等，希望以此来赢得他人的尊重和喜爱，获得自尊和自信。随着个体社会生活的深入，他们还会在更广阔的社会背景上重新认识自己的个性品质，并产生完善自我个性的愿望。

2. 自我意识各成分的发展

(1) 自我认识的发展。自我认识的发展是自我意识发展的主要成分。其中，自我评价集中代表了自我认识的发展状况，它的发展表现出以下几个特征。

① 从自我评价的主动性和独立性来说，儿童期个体自我评价主要是依据教师、家长等

的权威性评价，具有依附性和被动性。之后，渐渐发展成依据周围更多的人对自己的态度来进行自我评价，最后，能够达到依据自己的理想、价值体系等进行主动的、独立的自我评价，而对他人的评价则持辩证的、批判的态度。

② 从自我评价的概括性和抽象性来看，儿童只能从片面的、个别的、具体的情境中的某些外部行为现象作出肤浅的、零星的、感性的评价；到少年和青年时期，随着思维能力的提高，个性的自我评价才会逐渐富有概括性、理论性、整合性和辩证性。

③ 从自我评价的广泛性和全面性来看，儿童在进行自我评价时，经常从外表、长相、外部行为、与周围人狭隘的人际关系的角度来进行评价，显得空泛、狭窄、片面；到少年和青年时期，自我评价的范围才会大大拓宽，能从各个角度、内外各个层次上全面地、广泛地评价自我，使自我形象日益丰富、细腻、立体化。但在少年期仍然表现为对自己的自我评价能力落后于评价别人的能力。在多数情况下，他们对自己的评价偏高，出现"严于责人，宽于律己"及"明于知人，暗于知己"的现象。

(2) 自我体验的发展。自我体验是在自我认识，特别是在自我评价的基础上发展起来的。它的发展表现为以下几个特征。

① 自我体验日益丰富、细致。儿童的自我体验是粗糙的、贫乏的，而少年和青年时期个体的自我体验却日益丰富细腻，对于自我评价较高的方面，产生喜悦、兴奋、自豪或幸福的情绪体验。反之，则产生苦闷、彷徨、忧郁甚至痛苦的情绪体验。他们的自尊心和自信心日益强烈、突出，成为自我体验中两个最重要的成分。

② 自我体验日益深刻、稳定。儿童的自我体验较为肤浅、平缓，发展到少年和青年时期，经过最初的矛盾和动荡后，变得稳定、深刻。少年和青年时期自我体验的发展落后于自我评价能力的发展，出现了明显的滞后状态。这是由于理性认识能力虽已得到发展，但转化为情感还需要有一个过程，因而出现二者发展不同步的现象。

(3) 自我调节的发展。儿童时期，由于缺乏自我认识和自我评价，他们对自己的某些思想和行为的约束、自制主要靠外部环节(例如教师、家长、班集体等)的压力和干预来实现，是被动的自我控制。少年和青年时期，在教育者的正确引导下，这种被动的自我控制才发展为主动的自我控制，并且日益经常化、稳定化，进而导致个体自我教育机制的形成。自我教育作为自我调节的最高形式，可以使学生通过自励来不断地发展和完善自我，促进自我的积极统一。

第三节 自我意识的特点与培养

一、青少年自我意识的一般特点

自我意识与人的态度、行为选择有密切关系，培养青少年良好的自我意识，将有助于他们的健康成长。研究表明，青少年的自我意识具有以下几个特点。

(一)关注"自我形象"

由于自我意识的发展，青少年对认识"自我"表现出极大的兴趣。这种兴趣首先集中表现在关注个人的"自我形象"方面。青少年开始注意自己的外貌和服饰打扮，喜欢受到别人的赞赏。有些青少年男女开始对自己的外貌感到不安，例如有些女孩为自己长得不如别人漂亮而伤感，有些男孩为自己长得太矮而自惭形秽。一些性成熟较晚的男孩心情沉重，时而产生自己生理有缺陷的体验。但是，这些情感体验一般不公开表露，处于秘密状态。对"自我形象"的关注程度会随年龄增长而不断加强。人的爱美之心在青少年时期有着充分的表现。

(二)对个性品质的意识与自我评价能力的增强

在关注"自我形象"的同时，青少年也开始意识到较为内在的"个性品质"问题，开始自觉地对自己有所要求，希望自己在各方面都完美纯洁。为此，他们开始拿别人和自己作比较。青少年评价别人和自己的品质在很大程度上还具有片面性和不稳定性。他们在评价一个人的品质时，不善于把个别行动和个性的整体品质联系起来。例如一个具有很多优点的人，会由于一次小的过失而失去青少年的信任。反之，一个有很多缺点的人会由于一次小的成功而获得青少年的信任。对待自己，可以因一次小的过失而灰心丧气，也可以因一次偶然的小的成功而忘乎所以。

(三)自尊心有较大的发展

自尊心是指个体要求人们尊重自己的言行、维护一定的荣誉和社会地位的自我意识倾向。它是人的尊重需要的反映。当一个人的言行受到尊重时，会产生满足感，反之则会产生挫折感。青少年的自尊心往往体现在：不愿别人把他当小孩看待、希望有自己的秘密。对青少年采取简单粗暴的教育方法，例如不适当地进行责罚、谩骂、讽刺、挖苦甚至体罚，都会伤害他们的自尊心，会使他们和教师在情感上对立起来，有的青少年甚至干脆"破罐子破摔"，以致教师无法对他们进行教育。

二、自我意识的培养

(一)充分发挥教师教育的作用

1. 运用各种途径，以浅显易懂的方式向不同年龄的青少年传授有关自我意识的知识

我国当前中小学校教育的内容，在智育方面，依然是传统的文、史、地、数、理、化的结构。也就是说，只涉及对客观世界的认识，而缺乏对人类自身心理活动的知识。这种状况是应当尽快改变的。在国外，例如美国的小学里已设有帮助学生了解自己的专门课程，值得我国借鉴。眼下我国教育界对中小学的心理健康教育已开始有所重视，一部分大城市的有些中小学已尝试开设心理辅导课程。这是一个良好的开端，值得大力推广。为了使自我意识问题成为学校教育、教学工作的一个内容，有必要利用心理辅导课或其他场合(哪怕是班会课或周会课)，以循序渐进、各年龄层次都可以接受的深度和方式向学生讲解有关自我意识的知识，并进行必要的相关训练。

2. 帮助青少年正确了解现实的自我

中小学阶段的学生，虽然已经有了"自我"的概念，但他们心目中的自我概念，又不同程度地带有朦胧性、散乱性和不确定性。因此，教育工作者可帮助他们发展其自我概念的明晰性、系统性和确定性。一方面让他们从道理上懂得自我概念的内容组成和发展；另一方面教会学生从各种途径来认识自己，包括从别人对自己的态度和评价来认识自己，通过把自己同别人相比较来认识自己，通过评价自己的活动成果来认识自己。

3. 帮助青少年树立理想的自我

现实的自我是发展的起点，理想的自我是发展的目标。因此，理想自我的合理确立对青少年的成长极为重要。所谓合理，其一是理想的目标要高尚而远大，这就要求学生认识社会，认识社会对未来公民的要求，从而让个人理想同社会发展相适应。其二是理想的目标要切合实际，要从现实自我的实际状况出发。此外，从初中一年级到高中(或职校)三年级，青少年的知识程度、能力水平和生活经验都有很大增长，他们的现实自我也在不断发展，因此，树立理想自我的工作也必须随学生的年龄增长而由浅入深、由简略而至丰富。

4. 帮助学生发展元认知能力

学生在学习生活过程中，认知能力是逐渐提高的。为了使学生认知能力的发展有更高的自觉性，有必要改革传统的教学方法，有意识地向学生传授元认知方面的知识和技能。在训练学生的观察能力时，教会他们不仅要善于观察客体，也要对自己的观察过程进行观察和分析；在要求学生记忆材料时，教会他们要对自己的记忆过程作观察和分析；在锻炼学生思维能力时，教会他们对自己的思维过程进行观察和分析。久而久之，学生对于认知的动机就可以日益增强，对元认知客体的敏感性日益提高，对认知活动诸多策略也日益熟悉。于是，将大大提高学生的认知能力，促进他们提高学习效率。

5. 帮助学生发展自我调控能力

各科教师在教学、教育的各个环节，都要启发、鼓励学生的独立性、主动性，既要时时强化他们对自己的行为多加自我调控的愿望和自觉性，又要创设让学生实现自我调控的机会，还要教会他们自我调控的方法。

(二)充分发挥学生自我教育的作用

对教师而言，除了应当在教学、教育工作中发挥教师的主导作用，有目的、有针对性地培养学生的自我意识外，还应当调动学生的积极性，在自我教育中完善自己的自我意识。

1. 正确认识自我

自我评价是自我认识的核心，既然是评价，自然要求客观、准确、符合实际。乍一看来，自己对自己的了解评价，难道还有不正确的吗？其实不然。古人云："人贵有自知之明。"人能自知而被视为可贵，可见自知之不易。某人如果以为自知很容易而不懂得自知之难，他大约就不属于有"自知之明"者，就难以指望他有什么准确、客观的自我评价了。

自我评价不正确，表现为不是高估自己就是低估自己。固然，在人群中自我高估和自我低估的现象都存在，但一般说来，人们易于把自己的实际状况高估。库瑞斯密斯做过一项测验来检测人的自尊水平，给定的分数变化范围从 40～100 分。如果人们的得分是正态分布的，从理论上说，平均分应为 70 分，被测者中应有 50%的人高于 70 分，50%的人低于 70 分。可是实际测量结果，平均分为 82.3 分，远远高于理论平均分。而且，得分高于 70.7 分的人多达 84%，这就表明，大多数人都"自我感觉太好"。

生活实际也是同这项测试结果相吻合的。生活中为什么那么多人容不得别人哪怕是正确的不同意见？为什么那么多人听不得别人中肯的批评？为什么那么多人总是瞧不起别人，或者同行相互嫉妒？为什么那么多人偶获小成就沾沾自喜、孤芳自赏？为什么有人喜欢将别人的缺点和自己的优点相比，于是比得自己洋洋得意？一个常见的原因就是这些人的总体自我评价偏高，或曰"自我感觉良好"。于是在他们的心目中，总觉得自己行，别人不行，甚至有"老子天下第一"的感觉。

许多人有意无意地高估自己，可能是人性弱点的一个显露。了解了这一点后，就应当对此有所警觉。中国传统文化的修身原则提倡谦逊，是有其实际针对性的。谦逊精神的要义不在口头上的虚伪，而在如实地、恰当地估量自己的成就和长处，并充分看到自己的短处和不足。这对防止人的自我膨胀有积极意义。

其次，宜恰当地运用社会比较方法。人总是在比较中认识事物、认识自己的。身材中等的人，在矮个子人群中会觉得自己高大，在高个子中才会显得自己矮小。为了避免自我高估，心中常常揣有形象高大的榜样是有益的。古今中外，在各个领域都出现过在才华或德行方面都光彩照人的巨人。尽管许多人限于种种条件不可能达到那种高度，但"虽不能至，心向往之"的心情无疑是可取和可贵的。个人在选择社会比较的参照群体时，只有常常想起这些巨人，才会使自己心气平和许多；更想到世界之浩大，历史之悠久，不仅前有古人，而且后有来者，个人其实乃沧海之一粟，那么就有利于个人产生一种虚怀若谷的心态。

2. 积极悦纳自我

自我体验同自我评价紧密联系，它是基于自我评价而产生的情绪体验。自尊心虽直接反映一个人自我评价的状况，但它更多的是一种体验形态。人在不同场合的不同自我体验都与自尊心相关联，并受自尊心的影响和制约。因此，个体维持适当的自尊水平是自我体验的核心课题。

自尊水平过低的人，常常焦虑水平高，既不满意自己，又害怕正视现实，对整个心理都会造成弥漫性的不良影响。调整自尊过低，对于非病态的个体而言，可从调节认知结构入手。首先调节注意聚焦的方向。比如，一个进入青春期的女青年，觉得自己长相丑陋，无颜见人，自惭自卑，怨天尤人，以至意识不到自己存在的价值。原因是过于注意自己的外表形象。这种人不妨把注意力转向自己的内在品质：如果她看到自己虽然其貌不扬，却才气横溢、智慧过人，进而珍视、欣赏自己的才华，并觉察到别人对其才华的赞赏和羡慕，她就有可能悦纳自己，在自己才能的基础上重建自尊。倘若她恰恰又能力平平，她还可把注意力更多地聚焦于个人的德行上。如果她充分意识到自己心地善良，为人宽厚，生性温柔，勤劳贤惠，并觉察到周围人的由衷赞美和亲近态度，她也可以此为基点重树她的自尊。如果说，外貌的美丑由不得当事人选择，才情的高下也不全以当事人的意志为转移，那么优良的德行却是人人都可通过努力而达到。而优良的德行从来就是社会所公认的具有充分价值的人生品质，个人完全可以借此提高自己的价值，从而积极地悦纳自己。

3. 学会完善自我

作为一个人，不能仅仅满足于认清自我、悦纳自我，还必须不断地完善自我。因为，前者只能让人维持原样，后者才催人奋进。自我完善要通过自我意识的自我调节来完成。离开了自我调节，自我认识和自我悦纳都将流于自发状态，最终将导致整个自我意识的弱化。所以要加强学生的自我调节能力的培养，需要做到以下几点。

(1) 要激发个体自我调节的动机，在思想上充分认识到自我调节对个体心理和行为发展的必要性和重要性，同时要坚信自我调节是可以学会并养成习惯的，从而产生进行自我调节的愿望。

(2) 要保证自我调节的经常性。古人强调"吾日三省吾身"，不仅从修身养性的角度是有益的，而且从心理发展的角度也有积极意义。经常反省可以使人随时了解自己，发现问题，认清差距，分析原因，寻找解决问题的办法。因此，经常有效地反省自己，必将促进个体心理水平的进一步发展。

(3) 自我调节的目标要注意水涨船高。调节的方向总是指向所要达到的目标的。每次具体的自我调节的目标固然不宜定得过高，但随着每次调节目标的实现，必须不断提出新的、更高的调节目标。而最终的远期目标应是相当高远的，否则就不足以使自己持续不断地进步并达到日臻完善的境地。美国 18 世纪著名政治家和科学家富兰克林年轻时即为自己定出多达 13 项的美德作为自我完善的奋斗目标：节制、恬默、守秩序、果断、俭约、勤勉、真诚、公正、稳健、整洁、宁静、坚贞和谦虚。其中包含有道德修养的内容，也包括涉及个人心理品质的内容(例如果断、节制、勤勉、宁静等)。要达到这么全面的目标，他必定要高度发挥他的自我意识的调节作用。这可算作是对自己高标准、严要求的一个范例。而这种高标准、严要求，正是促使富兰克林达到学识丰富、事业辉煌、德行高尚的境界的不可缺少的条件。

本 章 小 结

自我意识，是指主体对自己的意识，包括主体对自身的意识及对自身与周围世界关系的意识两大方面。自我意识是个性结构中的自我调节系统，它使人的个性的自我完善成为可能。从结构上说，自我意识是知、情、意三者的统一。具体地说，自我意识包括自我认识、自我体验和自我调节。自我意识并非与生俱有，它有一个发生、发展的过程，其一般的发展形式是"分裂—矛盾—统一"。

自我意识是个性的组成部分，同时又对个性的发展与形成有着不可忽视的重要作用，而青少年又处于自我意识发展的关键时期,因此,加强自我意识的完善是青少年修养的重要内容。完善青少年的自我意识,除了充分发挥教师的教育作用外,还要注意发挥学生的自我教育力量。

案 例 分 析

【案例】

做真实的自己

在世界名著《蝴蝶梦》中,有这样一段情节:一位天真朴实的平民姑娘与显赫的曼德里庄园主邂逅,正是这位姑娘自己的天真朴实,打动与吸引了曼德里庄园主,但是这位姑娘自己却并没有意识到这一点。在结婚后作为曼德里庄园主夫人最初的一些日子里,她刻意去模仿原来的庄园主夫人,希望自己像她一样高贵,像她一样有知识和教养,而完全忽略了自己的可贵品质,完全没有意识到要保持自己的本性,因而整日生活于恐慌与自卑之中。后来当她发现了问题所在,勇敢地接受自己,坦然地表现自己的时候,才是她自己生活得最为轻松,也是她为曼德里庄园主带来真正幸福的时候。

【分析】

"自我接受"是自信的主要内涵,它本身的意义是指一个人对自己能否有一种基本的承认、认可,以及自己接受自己的态度。我们每个人都是一个独立而特殊的存在。认识自己的特殊性,认识自己的自我本性,并且接受自己作为一种独立而特殊的个体的存在,便是自我接受的含义。唯有接受自己,我们才能"相信"自己,才能尊重自己,才能体会到自我存在的价值。有位哲人说得好:"假如我是因为生来如此,你是因为生来如此,那么我是我,你是你。但是,假如因为你而我是我,因为我而你是你,那么,我不是我,你也不是你。请做一个真正的我。"

第十三章　心　理　健　康

本章学习目标

> 心理健康的概念、标准
> 心理不健康的机理
> 青少年学生心理不健康的表现
> 影响心理不健康的因素
> 青少年学生心理健康问题的特点

随着人们对学校育人工作的认识不断深化，育人的范围似乎已不再局限于传统的对学生的政治、思想和品德的教育上，而是拓宽到对青少年整个个性的健康发展的辅导上，学生的心理健康问题也因此越来越引起教育工作者的重视。什么是心理健康？它产生的原因是什么？青少年心理健康问题的特点是什么？学校如何进行心理辅导？学生又如何自我保健？这便是本章要探讨的主要内容。

第一节　心理健康概述

长期以来我国的学校教育对学生健康的理解，主要局限于生理方面，以致在制定德、智、体、美、劳全面发展的教育目标中，所强调的仍然是狭义的生理方面的"体"，《辞海》对健康的解释也存在同样的片面性，其中写道："人体各器官系统发育良好，功能正常，体质健壮，精力充沛，并具有良好劳动效能的状态。"随着社会的发展，人们对健康的认识产生了深刻的变化。早在1948年世界卫生组织(WHO)就指出："健康不仅是指没有疾病或虚弱，而且指包括身体、心理和社会适应在内的健全状态。"1989年该组织对健康的概念又作了新的补充，指出健康应包括：躯体健康、心理健康、社会适应良好和道德健康。这是健康概念的又一次深化，它使健康的范围涉及个体和社会生活的各个方面。这些关于健康概念的发展与变化引起了教育界乃至整个社会的高度关注。

一、心理健康的概念

心理健康是指一种持续的、积极发展的心理状况，在这种状况下主体能作出良好的适应，能充分发挥身心潜能而不仅仅是没有心理疾病。

事实上心理健康是一个非常复杂的概念，因为在不同国家、不同民族之间存在不同的观点，即使在一个国家的不同地区也存在不同的看法。因此，我们应该认识到心理健康的概念受到社会制度、民族风俗、传统习惯、道德观念和宗教信仰等因素

心理健康.mp4

的影响而会产生不同的内涵。另外，在心理健康与不健康之间并不存在截然不同的分界线，无绝对的明确的标志，因为它们之间存在着从量变到质变的连续谱系。

那么，怎样理解心理健康的概念呢？

首先，应当了解心理健康具有广义和狭义之分：广义的心理健康是以促进人自我心理调节、发挥更大的心理效能为目标。心理健康的人能够不断提高心理健康的水平，更好地适应社会生活，更有效地为社会和人类作出贡献。狭义的心理健康主要目的在于预防心理障碍、心理疾病和行为障碍。

其次，应该了解心理健康的两层含义：其一是没有心理疾病，这是心理健康最起码的含义，如同身体没有疾病是身体健康的最基本条件一样；其二是一种积极发展的心理状态，这是心理健康最本质的含义，它意味着要消除一切不健康的心理倾向，使一个人的心理处于最佳状态。

总而言之，心理健康是指一种合乎某种社会水准的行为，一方面个体的行为能被社会所接受，另一方面它能为个体本身带来心理上的自我完善和积极的发展。

二、心理健康的标准

(一)区分心理健康的规范

心理健康不是一种虚无缥缈的空洞的概念，它有自己明确的范围和标准。但是在确定某人心理健康水平时，往往又遵循着某一种衡量的规范。目前有以下几种规范。

(1) 统计学规范，又称平均规范的标准。它是以统计学正态分布理论为基础，以接近平均值为正常，偏离平均值为变态。正常与不正常之间为一条连续的曲线，该曲线的广大中间地带是正常的，而两端则是偏离正常的。

(2) 生理学规范，即病因症状的检验标准。此观点认为，正常人不应该存在变态的症状行为，所以心理行为变态都是某些精神疾病影响的结果，都可以在患者身上找到生理、生化、神经及遗传等器质性原因。此标准较为客观，准确可靠，但是适应范围较小。现实中多数心理障碍和心因性精神疾病查不出生理上的器质性病变。

(3) 价值观规范。该观点认为，在平均规范幅度之下的人不一定都正常，而偏离平均规范者也不一定都异常，这取决于一定的价值观。例如在严重的自然灾害面前，大多数人表现出焦虑或抑郁反应，但仍有少数人处于泰然自若的状态。又如在癔症集群发作者当中，总有个别人由于意念坚定而不受感应，对这种人则不能视为异常。这种观点认为，一个人的心理健康与否主要取决于他的行为与价值观的一致性。

(4) 社会规范。它根据个人的心理行为是否符合社会道德、法律、风俗等规范来划分心理的常态和变态。由于社会规范受文化传统、地区、地域和历史变化等因素的影响，因此，社会规范标准有社会历史的制约性，它只能适应某一地区、某一国家、某一历史阶段。另外，有些心理疾病者、心理变态者仍能遵守社会规范，所以很难将违反社会规范与心理异常画上等号。

(5) 机能水平规范。这种观点认为健康时的心理机能是能够充分发挥的，水准也高，而病态时的心理机能偏低。因此，灵活行使其自身所具有的全部机能时则为健康，机能水平发挥越高，价值越大。当然在评价个别或部分机能时，应把它置于整体机能中去考虑，关键是发挥其整体机能作用。有些神经症患者，他的仪态、行为可以说与常人无异，但他的学习、工作效率很低，整体机能不足，故其心理是不健康的。

(二)心理健康的标准

关于心理健康的标准，中外学者、专家提出众多的观点，至今尚无完全一致的标准。纵观各种标准，我们认为，提出我国的心理健康标准时，应考虑三个主要依据：第一，依据心理健康的根本内涵，突出其积极的、富有建设性的一面。第二，依据个体心理发展的年龄特征。因为，一个人心理是否健康，其判断标准的参照系只能是同年龄组的人，超越这条界线将失去标准的意义。第三，依据心理活动的系统性特点，尽可能从心理活动的各主要方面来考察个人的心理健康状况。据此，我们参照各种已发表的心理健康标准，提出以下8条标准。

1. 心理行为符合年龄特征

人在生命发展的不同年龄阶段，都有与其相对应的不同的心理行为表现，从而形成不同年龄阶段独特的心理行为模式。例如少年天真活泼，青年朝气蓬勃，中年平稳稳健，老年沉着老练。心理健康与否是指与同龄人相比，是否具有与多数人相符合的心理行为特征。如果一个人的心理行为经常严重偏离自己的年龄特征，一般都是不健康的表现。

每个人都可以有四种年龄。①实际年龄，指人们的自然年龄。②心理年龄，依照个体心理活动的健全程度确定的个体年龄。由于每个人的心理健康状况不一样，有的超越自己的心理期，称为心理年龄提前。反之，则是心理发展迟缓。如果一个人心理行为经常严重偏离自己的年龄特征就是心理不健康的表现。③生理年龄，指生理发育成长的实际情况，与实际年龄有差异。每个人所处的地理环境、营养条件等因素不同，会造成生理年龄与实际年龄的差异。例如热带地区的人生理发育早，生理年龄大于实际年龄；寒带地区的人或营养不良的人，生理发育要晚于实际年龄。④社会年龄，指一个人处事待人、适应社会能力的强弱。有人老练，有人幼稚。对于大多数心理健康者来说，心理、社会、生理及实际年龄应基本一致，既不能"少年老成"，又不能"成人幼稚"化。

2. 智力正常

智力是心理活动的认知功能表现。智力主要由观察力、记忆力、思维力和想象力组成。良好的智力水平是保障一切社会的人学业成功、事业成功的必备心理基础。心理健康者能适应生活环境，能正常生活、工作、学习，智商大于70分。

3. 情绪稳定、乐观

情绪和情感在心理健康中是一种明显的外部指标。它对人的心理活动常常起着推动或阻碍作用。乐观、开朗、兴奋使人思维敏捷，记忆力增强，充满信心；忧郁、悲观、沉闷导致思维抑制，记忆困难，悲观失望。心理健康者能经常保持愉快、开朗、自信、满足的心情，善于从生活中寻求乐趣，对生活充满希望。更为重要的是心理健康的人情绪稳定，具有自制和自控能力，能够保持与周围环境的动态平衡。心理不健康者经常情绪波动、反复无常，对人或物无动于衷、冷漠无情，焦虑忧郁，情感不协调，无法自制、自控。

4. 意志坚定能够自制

心理健康的人具有良好的意志品质，主要表现为对自己的行为有一定的控制能力，能正确认识自己行动的目的和意义，遇事有一定的决断能力；凡事持之以恒，对冲动有克制能力，对紧急事件有良好的应变能力。心理不健康者的意志水平常表现为两种极端状态，要么武断独行、我行我素、固执己见；要么表现为犹豫不决、畏惧退缩、缺乏信心和决心。

5. 人际关系和谐

每个人都生活、工作在某一群体之中，因此人与人之间会不断地进行人际交往、共同协作。个体的心理健康水准往往在与他人的交往中有所表现。和谐的人际关系既是心理健康不可缺少的条件，也是获得心理健康的重要途径。心理健康者在人际关系上表现为：乐于与人交往，有知心朋友；在交往中有自知之明，不卑不亢；能客观地评价别人，友好相处，宽厚待人。

6. 自我意识完善

心理健康者有正确的自我意识，能正确地认识自己，承认自己的优点与缺点，能够不断修正自己的缺点，努力完善自我，对自己的缺点和错误不掩饰、不自卑，对自己的长处不自傲。心理健康的人不挑剔自己或厌恶自己，他的生活观是积极的，能够以愉快的态度接纳自己。

7. 反应适度

人的基本心理活动是对外部信号接收和反应的过程，人的大脑在接受外界环境的各种信号后，通过分析、综合、判断、推理，作出相应的反应，从而达到生理、心理协调平衡的最佳状态。由于每个人对事物的反应能力和解决问题的敏捷程度各不相同，又由于各人的个性特点、思维模式、智力水平和社会适应性以及心理素质的差异，因而每个人对事物的反应具有某些差异性。

心理健康者思维清晰、符合逻辑，行为有序、语言有条理，言行相符、思维行动一致，行为反应正常。心理不健康者思维混乱、不符合逻辑，行为无序、语无伦次，言行不一、思维与行为矛盾，行为反应过敏或迟钝。

8. 人格完整、和谐

心理健康者有积极进取的人生观，需要、愿望、目标、行为统一，正直、热情、自信、勇敢。心理不健康者人生观消极、悲观失望，需要、愿望、目标、行为相互矛盾，冷漠、自卑、惧怕、自私。

三、心理健康的特点

1. 心理健康的状态具有相对性

一个人是否心理健康与一个人是否有不健康的心理和行为,并非完全是一回事。假如有这样一个情景:一位大学生,平时性格开朗,活泼大方,可近几个星期以来,他变得郁郁寡欢,常常精神恍惚,魂不守舍,以致学习成绩一落千丈,还常常半夜哭醒。他精神失常了吗?从表现看可以有这样的看法。但当我们得知不久前他相恋多年的女友不幸因车祸丧生时,我们认为他的表现是完全正常的。可见,人的心理健康具有相对性,与人们所处的时代、环境、年龄及文化背景等方面的因素有关,所以不能仅仅从一种行为或者一种偶然的行为来判断他人或自己心理是否健康。

2. 心理健康的状态具有连续性

人的心理健康水平可分为不同的等级,"心理健康"与"心理不健康"不是泾渭分明的对立面,而是一种连续或交叉的状态。从良好的心理健康状态到严重的心理疾病是渐进的、连续的,异常心理与正常心理,变态心理与常态心理之间没有绝对的界限,只有程度的差异。

长期以来,人们习惯于将人的心理健康看作黑白分明的事情。要么你是正常的人,无论你的思想与行为有多大的变态与异常现象;要么你就是个疯子,无论你的疾患有多大的好转。这种观点将人的精神正常与否看作简单的质差,忽视了正常人与精神病患者的巨大量差的变化。

事实上,在人的心理健康上存在着一个广泛的灰色区域。具体地说,如果将人的精神健康比作白色,精神不健康比作黑色,那么,在白色和黑色之间存在着一个巨大的缓冲区域——灰色区,世间大多数人的精神状况都散落在这一灰色区域内。换言之,灰色区可谓是人非器质性精神痛苦的总和,其中包括了人的心理不平衡、情绪障碍及变态人格。这些问题不同程度地干扰了人们的正常生活与情绪状态。

灰色区又进一步划分为浅灰色区和深灰色区。处在浅灰色区的人只有心理冲突而无人格变态,其突出表现为由失恋、丧亲、夫妻纠纷、家庭不和、工作不顺心及人际关系不佳等生活矛盾而带来的心理不平衡和精神压抑。处于深灰色区的人则患有种种异常人格和神经症,例如强迫症、焦虑症、癔症、性倒错等。浅灰色区和深灰色区也无明显界限,后者往往包含了前者,如图13-1所示。

3. 心理健康的状态具有可逆性

如果我们不注意心理保健,经常出现不良的心理状态,那么心理健康水平就会下降,甚至出现心理变态和心理疾病。反过来,如果心理有了困扰或出现失衡时,学会及时自我调整和寻求心理咨询的帮助,就会很快解除烦恼,恢复健康的心理。

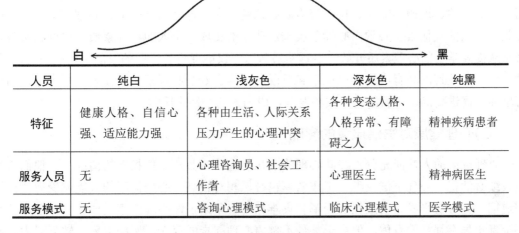

图 13-1 心理健康图示

4. 心理健康的状态具有动态性

心理健康的状态不是静止不变的,而是一个动态发展变化的过程。心理健康的水平会随着个人的成长、经验的积累、环境的改变,以及自我保健意识的发展而发生变化。

四、心理健康的意义

生理健康与心理健康固然都很重要,但比较起来,心理健康对人的生活及人类社会的发展有着更为深远的意义。

(一)心理健康对生理健康的影响

心理健康与身体健康是密切相关、互为影响的。心理健康可促进身体健康,身体健康又能促进心理健康,只有两者都得到健康发展,才是高水平的全面健康,才有可能激发自身其他的潜在能力。早在古代,我国医学经典《黄帝内经》就揭示了心理对身体健康的影响:"大怒伤肝,暴喜伤心,思虑伤脾,悲忧伤肺,惊恐伤肾。"近代医学更明确提出心身疾病的概念。它是指心理因素在其发生、发展、治疗和预防方面起着重要作用的一类躯体疾病,主要包括冠心病、原发性高血压、支气管哮喘、溃疡性肠胃病、神经性皮炎、类风湿关节炎以及疼痛综合征等。现代研究证明,长期情绪不良会导致人体免疫功能下降,使人容易生病。感冒、肝炎,甚至癌症等疾病都与心理因素有关。处于青少年时期的学生,正是身心发展的重要时期,心理因素对他们的发展影响巨大。研究发现,不良的情绪环境会抑制青少年生长激素的分泌而影响身高;紧张焦虑会加重青春期高血压倾向和痤疮、粉刺的发生率;神经性厌食会引起女青年闭经。因此,心理健康无疑对青少年的身心发展具有十分重要的影响。

(二)心理健康对素质教育的影响

心理健康的人不但具有良好的心理素质,而且还对其他素质的形成起到促进的作用。

一个心理健康的人具有良好的心理素质能自知、自爱、自制，能够从容地适应社会环境。而良好的政治、道德、文化、技能等素质必须建立在心理素质基础上。心理素质好比是一种载体，人的其他素质必须由心理素质来承载才能变成一个人的良好素质。搞好素质教育必须从提高学生的心理素质开始。心理素质教育不仅能促进各方面的发展，还能使德、智、体、美、劳五育的教育成果得以稳定和巩固。因为良好的心理素质能使人从根本上提高思想境界，促进高尚道德品质的形成和发展，成为人的个性素质。

(三)心理健康对生活质量的影响

心理健康的人，能充分发挥其心理的潜在能量，在其他条件相当的情况下，他们的学习成绩必然优于心理不健康者，工作效率也必然相对较高。心理健康的人能够受得住挫折和逆境，并容易平稳地度过社会变革和灾难。对青年来说，心理健康是成才立业之本。有不少青年虽有强壮的身体，但由于某种不健康心理因素的存在，例如自卑、缺乏毅力，最终落得个庸庸碌碌、虚度一生的结局。而另有一些青年，即使疾病缠身，严重残疾，但由于心理健康，能以乐观的态度、惊人的毅力，用心血与汗水赢得事业上的巨大成功，博得人们的尊重与钦佩。可见心理健康对人的学习、工作、生活具有直接的影响。

(四)心理健康对人际关系的影响

青少年期是人际关系发生重大变化的时期。一方面青少年仍维系着与父母、老师等成人的纵向人际关系，另一方面又大大开拓了与同龄人的横向人际关系。人际交往成为青少年生活中的一大需要，并直接影响青少年的社会化过程。然而，人际关系是人与人之间直接的心理关系，反映了人与人之间的心理距离，也受到一个人心理健康状况的影响。心理学研究表明，在集体中受欢迎的人的个性品质，恰恰与心理健康的标准相一致，而集体中受人排斥的人的个性品质，恰恰与心理健康的标准相悖。研究还证实，有心理障碍的中小学生，无论与父母、老师的关系，还是与兄妹、同学的关系，都远不如心理健康正常的学生。

第二节 青少年心理异常的表现及原因

一、常见的心理异常表现

心理健康的反面是心理病态或称心理异常。严重的心理异常，即各种类型的精神病。轻度的心理异常是指心理障碍。青少年正处在人生的转折点上，容易发生心理行为偏离，但青春期的特点又决定了他们所发生的心理异常现象有其特有的症状表现。青少年常见的心理行为异常表现主要有以下几种。

(一)脑功能轻微失调

脑功能轻微失调是学龄期常见的心理功能障碍，是指智力正常的儿童存在不同程度的学习困难，存在与实际年龄不相符合的注意力涣散、活动过多和冲动任性现象，故而又称儿童多动症。国内外多数报道患病率为1.5%～10%，男孩比女孩多4～9倍。

儿童多动症的核心症状有3种。①活动过多。患儿似乎有无穷的精力，坐不住、说不止、手脚不停，不显疲劳，而且其多动行为常常不分场合，上课时也不停地做小动作，例如敲桌子、吹口哨等。②注意力涣散。环境中任何视、听刺激均可干扰他的注意力，使之分心；注意力集中时间短暂，做事常常有始无终，上课不能坚持认真听讲，做作业时不能全神贯注，而是一心数用。③冲动任性。其自制能力明显低于同龄儿童，遇事不假思索就行动，学习、做事缺乏条理性。他们对挫折的耐受力差，不能控制自己的情绪，易激动、好发脾气，常常无事生非，常有伤人和自伤行为。约1/4患儿发生过反社会行为，例如好斗、偷窃、破坏、纵火和行凶伤人等。

多动行为问题最严重的时间是7～14岁。进入青春期后，甚至不需治疗，其多动行为也会大大减少，但仍有不安静、易激动、冲动、注意力难集中、学习成绩差、自尊心弱、抑郁及易灰心等症状，可持续数年甚至到成年。

多动症的致因很复杂，或由脑结构病理引起，或因紧张的环境刺激和情绪矛盾引起，或由遗传造成，还有一些未明原因。但不管是什么原因造成的，都影响到了儿童个体的学习和生活，而且还给家长和学校带来管理上的许多麻烦，更重要的是影响到了他们未来的发展和生活。因此，必须及早给予综合治疗。首先应明确多动症不同于一般的"淘气"，它属于病态。父母和老师不能歧视、责骂患多动症的青少年，更不应在精神上施加压力，而需要更加关心和爱护，对他们的学习和生活更加关照，讲究教育方式。必要时可以改变一下这类青少年的环境，减少刺激性，同时进行适当的药物治疗，以提高其注意力，控制其冲动行为。大部分患儿可在短期内取得较好的疗效。

(二)焦虑症

焦虑症是青少年时期常见的一种情绪障碍，是指持续性精神紧张或发作性惊恐状态，但并非由实际威胁所引起；其紧张惊恐程度与现实事件很不相称。常伴有明显的植物神经系统功能的紊乱。

众所周知，适度的紧张焦虑会形成紧迫感、义务感和责任感，有利于学生自觉地学习。过度的紧张焦虑就成了学习的阻力。例如有的学生一临近考试就出现各种躯体症状：发烧、头痛、头晕、腹泻及感冒等；还有的学生考试时心慌意乱、情绪干扰严重，根本考不出自己应有的水平。这类青少年往往对外界事物的反应过分敏感、多虑、缺乏自信心，常因一些小事而过度焦虑、烦躁不安、担心害怕。他们平时表现温顺、守纪律、克制力强、自尊心强，对待学习常常十分严肃认真，老担心考试成绩不好。在新环境中，他们又常因怕处理不好人际关系而惶惶然不可终日，并常伴有头昏、胸闷、心悸、乏力、呼吸困难、食欲不振、多汗、尿频、口干、运动性不安、做噩梦和多梦话等身心症状。

焦虑症的产生往往是由于家长和教师过分追求考试分数的名次，给学生造成了沉重的心理压力，使学生形成不良的条件反射所致。因此，治疗焦虑症的首要问题是家长和教师改变对青少年的不合理要求，改善青少年的成长环境和教育方式，根据其不同的年龄、智力水平等，给予恰当的要求，既不溺爱，也不苛求。

(三)强迫症

强迫症是一种以强迫观念、强迫冲动和强迫动作为主要表现的神经症。患者能意识到这些症状的不合理、不必要，但又不能控制和摆脱，深为焦虑和不安。中学生存在强迫症状的人较多，在一项调查中发现，在 SCL-90 中的强迫因子上，达中等水平以上的初中生占 3.59%，高中生占 9.05%。

强迫症有很多表现，例如强迫观念、强迫行为、强迫意向等。强迫观念就是在头脑中没完没了地考虑一个问题，甚至是毫无意义的问题。例如，1+1 为什么等于 2、先有鸡还是先有蛋等。强迫意向是指人总感到有一种强烈的冲动，却不直接转化为行动，但病人感到强烈的不安，担心自己意志失控。例如，担心自己去银行抢钱、担心自己打自己的头等。强迫行为指常常强迫自己重复一些仪式性的动作，如果不做心里就不安。例如有的人反复洗手，总担心手上沾满了病毒；有的人早晨起床穿衣时必须遵循一定的顺序，一旦哪一步骤没有按照顺序做，就要把衣服脱掉，重新躺在被窝里，一切从头开始。

强迫症与一定的人格的特点有密切关系。临床研究发现，一个内向、认真、追求完美、对自己和别人都有严格要求的人，当他在生活中遇到困难和挫折时容易诱发强迫症。对青少年来说，学习压力过大、学习负担过重、家庭生活的不幸、父母不良的教养方式都可能是强迫症的诱发因素。

强迫症的治疗以心理治疗为主，其中认知疗法、注意力转移法、系统脱敏法均对其有一定疗效。

(四)恐怖症

恐怖症是指对某种并非实际存在的危险事物或情境怀有一种过度而持久的恐惧，常伴有广泛性恐惧或引起惊恐发作，从而产生的回避行为。在儿童和青少年中，较为突出的是学校恐怖症。这些学生对学校产生强烈的惧怕心理而拒绝上学。他们或哭闹着要求与家人在一起，甚至宁愿自己一个人待在家中，或称病以逃避上学，而此时他们的确常常出现头痛、腹痛、恶心及呕吐等症状。即使勉强被送到学校，他们也会哭闹不止、大发脾气，生理症状加重，而一旦回到家中，这些症状就会很快消失。对多数患儿来说，学校恐怖症是多种焦虑共同作用的结果，例如害怕与亲人特别是母亲分离(分离焦虑)；因教师态度粗暴而怕教师(权威焦虑)；怕被叫起来回答问题或背书(课堂提问焦虑)；学习成绩不好而不好意思见人(成绩焦虑)，以及其懦弱、缺乏独立性的性格特点等。而其生理不良症状则完全是由于紧张、焦虑影响肠胃系统和身体其他器官的功能所造成。

学校恐怖症在青少年中颇为多见，有 1/5 的人至少有轻度的症状，很少一部分青少年患有严重的学校恐怖症。虽然这类学生也拒绝上学或逃避上学，但与一般的逃学不同：逃学主要是指能到校而不到，偷懒休息和旷课。而学校恐怖症患者仅是由于心理上的原因而讨厌上学，他们处于明知应该去上学又不愿去的矛盾状态中，若处理不及时或不恰当，可引起学习障碍和社会适应障碍。

治疗学校恐怖症一般应包括以下步骤：①对患儿做病理检查，排除生理性疾病的可能；②家长应毫不迟疑地将其送回学校，并同教师取得联系、密切合作；③学校、班级应创造良好的环境气氛,改善师生及同学间的关系;④引导、帮助患儿克服消极的影响,并及时给予鼓励,使之有更多的成功体验。当然,较为严重的情形需要采用系统脱敏的疗法逐渐摆脱恐怖。

(五)癔症(歇斯底里)

癔症可能在少年期发生,但多发生于青壮年期(16~35岁),患者以女性多见。患者多具有易受暗示、情绪反应强烈且很不稳定、常常感情用事和"自我中心"等性格特征,因此,常在不良性格的基础上,由于明显的精神刺激和不良暗示而引起感觉与运动机能障碍、自主神经系统机能失调与心理异常。但癔症大都没有器质性损害的基础,而纯属功能失调性质,而且可因暗示而发生、发展或维持,也可因恰当治疗而迅速康复。

癔症的表现多种多样,大体上可概括为两种。一种为分离性癔症,以强烈的心理因素引起的情感爆发或意识改变等精神障碍为其基本特征,例如癔症性遗忘、神游症及多重人格等,这类症状在青少年期甚为少见。第二种是转换性癔症,主要是指持续的情绪应激和紧张使心理焦虑转换成一些没有任何器质病变基础的躯体症状,其中以神经系统的症状最为常见,例如头痛、抽搐、感觉缺乏、瘫痪、失聪及失明等。又如,有个小女孩目睹了一场油车爆炸事故,看到了许多人被活活烧死和烧伤的悲惨景象,从此以后她的眼瞎了。这是一种典型的心理转换反应症,也可能是一种防卫机制,即她似乎想抹去目击的可怕场面,又似乎企图避免再看到类似的场面。

值得注意的是,由于青少年对癔症不了解,易产生恐惧感,形成沉重的心理负担;再加上暗示或自我暗示的作用,在一定场合下会发生感染,形成集体发作。例如某中学,一位14岁女生在早操时因受到男同学的辱骂而心情不畅,回到教室后感到胸闷、憋气,随后四肢麻木、不能行走,经校医针刺治疗后病情缓解,但在上第二节课时又发生上述症状。此时,班上另一位女同学也发生同类症状。第三天,该班又有两个女生发病,第四天有三个女生发病,第五天有6个女生发病。这样,五天内该班共有13个女生发病,占全班女生的一半。学校对病因进行分析,认为与学习负担过重、频繁考试而引起的情绪紧张有关。

对癔症进行防治,首先要对患者进行安慰、鼓励,避免进一步的心理刺激。其次,向学生介绍有关知识,减少神秘感。再次,帮助学生认清、改造自己的不良性格,减少发病机会。另外,还要指导他们以正确的态度对待现实,调整、改善人际关系。在具体的心理治疗中,对癔症有突出疗效的是暗示治疗。

(六)抑郁症与自杀

抑郁症是以情感障碍为主要特征的一种精神疾病。可以概括为两类:一是内源性抑郁症(由于体内生理机能失常而引起的抑郁,常无明显外界诱因,躯体症状十分明显);二是心因性抑郁症(主要是由强烈的精神创伤或持久的精神压力引起,病前常有心理、社会的应激,躯体症状相对不明显)。但不管是哪一种抑郁症,大都表现出以下基本症状。①情绪方面。情绪消沉、抑郁、沮丧;对周围事物不感兴趣,对于日常生活和各种活动都感到毫无意义而退缩，甚至对自己以往最喜爱的活动也不愿参加，常因感到前途渺茫而悲观厌世。②思维方面。思维过程往往很缓慢，以致影响言语速度，且往往有长时间的沉默。总是自责自罪，把过去的一般缺点、错误夸大成不可饶恕的罪行而要求处理自己。或对生活毫无自信，觉得自己无能，是社会的累赘；或对未来总是预测为最坏的前景，因而感到孤立无助，似乎生命已到了尽头，活着毫无意义，不如以死为解脱。而这些往往是抑郁病人消极自尽的根源所在。③动作方面。动作迟钝，自发动作很少，严重者甚至会长时间独坐一隅，纹丝不动。另外，他们还可能表现出多种躯体症状，例如睡眠障碍、食欲减退、疲乏无力、头痛胃痛及月经失调等。

抑郁症是青少年期最常见的一种心理障碍，且多见于女性。其致病因素很多，例如遗传和童年经历、人格因素、躯体疾病及社会心理因素等，其中最为重要的是精神因素(包括人际关系紧张、恋爱婚姻失败、升学就业受阻以及亲友亡故、意外天灾人祸等)。因此，心理治疗是主要的治病手段，而以安慰、鼓励、解释为主，可配合转移环境，去除病前心理因素。解决抑郁症的具体措施为：尽量多鼓励他们参加集体活动，尤其是文体娱乐活动，以增强其适应能力；给学生提供体验各种情绪反应的机会，尤其是多创造积极、愉快的情绪体验；帮助学生分析成功与失败的原因，恢复其对人的信任，引导学生从光明面看待生活；对他们热情诚恳，多给以鼓励和表扬，使之建立自信心。

青少年自杀已成为当今世界各国普遍高度重视的问题，这不仅是由于自杀是青少年死亡的最主要原因之一，而且近年来有明显上升的趋势。无论是美国还是日本，自杀在15～21岁年龄阶段中是死亡的第二位原因，而我国的自杀者中35岁以下的占70%～80%。加拿大政府一项研究表明，年轻一代越来越苦于心情抑郁和其他种种心理问题。在18～19岁的加拿大人中，约有37%表现出不堪忍受生活压力的迹象，比总人口中26%的比例高出11个百分点。在15～19岁的年轻的女性中，有8%～9%的人感到心情抑郁。由于种种心理问题，青年中采取冒险行为的人在增加，自杀率也上升至每十万人中有18.5例。

自杀的原因多种多样，但大多数学者都认为：自杀者多数都有心理冲突或心理异常问题。其中，抑郁症是一个最重要的原因。一些研究结果表明，自杀者常有原发或继发性抑郁症的病史，约1/4的抑郁病人企图自杀。许多人认为，紧张焦虑和悲观失望是青少年产生自杀念头的最重要的心理因素。因为青少年的心理特征决定了他们有的不能建立稳固的信仰和人生观，其内心世界也很不稳定，他们往往幼稚、偏激地观察社会、对待人生，当理想与现实一旦发生剧烈矛盾或自己遇到严重挫折时，他们中的有些人便感到前途渺茫、人生暗淡，从而产生厌世情绪，结果就导致自杀。特别是情绪状态偏抑郁、低沉而又内向的女性青少年，自杀的可能性最大。青少年自杀的原因有些比较复杂，但有些却简单得惊人，例如某个成绩优秀的学生在百科知识竞赛中发现自己对许多问题一无所知，在听音乐会时又发现自己对音乐一窍不通，感慨之余，留下遗书自杀了。

一般说来，青少年自杀前总有种种异常表现，或是过度抑郁及抑郁得突然解脱，或是时常流露出强烈的罪恶感和自卑感，或是在言谈中流露出某种绝望和自杀的企图，或是表露出对亲友的依依不舍似要远别的情绪等。家长和教师在发现他们有类似的异常表现时，要及时采取措施开导他们，打消其自杀的念头，并留心防止发生意外事故。其实，青少年的本质特征是乐观向上的，自杀只不过是一时的企图，只要我们及时地关注，帮助他们解除心理危机，他们是会健康成长的。

(七)神经衰弱

神经衰弱是指精神容易兴奋和脑力容易疲劳，常伴有情绪烦恼和一些心理、生理症状的神经性障碍。此病在青少年学生中最为常见，一般始发于初中，但高中生的发病率又高于初中生，男女两性间无明显差别。

此病多是由于某些长期存在的精神因素引起脑机能活动过度紧张而产生的神经精神活动能力的减弱。其基本症状有 3 个。①脑衰弱，即精神活动能力下降。患者注意力分散，特别是有意注意减弱，记忆力明显减退，体力和脑力均易疲劳，学习、工作不能持久，效率明显降低。②兴奋性增高。患者神经容易兴奋，对情绪的控制能力差，易激动，好伤感，情感反应强烈但不能持久；既对机体感觉过敏、有疑病倾向，又表现出对外界刺激的过敏，例如怕光、怕声高；情绪紧张，觉得生活压力太大、过度紧张而无法松弛下来。③心理、生理功能紊乱。以睡眠障碍(入睡困难、浅睡多梦、睡不解乏等)和肌肉紧张性疼痛(头颈部感觉僵硬胀痛、头痛、头晕等)为主，还表现在自主神经功能失调，出现心悸、多汗、胸闷、食欲不振、消化不良及月经不调等症状。

神经衰弱是青少年学习的大敌，而且随着升学、就业竞争的加剧，其发病率会更高，因此，我们切不可忽视。那么，如何治疗此症呢？首先，应从心理上消除对神经衰弱的恐惧，明确它不过是由于大脑皮层长期紧张、过度兴奋而造成的高级神经活动功能紊乱，是完全可以恢复正常的。其次，寻找病因、对症下药，或解除某种心理压力、释放精神紧张，或妥善安排学习和生活，劳逸结合以避免因劳累过度而造成神经衰弱。另外，症状严重时，还应辅以一定的药物治疗。

二、心理不健康的机理

究竟什么原因导致人的心理疾病？怎样认识心理因素在人类健康中的作用和机理？目前，心理学中有许多理论观点，都企图从各自的哲学观点、行为学观点、社会学观点去观察和解释影响心理健康的机理。其中最有影响、最重要的理论观点是：精神分析理论、行为主义理论、人本主义理论和认知主义理论。

(一)精神分析理论关于心理健康的机理

精神分析理论的创始人弗洛伊德在医学实践中发现，精神创伤是引起精神疾病的主要原因。他主张用精神分析方法来挖掘心理不健康的人被压抑到潜意识中的心理矛盾，以此来治疗人的心理疾病，改善人的心理健康状况。

1. 潜意识决定论

弗洛伊德认为：人的心理好似漂浮在大海上的一座冰山，人们所能觉察到的意识活动只不过是露出海面的一小部分，潜藏在海平面下的那一大部分则是人的潜意识。发生在很久以前曾引起过情感强烈波动的一些生活事件，表面上似乎被遗忘了，实际上并未从记忆中消失，只不过被压抑到潜意识中。与这些事件相伴随被压抑的情感并未善罢甘休，而是蠢蠢欲动，造成各种心理冲动，影响人的行为和心理健康，成为心理疾病的原因。这就是精神分析理论提出的"潜意识决定论"。弗洛伊德认为：潜意识不仅是人的正常活动的内驱力，而且也是人的一切心理问题、心理疾病产生的深层原因。正是病人意识不到的潜在的心理动力影响着他的外部行为，所以强迫症、恐惧症等神经症患者的表面荒谬不可理解的行为，实际上都有其"隐意"，只是自己觉察不到而已。通过心理医生与患者的自由交谈，找出他们潜意识中的"症结"使之意识化。这就像一个久猜不中的谜语，经心理医生的点化，患者得到领悟，症状随之消除，心理疾病也就好了。

2. 幼年情结决定论

弗洛伊德认为，心理不健康者是被压抑在潜意识中的幼年精神创伤、痛苦体验造成的。在弗洛伊德看来，幼儿也有某些非理性的生物冲动、本能欲望。这种非理性的念头、行为不被大人所允许，于是幼儿就把这种欲望压抑到潜意识中去形成情结。情结是指在潜意识层中夹有情感力量的一组观念。例如，弗洛伊德提出的"恋母情结"和"恋父情结"。

弗洛伊德采用自由联想、释梦等方法来改善和治疗由于心理因素致病的人，使其苦闷的情感通过发泄而获得改善。弗洛伊德强调心理因素在个体和环境相互关系中的作用，认为心理因素是导致人躯体失调和心理疾病的原因。但是，由于精神分析学派在解释人的心理健康和疾病机制上拿不出有力的科学证据，仅仅依靠逻辑推断，缺乏科学的实验数据，因而，精神分析理论的思辨和经验观点常成为科学实验者攻击的把柄。

(二)行为主义理论关于心理健康的机理

行为主义者从行为主义理论出发，对心理健康的机理提出了自己的观点。

1. 条件反射作用

行为主义者认为，一个人的异常行为或病态人格是个体在其过去的生活中，通过条件反射作用经学习强化过程而固定下来的。例如，华生很早就利用应答性条件作用做过一个实验。他曾使一个本来喜欢动物的11个月的男孩对白鼠产生恐惧的反应。其做法是每当这个男孩伸手去玩弄白鼠时，实验者就在他背后猛击铁棒。经过几次这样的结合之后，每当白鼠出现，这个男孩就会哭闹，出现惧怕的条件反射行为。此后进一步发现这个男孩的恐惧反应又泛化到其他白色有毛的动物上去了。原来他并不害怕白兔子、白狗、带有白毛的玩具等，现在看到后也发生了恐惧或消极的反应。另外，巴甫洛夫也曾观察到：如果使狗学会看见椭圆形流唾液，而看到圆时不流唾液，以后把椭圆逐渐变圆，使椭圆越来越接近正圆形，狗就发生辨认困难，此时狗竟会精神紊乱，出现狂吠、哀鸣、撕咬仪器等行为。巴甫洛夫认为，这是狗发生了"神经症"症状。

由于早期的行为主义过分强调了人的行为习得以及行为异常的原因是条件反射，是被动学习的结果，因此，新行为主义学者斯金纳提出了操作条件反射的原理。斯金纳认为，一些心理异常者及病态行为、精神疾病都是通过操作性条件作用获得的，都是强化的结果。

在心理不健康者中，包括强迫症、疑病症和癔病症等许多补偿性症状都是通过想象(即某种心理上的满足)来获得的例子。在斯金纳看来，不良的强化作用往往是各种不良行为、异常行为发生的根源。因而，积极的、良好的强化作用就可以成为改变各种不良行为的有效的心理治疗技术。

2. 社会模仿

20 世纪 60 年代，美国心理学家班杜拉通过大量的实验研究指出，人类大量的行为都是通过模仿而习得的，因此他提出了社会学习的理论。他认为人的不良行为、心理疾病也常常通过这一方式形成。例如，儿童看到成人或电视中的攻击行为，自己就会变得富有攻击性；疑病症的儿童多来自特别关注疾病的家庭等。即模仿能够有助于人学会很多重要的行为，但也可能会在习得变态行为中起作用。例如，反社会行为(杀人、吸毒、盗窃、酗酒和吸烟等)往往是大脑高级神经的自觉或不自觉地学习的结果。

总之，行为主义理论关于心理不健康的机理认为，行为是通过后天的学习获得的，是通过各种强化过程固定下来的。不健康的心理行为是在不良的环境条件影响下某种不适当的学习的结果。通过发现和改变不利的环境条件，采取一定的教育、强化、训练等心理辅导和咨询的措施，即经过有目的、有系统的训练和学习，就可以改变、矫正或治疗人的不良行为。与此理论有关的改变不健康心理的技术有系统脱敏法、行为塑造法、示范疗法、厌恶疗法、生物反馈法及松弛疗法等。

(三)人本主义理论关于心理健康的机理

人本主义的代表人物罗杰斯认为，一个人出生后就具有许多发展的潜能，只要环境适宜，这些潜能就会被发挥出来。反之，这些自我实现的趋势、潜能得不到发展或向歪曲的方面发展，就会产生心理障碍、人格异常等。心理失去平衡的人，往往是由于自我实现和自我完善的趋势受到冲击和压制，使自我发展受到阻碍，从而产生一种心理上的危机感。例如，一位男性大学生，22 岁，情绪低落、自卑，对生活失去信心。一年前，该患者因不适应大学紧张的学习和生活，逐渐产生抑郁情绪，伴有失眠、头痛和记忆力下降。后因学习成绩下降而产生明显的自卑感。平时易心烦、焦虑，人际关系紧张，对学习缺乏信心、产生绝望，曾有强烈的自杀念头……通过详细询问，了解到患者从小生活在农村，但自小学到高中一直是学校中的尖子学生。这样便产生了矛盾心理，一方面很高傲，觉得自己能力超群，没有什么事情做不到；而另一方面，又因为出身于农民家庭有一种自卑感。自从考上重点大学后，发现实际情况并非像自己所想象的那样，自己在全班的学习成绩很一般，没有人羡慕他，反而因为他的出身和农村口音受到别人的歧视。这些状况导致该学生发生了心理疾病。显然是自我实现的趋势受到环境的影响和抑制，导致适应上的不良，最终产生心理健康上的严重问题。通过使用人本主义以来访者为中心的治疗方法，终于使该学生改变了自我认识，能够主动去适应环境。

人本主义心理学还认为，人的最高理想的实现倾向就是自我实现，这是自我与自我概念完全一致的情况。自我概念乃是一个人对自己的认识和知觉。这个自我概念是通过与环境，特别是与其他人对自己的评价相互作用后逐步建立起来的。自我概念特别刻板的人，在适应新环境方面容易遇到困难。以来访者为中心的治疗过程是通过建立良好的咨询关系，减轻来访者的内心压力，使其不至于歪曲或拒绝与自我概念不一致的体验。

(四)认知主义理论关于心理健康的机理

认知主义理论流派对心理健康问题卓有研究成果的心理学家，首推贝克和艾利斯。贝克认为，心理问题不一定都是由神秘的、不可抗拒的力量所产生；相反，它可以从平常的事件中产生。例如，错误的学习，依据片面的或不正确的信息作出错误的推论，以及像不能妥善地区分现实与理想之间的差别等。他提出，每个人的情感和行为在很大程度上是由其自身认识世界、处事方法所决定的。

认知主义理论认为心理不健康的关键在于人的非理性观念。认知观念上的错误导致人的心理问题、心理疾病。贝克论证说，抑郁症病人往往由于作出逻辑判断上的错误而变得抑郁；歪曲事情原有含义而自我谴责；一件在通常情况下很小的事情(比如，饮料溅出会被他看成生活完全绝望的表现)。

认知主义理论认为，导致心理问题产生的非理性观念有下列三个特征。

(1) 要求绝对化。这是非理性观念中最常见的一个特征，是指从自己的主观愿望出发，认为某一件事必定会发生或不会发生，常常使用"必须"或"应该"的字眼。然而客观事物的发生往往不以个人的主观意志为转移，常出乎个人的意料。因此，怀有这种看法或观念的人极易陷入心理上的困惑。

(2) 过分概括化。即对事件的评价以偏概全，常常凭一件事的结果好坏来评价自己的价值。其结果常导致自暴自弃、自责自罪，认为自己一无是处、一文不值而产生焦虑抑郁情绪。对别人也是非理性评价，别人稍有差错，就认为他很坏，一无是处，其结果导致一味责备他人，并产生敌意和愤怒情绪。

(3) 糟糕透顶。认为事件的发生会导致非常可怕或灾难性的后果。这种非理性观念常使个体陷入羞愧、焦虑、抑郁、悲观、绝望、不安、极端痛苦的情绪体验中而不能自拔。这种糟糕透顶的想法常常与个体对己、对人、对周围环境事物的要求绝对化相联系。

上述三个非理性观念的特征造成了人的心理问题、心理疾病的产生。因此，认知主义理论的心理治疗技术的重点是，以理性治疗非理性，帮助患者改变其认知；用理性思维的方式来替代非理性思维方式，最大限度地减少由非理性观念带来的心理问题、心理障碍及心理疾病。认知主义理论的主要咨询方法有贝克的认知指导法和艾利斯的合理情绪疗法。

三、影响心理健康的因素

心理健康在某种程度上受很多因素的影响，归纳起来包括生物因素、环境因素、主观因素。

(一)生物因素

生物因素包括人体素质、内分泌腺体活动、生理病变等；母体怀孕期间的情绪、药物、营养等因素；分娩过程中出现的早产、难产窒息等异常情况。

对心理健康影响最大的生物因素是一个人的神经系统类型特点。人的高级神经活动过程具有强度、平衡性和灵活性三个基本特征。强度是指神经系统所能承担的工作能力，强度高的神经系统能承受较繁重的较长时间的负荷，而强度弱的神经系统却不能，在同样的负荷下，易发生心理障碍。平衡是指神经活动过程的兴奋与抑制的力量对比，若力量相当，是平衡的；若一方占优势，则是不平衡的。不平衡的，易发生过度兴奋或抑制方面的障碍。灵活性是指兴奋与抑制的变换速度。变换快为灵活，反之为不灵活。不灵活，易发生刻板、固执等心理障碍。比如，胆汁质的人易发生冲动性、激惹性方面的心理障碍，而抑郁质的人易发生孤独、自卑的心理障碍。

对心理健康影响较大的另一个生物因素是内分泌活动。青春期是内分泌腺体活动加剧、激素分泌旺盛的阶段，某一种腺体活动失调会影响青年人的心理活动。例如甲状腺体功能亢进者，神经系统兴奋性增高，易激动、紧张、烦躁、多语及失眠等。又如，肾上腺功能发达的人，情绪易于兴奋、激动，而功能不足的，则易抑郁、疲劳、缺乏工作兴趣。脑垂体功能过剩，会表现出淡漠无情、注意力易分散、语言迟缓、健忘；脑垂体功能不足，则会延缓身心发展。

青春期的性发育也是影响青年人心理健康的一个不可忽视的因素。性发育给青少年带来最初的性生理和性心理冲击。例如女子的月经和男子的遗精，往往使一些缺乏性知识的青年产生羞耻感、罪恶感、焦虑、烦恼甚至恐慌，如果不正确处理，就会造成将来的性心理障碍。而青少年的体格发育的特点，例如过高、过矮、过胖、过瘦、发育时间的早晚等都会引起青少年不良的心理反应。

近来研究还发现，母亲怀孕时的情绪、分娩状况也会对小孩后天的心理健康产生影响。当母体产生情绪活动时，自主神经系统激活了内分泌腺，使其分泌的激素直接注入血液，使母亲产生许多我们在情绪活动状态不可发现的特征。同时，这些激素通过脐带传递给胎儿，使胎儿身上也产生相应的情绪特征。追踪研究发现，因母亲怀孕期间长期高度情绪扰乱，而导致胎儿自主活动水平高，出生后适应环境比其他胎儿困难。他们一般多动、贪吃、哭闹和不安，并且这种影响是长期的。另有研究表明，早产儿和分娩时缺氧的婴儿，更可能有情绪和智能上的问题。

此外，身体疾病和营养状况也会产生不同的影响。例如，身体不适会引起焦虑，某些疾病会导致神经系统紊乱，产生心理障碍。高碳水化合物、高糖分食物的大量饮用，易引起疲劳、抑郁等。如果每天饮用较多的咖啡，就容易神经过敏、失眠，易激动及心悸等。

(二)环境因素

环境因素对人的心理健康起着决定作用。环境因素主要指家庭、学校、社会生产方式等方面对人的心理健康的影响。

1. 家庭因素

对青少年心理健康影响最大的环境因素是家庭。其中父母对待子女的态度最关键。埃利克森指出，如果个体没有得到父母的细心关怀，而遭受忽视、抛弃、敌视，他们长大后不信任别人，不信任周围环境，尤其是不信任自己的能力。他们会感受到持续不断的焦虑并产生神经官能症的精神防御症状，他们将用这种方式去应对他们所看到的世界。弗洛姆也指出，如果个体被父母多年错误对待，他们将变得懦弱；长大成人后将变得焦虑和脾气变化无常，其结果就形成神经官能症的性格结构。另外，家庭正常结构的破坏，例如父母不和、离异、继父(母)虐待，以及亲人死亡等，往往使青少年失去良好的家庭教育和家庭温暖，备受精神折磨，而造成心理创伤，形成心理异常。

2. 学校因素

对青少年心理健康影响较大的另一个环境因素是学校。当前学校教育中最突出的问题是片面追求升学率，增加学生负担，加剧竞争气氛，造成青少年学生的紧张、压抑乃至厌学和对抗情绪，影响了他们的心理健康。我国心理学工作者调查发现，在每天花费 3 个小时完成学校规定的家庭作业的学生中，有心理健康问题的所占的百分比为 17.68%，明显高于一般学生的 5.96%；在家长还要布置额外作业的学生中，有心理健康问题的高达 38.67%。其次，一些不正确的教育措施也严重影响学生的身心健康。例如某些经济制裁手段(一切违规行为均以罚款为解决手段)扭曲了学生的心灵。至于教师的教育方法，对学生的影响也十分显著。有的教师不了解学生心理而采用简单化、一般化的，甚至惩罚性的教育方法来处理学生问题，使他们感到极大的委屈、沮丧、愤恨，由此导致学生心理失调、精神失常甚至出现自杀的情况。

3. 社会因素

社会的变化、生活节奏、社会风气等也是影响青少年心理健康的不可忽视的因素。随着社会竞争意识增强，生活节奏加快，人的心理压力也在逐渐加大。根据统计，心理障碍发生率，发达国家比第三世界高，先进地区比落后地区高，城市比农村高。美国未来学家威廉斯曾说，今后 30 年的变化在规模上可能等于过去 2~3 个世纪的变化，一部分人感到难以适应未来世界的变化而产生心理危机和心理不适应。这种情况对青年提出更严峻的挑战，因为他们不仅要适应时代的变迁，还要适应自身的发展。

4. 其他因素

一些重大的生活事件也是个体心理障碍产生的诱发因素。这些重大事件包括升学、转学、考试、职业选择、工作调动、恋爱，以及亲人的生离死别。它们都要求青年人必须消耗相当多的精力去适应由此引起的生活环境的变化和某种情感上的冲击。无论它们是成功的还是受挫的，作为一种刺激都可能诱发心理障碍，影响青少年的心理健康。

(三)主观因素

人的理想、信念、世界观以及人的主观努力等因素，对人的心理健康也有不可低估的作用。人的主观因素对心理健康的影响，主要是指个人所具有的一定的个性品质。具有正确人生观、价值观的人，能够正确地看待社会、政治、人生、金钱及地位等问题。在千变万化、日新月异的现代社会生活中始终头脑清醒，具有明确的生活目标。即使在生活过程中遇到挫折和打击，也能在正确的世界观、价值观的指导下，克服障碍，化解烦恼，保持健康的心理状态。因此，我们应当在学校教育过程中，针对当前青少年容易产生的社会适应不良问题，采取适当方法，树立学生高尚的生活目标，培养学生远大的理想，树立坚定的信念，使其形成正确的人生观、价值观，这是使其保持心理健康不容忽视的重要因素。

第三节　青少年心理健康问题的特点与教育

一、青少年心理健康问题的特点

青少年时期是个体心理发展急剧变化的时期，也是心理问题的多发时期。由于他们缺乏必要的心理卫生知识和充分的心理准备，许多青少年会出现心理健康方面的问题。青少年时期产生的心理问题既不像儿童时期那样简单和幼稚，也不像成人时期那样复杂和固执。青少年时期心理健康问题有一定特殊性。

依恋关系.mp4

(一)隐匿性与突发性

青少年时期正是求学、升学的关键时期，家长与教师往往只关注他们学习上的问题、生活上的问题、身体健康问题，容易忽视他们的心理健康问题。青少年本身也存在同样的倾向，即使有的学生想了解心理卫生知识，也苦于无处求助。这种状况极易使青少年产生的心理健康问题被掩盖起来。当某一学生突然出现了难以理解的反常行为时，实际上他的心理问题已经隐匿了很长时间。例如，有一女生，平时性格内向，沉默寡言，就因为一次考试失败而自杀。这些偶然遇到重大挫折便有轻生想法的学生，其心理健康问题并不是某一个挫折所造成的，而是长期形成的对人生价值的错误理解，导致其对外部世界产生了认知上的障碍以及人格不健全。

(二)多元性与单一性

对于青少年群体来说，产生心理健康问题的因素很多，有身心发展不平衡导致的心理冲突，有心理发展滞后造成的社会适应不良，可以说，导致整个青少年群体产生心理健康问题的因素是多样化、多元性的。但是由于青少年正处于从不成熟到成熟的发展过程中，多方面的心理承受能力相对较弱，因此，对于某一个青少年来说，导致心理不健康的原因往往比较单一。比如，有的学生就是因长相不好看，而导致社会适应不良的孤僻人格。从这个角度看，引起青少年学生心理健康问题的原因比较单纯，只是家长、教师没有在早期引起足够的重视。只要教育者掌握一定的心理卫生、心理辅导方面的知识，平时加强观察，这些问题是不难发现的。

(三)无知性与盲目性

青少年学生对自己的心理特点以及自我心理保健方法往往知之甚少，或者处于漠然的状态。学校教育很长一段时期也忽视对学生心理健康的教育与辅导。这都使得青少年学生对心理问题、心理卫生、心理咨询非常陌生，一旦他们产生心理问题往往不知如何处置，更谈不上用良好的自我保健方法来处理。即使有的学生从书本中、杂志上了解一星半点的有关信息，也大多是肤浅的、非系统的，甚至是错误的。有的学生产生了心理问题也不确定是不是心理上的问题，有的学生想求助于心理咨询人员，但不知道去哪儿求助。这样就更容易使学生产生各种心理健康上的问题。所以说，在一部分青少年身上，对心理健康的知识、对自我心理保健的方法表现得很无知和盲目。

二、加强对学生的心理健康教育

(一)教师应自觉增强心理辅导的意识

心理辅导是为了增进学生心理健康，克服成长过程中的心理困惑、心理障碍，充分挖掘个人潜能，形成完美和谐人格，从而给人提供心理帮助的过程。现代学校教育已将心理辅导作为一种全新的教育观念和教育模式纳入教书育人的工作之中，这将对学生的心理健康产生积极的影响。为此，教师本身必须自觉增强对学生进行心理辅导的意识。

1. 参与心理辅导是每一位教师的义务

有些人认为心理辅导是专职人员的事，与一般任课教师无关。这是一种错误的观点。学校教育要提高学生的心理素质，绝不是由一两位教师就能完成的工作。学生大量的心理困惑产生于各科学习的过程中，教师如果在学科教学中注意提高心理辅导的意识、融入心理辅导的内容，将有利于素质教育目标的全面实现。

2. 心理辅导是学校其他各科教育的基础和载体

开展和加强学校心理辅导，目的是提高学生的心理素质。学生的心理素质提高能为接受学校各科教育奠定良好的基础。心理素质是整个素质教育结构的重要组成部分，是其他素质教育的基础和载体。也就是说，实施学校心理辅导，不但可以帮助学生增强战胜心理上弱点的勇气，掌握有效控制心理活动与状态的方法，自觉地改善自身的心理素质，而且也为学生其他方面的素质培养准备了基础条件。

(二)教师应清晰认识心理辅导的范围

学校心理辅导虽然也涉及对家长的辅导、对教师的建议，但大量工作还是教师针对学生心理问题的辅导。根据我国青少年学生的实际情况，学校心理辅导范围主要包括以下四个方面。

1. 学习心理辅导

学习心理辅导着重对学生的学习动机、学习情绪、学习策略与技能进行指导和训练。例如，帮助学生了解自己的潜能，认识自己身体上、智力上、人格上的有利与不利之处，以便扬长避短，确立适合自己的学习目标；协助学生了解学习的社会意义与个人意义，培养探索求知的欲望，发展学科兴趣，使学生建立认真的、自觉的、自主的、富有创造性的学习态度；注重"学习方法的学习"，指导学生在学科学习中发展出一套适合于个人的独特的学习方法和策略。

2. 人格心理辅导

人格心理辅导主要解决学生身心发展的矛盾，以及个体在社会化发展中产生的自我意识、自我态度、自我控制和自我价值等方面的心理困惑。例如，帮助学生全面了解自我，尤其是要善于发现自己的长处，悦纳自我，同时也要正视和正确对待自己的不足，启发学生形成一套自己认同的有社会价值的人生目标，追求人生意义，追求人生理想，确立负责任的、积极进取而又乐观豁达的社会态度；引导学生学会自我控制，尤其是自我的情绪调控，以保持良好的情绪状态，去更好地适应社会环境；帮助学生掌握与老师、父母、同伴的沟通技能。

3. 生活心理辅导

生活心理辅导主要侧重于指导学生形成正确的生活习惯，正确地选择消费、休闲，以及应对生活中产生的问题。例如，指导学生养成整洁、有规律的生活习惯，培养生活自理能力，注重个人卫生与公共卫生，戒除各种不良的行为习惯；帮助学生了解休闲生活的意义，建立正确的休闲观念，增进休闲活动的兴趣，掌握休闲活动的知识技能，学会合理安排自己的休闲时间，引导学生树立正确的消费观念，形成合理的消费方式。此外，安全辅导、危机辅导、家庭生活辅导、学校团体生活辅导基本上也都可以归入生活辅导范围中。

4. 职业心理辅导

职业心理辅导旨在帮助学生在了解自己的能力、特长、兴趣与社会就职条件的基础上，进行职业的选择和准备，为今后顺利地踏上社会打下良好的基础。它主要包括升学指导和择业指导两方面，涉及专业选择、职业选择、就业心理准备、职业性向测定等内容。

(三)教师应全面掌握心理辅导的原则

教师在教书育人的工作中也应该全面掌握心理辅导的原则。主要包括以下几项。

1. 尊重与理解学生的原则

尊重与理解学生的原则要求教师与学生建立一种尊重、真诚、理解的关系。具体表现为教师要将学生看作能够相互平等交流、沟通的朋友；专心听取学生发表的意见，不要轻率地对学生的观点横加指责；与学生相互依赖、相互信任；对学生胸怀坦荡、真诚相见；能站在学生的立场上体会、认识学生的观念和行为。

2. 预防与发展相结合的原则

学校心理辅导兼有矫治、预防和发展三种功能或三个层次。发展功能是指协助学生树立有价值的生活目标，使学生认清自身的潜能和可以利用的社会资源，承担生活的责任，充分发挥个人潜能，过健康、充实、有意义的生活。预防功能是指帮助学生掌握有关知识和社会技能，使学生学会用有效的、合理的方式满足自己的需要，提高人际交往水平，学会应付由挫折、冲突、压力及紧张等带来的种种心理困扰，减轻痛苦、不适的体验，防止心理疾患的产生，保持正常的生活秩序与学习效率。矫治功能是指矫治学生不适应行为，清除或减轻少数学生身上存在的心理疾病，帮助学生排除或化解持续的心理紧张与各种情感冲突。从教师的角度来看，工作的方向应该是主动地通过适当的方式、方法引导学生的心理向着积极、健康的方向发展，而不是被动等待学生有了心理问题再去矫治。因此，教师应注重引导，加强预防，但也不忽视矫治。

3. 整体性发展原则

心理辅导追求学生人格的整体性发展。从社会价值取向看，它重视学生德、智、体全面发展。从满足学生自我完善的需求看，它注重学生知、情、意、行几方面协调发展。贯彻这一原则时，应树立学生全面发展的观念，不宜把心理辅导误解为单纯的心理学知识的传授。心理辅导应采用综合辅导的模式。

4. 集体与个别相结合的原则

心理辅导的主要任务不是矫治心理障碍，而是预防心理障碍的产生和追求人格的整体性发展。因此，它的主要服务对象是全体学生，它的主要形式是集体辅导。但是，由于每个学生的遗传、生活的环境和接受的教育有差异，导致了每个学生不同的个性特点。因而，心理辅导就要把每个学生看成是独特的、与众不同的个体。心理辅导的最终目的，不是要消除学生的差异，相反地要使每个学生的个性最充分、最完美地表现出来。为此，心理辅导在具体实施时又要充分注意到学生的这种个别差异，做到集体辅导与个别辅导相结合。

(四)教师应善于了解学生心理健康的状况

为了有针对性地开展学生心理辅导工作，教师必须及时了解学生的心理健康状况。不但要善于分析、了解全体学生共同存在的一些发展上容易产生的一般心理问题，而且要了解个别学生产生的特殊的心理问题。

1. 应注意平时的主动观察

观察是了解学生心理健康的最具体可行的方法。教师平时应主动用观察法来了解、发现学生心理问题的蛛丝马迹。例如，使用特别设计的学生心理观察卡，每隔一周或半月记录一次学生的心理健康状况，可及时发现问题，防患于未然。

2. 建立和利用学生的心理档案

一般情况下，班级教师可不必单独建立学生的心理档案，因为学校有专职心理辅导教师做这项工作。如果学校没有专职心理辅导教师，教师可以建立本班的学生心理档案。如果学校已经建立了学生的心理档案，教师应善于利用它来了解学生的心理健康状况。

3. 通过心理咨询及时发现和鉴别学生的心理障碍

教师在接待学生咨询的过程中应通过心理咨询及时发现学生心理障碍的征兆，为其及时得到专业人员的心理矫治创造条件。

(五)教师应积极运用心理辅导的方法

(1) 个别心理辅导。它是教师通过与学生一对一的沟通来帮助学生的方法。比较常用的做法有个别交流、电话咨询、信函咨询、个案研究等。有些学校开展"知心朋友信箱"或"心理热线电话"也属个别心理辅导的范围。个别心理辅导常常就某一方面的问题展开讨论，以帮助学生解决心理上的困惑。

(2) 团体心理辅导。它是以一定学生群体为单位对学生进行心理辅导的方法。群体组成由成员共同心理问题人数的多少而定，一般不超过 15 人。教师可针对学生中产生的这些共同的心理问题进行咨询辅导。上海市一些中小学在开展心理辅导时是以班级为管理单位的，但辅导活动的基本组织形式是小组，每学期定期活动七八次，取得了较好的效果。

本 章 小 结

心理健康是指一种持续的积极发展的心理状况，在这种状况下主体能作出良好的适应，能充分发挥身心潜能，而不仅仅是没有心理疾病。心理健康的标准是：智力正常、心理行为符合年龄特征、情绪稳定乐观、意志坚定自制、人际关系协调、反应适度、自我意识完善、人格和谐正常。心理健康对人的生理健康、素质教育的进行、生活质量的提高、人际关系都有重要的影响。

青少年常见的心理异常表现有多动症、焦虑症、恐怖症、强迫症、癔症、抑郁症及神经衰弱等。影响心理健康的因素很多，概括起来有三大因素，即生物因素、环境因素、主观因素。对产生心理健康问题的原因，精神分析学派、行为主义学派、认知主义学派、人本主义学派都作出了自己的解释。教师要注意在教学中加强心理健康教育，一方面做好学生的心理保健医生，另一方面培养学生的自我教育能力。

案 例 分 析

【案例】

"爱"是不能缺少的心理营养

1963 年就任的美国心理学会主席哈洛用恒河猴做实验研究。他选择了一只出生不久、正急于寻找母亲的小猴子，用铁丝精心编制了一个象征性的猴妈妈，上面挂了一个奶瓶，可提供机体营养(食物与水、包括香蕉等猴子爱吃的食物)。同时，哈洛用棉布编制了另一个象征性的猴妈妈，不能提供食物，但是能够提供温暖和关怀。在哈洛的实验过程中，他细心地观察用作实验的小猴子，看它喜欢哪一个猴妈妈，更愿意和哪一个猴妈妈在一起，尤其是在受到惊吓的时候(故意安排的实验情况)，小猴子会向哪一个妈妈寻求保护。通过为期 3 年的实验研究，哈洛得出了结论：小猴子把棉布做的猴妈妈作为自己的妈妈，大多数时间都是抱住棉布猴妈妈寻求关怀和温暖，尤其是在受到惊吓的时候，总是跑向棉布做的猴妈妈以寻求保护。这意味着，小猴子对温暖与关怀的需要远远超过了其对于食物的需要。在小猴子的生长过程中，代表温暖和关怀的母亲，比单纯代表食物的母亲，更具有本质性的意义。

【分析】

哈洛的实验引起强烈的反响，心理学家们根据哈洛的设想与理论，进行了对儿童发展的观察和研究，也得出同样的结论：在我们人类婴幼儿发展的过程中，其最为需要的，不是人们所普遍认为的充分的食物，而是爱与关怀；得到充分的爱与关怀的婴幼儿，其身心都是健康的，其抵御疾病的能力也会增强；虽得到充分食物，但得不到爱与关怀的婴幼儿，会产生焦虑与不安的情绪，更容易哭泣和生病。可见爱是不能缺少的心理营养。在婴儿成长中，要注意多给予温暖与关怀，使婴儿心理健康发展。

参 考 文 献

[1] 曹日昌. 普通心理学[M]. 北京：人民教育出版社，1984.
[2] 程利国. 皮亚杰心理学思想方法论研究[M]. 福州：福建教育出版社，1999.
[3] 戴海崎等. 心理与教育测量学[M]. 广州：暨南大学出版社，1999.
[4] 董奇，陶沙等. 脑与行为——21 世纪的科学前沿[M]. 北京：北京师范大学出版社，2000.
[5] 冯忠良，伍新春，姚梅林等. 教育心理学[M]. 北京：人民教育出版社，2000.
[6] 陈琦. 教育心理学[M]. 北京：高等教育出版社，2001.
[7] M. 艾森克. 心理学——一条整合的途径(上、下)[M]. 阎巩固译. 上海：华东师范大学出版社，2005.
[8] 蒙培元. 情感与理性[M]. 北京：中国社会科学出版社，2002.
[9] 侯玉波. 社会心理学[M]. 北京：北京大学出版社，2002.
[10] 理查德·格里格，菲利普·津巴多. 心理学与生活[M]. 王垒，王甦，等译. 北京：人民邮电大学出版社，2003.
[11] 孟昭兰. 普通心理学[M]. 北京：北京大学出版社，2003.
[12] 林崇德，杨治良，黄希庭. 心理学大辞典[M]. 上海：上海教育出版社，2003.
[13] 彭聃龄. 普通心理学[M]. 北京：北京师范大学出版社，2004.
[14] 哈克. 改变心理学的 40 项研究[M]. 白学军，等译. 北京：中国轻工业出版社，2004.
[15] 史密斯. 当代心理学体系[M]. 郭本禹，等译. 西安：陕西师范大学出版社，2005.
[16] 黄希庭，郑涌. 心理学十五讲[M]. 北京：北京大学出版社，2005.
[17] 戴维·迈尔斯. 社会心理学[M]. 8 版. 张智勇，乐国安，侯玉波，等译. 北京：人民邮电出版社，2006.
[18] 黄希庭. 心理学导论[M]. 北京：人民教育出版社，2007.
[19] 李玲. 管理好你的情绪[M]. 北京：中国水利水电出版社，2007.
[20] 江可达. 益智情绪学[M]. 北京：人民出版社，2008.
[21] 王玢，左明雪. 人体及动物生理学[M]. 北京：高等教育出版社，2009.
[22] 布赖恩·伯勒尔. 谁动了爱因斯坦的大脑[M]. 吴冰青，吴东，译. 上海：上海科技教育出版社，2009.
[23] 高湘萍. 知觉心理学[M]. 北京：人民教育出版社，2011.
[24] 杨治良，孙连荣，唐菁华. 记忆心理学[M]. 上海：华东师范大学出版社，2012.
[25] 戴维·迈尔斯. 心理学[M]. 黄希庭，译. 北京：人民邮电出版社，2013.
[26] 基思·斯坦诺维奇. 这才是心理学[M]. 窦东徽，刘肖岑，译. 北京：人民邮电出版社，2014.
[27] 陈璐. 微情绪心理学全集[M]. 北京：中央编译出版社，2015.
[28] 傅小兰. 情绪心理学[M]. 上海：华东师范大学出版社，2016.
[29] 赵舜. 心理学与气质修炼[M]. 北京：中国法制出版社，2017.
[30] 汉斯-乔治·威尔曼. 意志力心理学：如何成为一个自控而专注的人[M]. 马博，译. 北京：中国人民大学出版社，2018.
[31] 彼得·C. 布朗，亨利·L. 罗迪格三世，马克·A. 麦克丹尼尔. 认知天性[M]. 刘锋，译. 北京：中信出版社，2018.

[32] 爱尔马·霍伦施泰因. 人的自我理解[M]. 徐献军，译. 北京：商务印书馆，2019.

[33] 戴维·迈尔斯. 心理学导论[M]. 黄希庭，等译. 北京：商务印书馆，2019.

[34] 罗曼·格尔佩林. 动机心理学[M]. 张思怡，译. 天津：天津科学技术出版社，2020.

[35] 彭凯平. 活出心花怒放的人生[M]. 北京：中信出版社，2020.

[36] 帅澜. 培养注意力的心理学[M]. 上海：上海社会科学院出版社，2020.

[37] 陈祉妍，王雅芯，明志君，等. 日常生活心理健康50问 [M]. 北京：商务印书馆，2021.

[38] 卡尔·荣格. 自我与无意识[M]. 庄仲黎，译. 上海：上海文艺出版社，2021.

[39] 阿尔弗雷德·阿德勒. 性格心理学[M]. 郑世彦，译. 天津：天津人民出版社，2022.

[40] 安迪·拉梅奇. 即时满足：让人嗨起来的动机心理学[M]. 袁丽，李逊楠，译. 北京：中国水利水电出版社，2022.